国学中的领导力

国|学|创|新|系|列

高奇琦 等◎著

中国出版集团公司
世界图书出版公司
广州·上海·西安·北京

图书在版编目（CIP）数据

国学中的领导力 / 高奇琦等著 . — 广州 : 世界图书出版广东有限公司 , 2017.12（2021.6 重印）
ISBN 978-7-5192-4151-3

Ⅰ . ①国… Ⅱ . ①高… Ⅲ . ①领导学－研究－中国 Ⅳ . ① C933

中国版本图书馆 CIP 数据核字（2017）第 322744 号

书　　名	国学中的领导力
	GUOXUE ZHONG DE LINGDAOLI
著　　者	高奇琦　等
策划编辑	孔令钢
责任编辑	黄　琼
装帧设计	黑眼圈工作室
出版发行	世界图书出版广东有限公司
地　　址	广州市新港西路大江冲 25 号
邮　　编	510300
电　　话	020-84460408
网　　址	http://www.gdst.com.cn
邮　　箱	wpc_gdst@163.com
经　　销	新华书店
印　　刷	北京市金星印务有限公司
开　　本	710mm×1000mm　1/16
印　　张	17.5
字　　数	292 千
版　　次	2018 年 1 月第 1 版　2021 年 6 月第 2 次印刷
国际书号	ISBN 978-7-5192-4151-3
定　　价	60.00 元

版权所有，翻版必究
（如有印装错误，请与出版社联系）

序　言

《礼记·礼运篇》有言："大道之行也，天下为公。"

这篇古老的典籍，描绘了中国人理想中的大同世界，这种理想贯穿于中国历史之中，成为历代仁人志士所孜孜追求的崇高目标。从某种意义上讲，中国文化意义上的领导力，就凝聚在这种"大道"之中。

然而，尽管中国传统文化中蕴含着丰富的领导实践，但是相应的理论总结并不完备。与此形成鲜明对比的是，西方世界的历史积淀虽然不及中国，但却发展出了系统的领导学理论。随着中西方文化的相互碰撞与中国逐渐走向伟大复兴，简单的理论运用显然已经不能满足中国自身的发展需要。由此，我们便萌生了基本的思路：从中国的文化基因中去寻求符合中国需求的领导学"大道"。

一、探究基于中国文化的领导力

对于初到中国的西方领导者来说，这样一些现象可能会显得有些奇怪：中国员工习惯于听从指令，对其"授权"常常毫无效用可言；新任的领导者，必须通过"人情"为别人留面子，与员工建立稳定互惠的关系，如此才能开展工作；中国人对长者和资深员工总是怀着天然的尊敬。诸如此类的现象，大悖于西方，不仅引起西方管理者的困惑，也使得中国知识分子面对西方"先进"文明，陷入深深的自卑与无奈之中。这不禁引起了笔者的沉思：中国的领导模式，甚至于中国的社会文化，真的一无是处吗？

人固然可以构建精密的制度笼子，但人永远是其思想的奴仆。西方的管理理论和领导理论，对于中国而言就像是一件不合身的西装、一个尺寸偏颇的紧箍，虽可以拿来借鉴使用，但终究不是长久之道。《周易》有言："观乎人文，以化成天下。"文化对于中国人来说极为重要，它造就了中国人的整体气质，也构成了中国社会中宽泛而深刻的联系。中国人的领导模式正是根植于数千年的文化土壤之中的，中国的伟大源于此，挫折亦源于此。而我们要做的，就是要充分探索其中的优秀之道，对相关经验加以总结，构建符合中国气质的领导体系。

在这里我们强调的是，领导力不是普遍的，而是情境性的，是基于文化的。领导力植根于人们的心灵之中。《左传》中讲："非我族类，其心必异。"此处所讲心的不同，便是文化的不同，建立在西方文化基础上的领导理论难以与国人心灵交辉。故而要寻找一种可以与中国人"情投意合"的领导理论。

然而这体系的构建却是困难重重，最大的阻力在于我们的思想观念。近代以来，西学东渐的洪流在很大程度上吞噬着国人的自尊，甚至于使国人怀疑自己，否定自己的一切，匍匐在西方文明之下。直到中国改革开放、经济腾飞之后，一批人恍然大悟般叫道：哦，原来中国还是有些可取之处的！于是"国学热"泛滥而起，一波接一波，然而其中却多泡沫，并未有任何大的建树。国学虽热，却还不足以熔断西方建构的笼子，自然也建不起中国自己的居住屋。

基于上述思考，我们用国学来引领领导力，用领导力来重新阐释国学，一方面是为了寻找适合于中国的领导理论，另一方面也是对中国文化的探索与重建。

二、只有外来的和尚会念经？

近代西方在社会科学的几乎各个学科都确立了其至尊地位，这离不开西方学者的勤勉努力，但在一定程度上也是由西方在全球的政治经济地位决定的。文化，总是要建立在强大的政治经济实力之上，才会受到重视和关注，没有现实意义的文化不过是空中楼阁。

我们不得不承认，西方企业的高效辉煌令人目眩，对中国的企业来说可谓是高山仰止，可望而欲及。改革开放之后，中国大量引进西方的领导理论，却发现西方的领导理念不尽然适合中国。文化的差异代表着不同的性情和思维规范，对领导力的适用性有深刻的影响，此中滋味，可谓差之毫厘谬以千里。罗伯特·豪斯（Robert J. House）曾指出，随着文化的变化，人们能够接受的有效的领导行为也会随之发生变化。西方的领导理论若不能适合中国文化，对于研究者和实践者而言只能是徒劳无功。

国学与领导力这两个领域的经典浩若烟海，但是对于中国文化的开发还远远不够，对中国文化在领导力理论中的意义的认识也远远不够。邱霈恩也认为，在中国传统文化中，虽然没有形成系统的领导学理论，却蕴藏着丰富的领导思想，这些领导思想是中国文化的组成部分，有许多有价值的内容值得今天学习和借鉴。因此，如今对中国领导理论的挖掘已经迫在眉睫。

三、独步天下的国学精义

传统的国学典籍对领导力的阐发，多寓于治国理政中。而其中的终极问题，就是"权术"和"信义"的辩证关系。如《韩非子》有言："恃术不恃信。"术是要建立领导规范，而信则是组织发展壮大的源头活水，术是为了"利"，信是为了"义"。与其针锋相对的是《大学》所言："国不以利为利，以义为利。"以及孟子见梁惠王时说："何必曰利。"（《孟子·梁惠王上》）如果做一大概的分类，则儒家、道家、禅宗稍偏向于义，墨家、法家、兵家稍偏向于利。

西方从16世纪马基雅维利主义的权谋术到如今的以"民主自由"立国，经历了从"利"到"义"的轮回。20世纪末的领导理论中，《基业长青》、《真北》等有影响力的商业书籍都大声疾呼，希望西方企业回归领导力中的"义"，构建核心文化。其实这些个所谓的新理论，早已在中国的国学典籍中被深刻阐释。

与西方容易偏于极端不同，国学领导力的精义是强调中庸。利与义如太极的两仪，一为手段，一为动机；一为制度，一为愿景；一个是被动力，一个是主动力。这两者在实践的过程中，会因环境的变化彼此消长，所谓"变动不居，周流六虚"，而领导者就是要根据不同的情境，在两者中取得平衡，以种种现实的措施，保证领导力的稳定发展。

四、建构本土化领导力理论范式

从中国的文化传统和理论资源出发，我们可以尝试建构本土化的领导学理论。

本书的基本立场，实际上就是试图建构领导学的新结构理论和实践理论。在我看来，领导学的新结构理论包括以下四个要素：情境、动力、行动者和过程。

第一个要素是情境，指的是领导者所处的环境，包括领导环境的时间规定性和空间规定性。所谓时间规定性指的是领导者需要判断其所处的历史阶段，而空间规定性指的是领导活动中的关系判断。

第二个要素是动力，指的是领导过程中的矛盾平衡与调节，即领导者需要对领导活动中的主要矛盾和次要矛盾、矛盾的主要方面和矛盾的次要方面进行判断，并对领导行为的价值和发生场域进行预判。这一系列矛盾的研判就是领导活动的动力源泉。

第三个要素是行动者，指的是领导活动的实施主体。领导活动始终是围绕着团队中的成员展开的，其中领导者必然要在团队中发挥领导才能，而其他成员同样也要发挥各自的功能。因此，领导活动中的行动者，不仅包括领导者本身，而且还包括作为整体的团队。

第四个要素是过程，指的是领导者对领导活动所处的阶段、趋势进行研判，进而做出相关领导活动的一种方式。如果领导者研判领导活动处于顺境，此时领导者就应该顺势而为，努力推动领导进程的快速发生。反之，如果领导活动处于逆境，领导者则需要创造条件，防止情势进一步恶化。

领导力的实践理论具体包括自我领导力、团队领导力和社会领导力三个方面。首先，自我领导力指的是个体通过提高道德追求、加强能力建设以及磨练自身品质，最终实现对自身的管理。道德追求包括卓越、服务和奉献等三个方面。能力建设包括通过学习知识提高智商、学会沟通提高情商、懂得应变提高变商。一个优秀的领导者需要勤奋、执著、坚韧、自律、谦逊、廉洁、真诚、细致、宽容等九个方面的品质作为支撑。当然，领导者实现自身管理还需要乐观的人生态度，规律的生活节奏，以及日常的体育锻炼。

其次，团队领导力指的是领导者通过设立团队愿景，将团队的人才资源以制度化的方式组织起来，促进团队内部协作，完成团队设定的目标。它包括愿景认同、人才培养、团队协作和制度建设等四个方面。为增进团队的愿景认同，领导者需要在愿景设计的基础上，进行愿景沟通，并使团队成员进行愿景分享；人才培养需面对团队的长远发展，因此领导者需要在人才挖掘的基础上，对人才进行凝聚和加强；组织目标的实现必然建立在团队协作的基础上，团队协作需要对团队任务进行合理分工、层级执行，并对团队成员进行适度授权；团队的长远发展离不开制度建设，这就要求组织设立奖惩制度，保持组织的有效运作，并将有效的制度资产通过团队成员进行代际传递。

再次，社会领导力指的是领导者在研判时势的基础上，依靠团队建立的社会网络，将领导者的领导行为进行文化塑造，真正做到引领变革。简单而言，就是要做到时势辨明、网络构建、文化塑造与变革引领。时势的辨明不仅需要认清当下、研判未来，还需要把握领导过程中的决策节点；网络的构建不仅是组织内部的关系处理，还需要团队能够跨组织、跨界别、跨疆域实现资源整合；文化的塑造需要通过做标识、同行为、立信仰等一列列措施，从而凝聚团队的文化；变革引领则需要领导者怀有危机意识，时刻做好变革准备，最终实现创新实践并引领团队的组织变革。

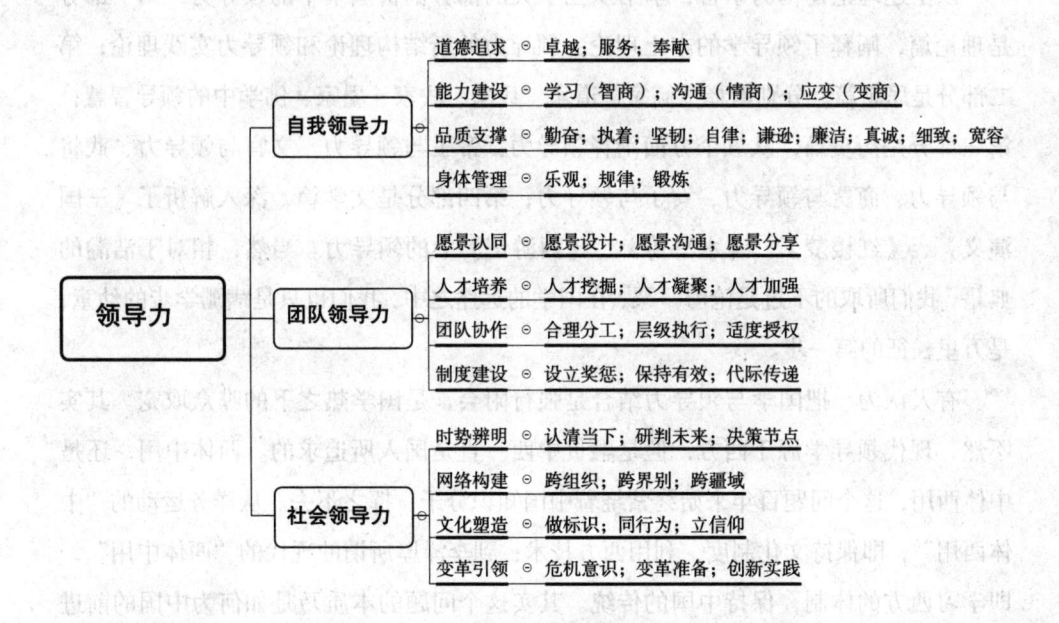

		道德追求 ⊙	卓越；服务；奉献
	自我领导力	能力建设 ⊙	学习（智商）；沟通（情商）；应变（变商）
		品质支撑 ⊙	勤奋；执着；坚韧；自律；谦逊；廉洁；真诚；细致；宽容
		身体管理 ⊙	乐观；规律；锻炼
		愿景认同 ⊙	愿景设计；愿景沟通；愿景分享
领导力	团队领导力	人才培养 ⊙	人才挖掘；人才凝聚；人才加强
		团队协作 ⊙	合理分工；层级执行；适度授权
		制度建设 ⊙	设立奖惩；保持有效；代际传递
		时势辨明 ⊙	认清当下；研判未来；决策节点
	社会领导力	网络构建 ⊙	跨组织；跨界别；跨疆域
		文化塑造 ⊙	做标识；同行为；立信仰
		变革引领 ⊙	危机意识；变革准备；创新实践

为了方便读者的记忆，我把领导力的体系编成了一个口诀，将上表中领导力的每一个方面浓缩为一个字，三字一断，六字一诀。例如，"卓服献"就代表了道德追求中的"卓越、服务和奉献"，以下依次浓缩排列，可以与上表相互参证。同时，

我也尽量做到押韵，使口诀读起来朗朗上口。

      卓服献，习通变。
      勤执坚，律逊廉。
      诚细宽，乐规炼。
      计通享，挖聚强。
      分执权，奖效传。
      当未点，组界疆。
      标行仰，危备践。

五、千里之行的幼婴学步

以上述理论建构为宗旨，本书从三个大的部分剖析国学中的领导力，第一部分是理论篇，阐释了领导学的本土理论：领导力的新结构理论和领导力实践理论；第二部分是思想篇，分别阐释了儒家、道家、兵家、法家、墨家、佛学中的领导智慧；第三部分是历史篇，从五个方面阐释领导力：帝王与领导力、文官与领导力、武将与领导力、商贾与领导力、女子与领导力；第四部分是文学篇，深入解析了《三国演义》、《红楼梦》、《水浒传》、《西游记》中的领导力。当然，相对于浩瀚的典籍，我们所取的不过是沧海一粟，在国学的远途之中，我们也只是蹒跚学步的幼童，是万里长征的第一步。

有人认为，把国学与领导力结合是强行附会，是国学热之下的哗众取宠。其实不然，现代领导学源于西方，但是融贯中西一直是国人所追求的。西体中用，还是中体西用，这个问题百年来始终萦绕着中国知识分子，挥之不去。从洋务运动的"中体西用"，即保持文化制度，利用西方技术；到李泽厚所谓的现代的"西体中用"，即学习西方的体制，保持中国的传统。其实这个问题的本质乃是如何为中国的前进寻找一条有效且不失中国本真的路径。这一方面是为了减少前进中的动荡摩擦，另一方面也是为了不在前进中迷失自我，避免变为前进的奴隶。

中国文化深广无垠，对国学的整理要从小处着手，务求具有现实意义，方可使之长存于世，国学与领导力的"组合"就是为此而产生的。讨论国学领导力，就是要阐发国学的现代价值，不必拘泥，也不必羞怯。虽水平或可一哂，态度却是十分真诚的。

我们对中国人生存哲学和生活智慧的讨论，任重而道远。

这只是起点。

高奇琦

2016 年 5 月 28 日

目　录

| 序　言 | 001 |

第一部分　思想篇 ……………………………………… 001

第一章　儒家中的领导力 ………………………………… 003
第二章　道教中的领导力 ………………………………… 015
第三章　兵家中的领导力 ………………………………… 030
第四章　墨学中的领导力 ………………………………… 045
第五章　法家中的领导力 ………………………………… 058
第六章　佛学中的领导力 ………………………………… 075

第二部分　历史篇 ……………………………………… 095

第七章　帝王与领导力 …………………………………… 097
第八章　文官与领导力 …………………………………… 113
第九章　武将与领导力 …………………………………… 131
第十章　商贾与领导力 …………………………………… 146
第十一章　女性与领导力 ………………………………… 165

第三部分　文学篇 …………………………………………… 185
第十二章　《三国演义》中的领导力 ……………………… 187
第十三章　《红楼梦》中的领导力 ………………………… 209
第十四章　《水浒传》中的领导力 ………………………… 225
第十五章　《西游记》中的领导力 ………………………… 244

后　记 ……………………………………………………… 265

第一部分　思想篇

昌黎感懷　第一勝令

第一章　儒家中的领导力

在四大文明古国中，中国是诞生最晚的一个文明，却是迄今为止仍然保持自己文化未被中断的文明。其他没有哪个民族和国家能像中国这样历经劫难却依然经久不衰，具有无比强大的生命力和创造性。而中国朴素的传统哲学具备了与客观规律相一致的内在合理性，这种合理性正是通过明"道"、顺"道"和行"道"来得以体现的。

中国古代的圣哲们认为，有一条"修齐治平"之道可以让我们认识和把握世界。领导天下的人，必然先领导其家，而领导其家的人，则首先要学会领导自己。格物、致知、诚意、正心、齐家、治国、平天下……以儒家思想为代表的中国传统领导哲学从阐释世界与人生本原最基本的规律出发，对领导力的内涵做出了最为本质和精准的界定。

在当代，亚洲"四小龙"的经济腾飞模式已印证了以儒家思想为代表的中国传统领导智慧具有高度的现实可行性。以至于"儒教东亚工业文明"、"儒教资本主义"的论述不绝于耳。在世界商战中，日本内以"四书五经"求和，外以"孙子兵法"为战，成为现代工业化强家中唯一的非西方国家。素有日本近代工业之父之称的涩泽荣一在总结他的领导生涯过程中写下了畅销世界的名著《论语与算盘》。而被称为日本经营四圣之一的稻盛和夫，其经营的诀窍就在于"敬天爱人"四个字，而这正是儒家思想的精髓所在。

因此，将中国传统哲学与现代西方理论两者之中的领导力元素相结合，对于为领导者提供一套基于儒家领导哲学思想、具有系统性和普适性的领导力修炼方法具有重要的意义。在此之中，中国儒家思想恰恰为价值观的确定提供了有力的依据。

一、古时明月照今人

儒学，是中国古代儒家学说以及对该学说进行研究的学问，儒学在汉武帝独尊儒术以后一直是中国的统治意识形态，儒学是经世致用之学，在中国古代即是各类领导者必修学问，其内容核心也在于如何培养合格的领导者。

当然，中国古代的儒学更多侧重的是培养各级行政领导者，即所谓"官"而已，且儒学在德与才二者中更为重视德的养成。"领导力"作为管理学中时髦概念，近二三十年来在中国风靡一时，亦有诸多的所谓举世闻名的领导力专家或大师。其如何准确定义，却甚少见到，故其"名"也混；坊间多是如何"修炼""领导力"各类"药方"式著述，是以其"实"亦乱。

而何谓领导力呢？现代领导学越来越趋向于认为，领导力就是影响力，就是激发他人跟随你一起工作，以获取共同目标的能力。那么，如何缔造个人领导力呢？儒家思想中有许多值得我们借鉴的地方。

因为，正如彼得·圣吉所说的："很少有像'领导力'这样被用得太滥，其作用又相反的术语。"（刘景澜：《领导力沉思录》，彼得·圣吉序，第1页）可见，"领导力"一词虽显赫于一时，但在当下中国却处于"昏乱"状态之中。在当下的工商时代，领导力是学术畅销品，是电商所谓的"爆品"。坊间关于领导力的各种著述层出不穷，多言之凿凿提出各种迅速、批量生产领导力的"秘方"，然其实质为何？却让人雾里看花。

若回归实质，从中国传统中寻找"领导力"的名与实，或许是一个有效的途径。领导力，在中国传统来说即用"内圣外王"可概括之。何也？内圣，从自我出发建构"完人"的必要修养，然后"外王"即带领团队成就一番事业。故而，"领导力"放在传统儒学的范畴里，其所指称的就是内圣外王的"君子德行"。

从领导力的角度来说，这只是随着时代变迁而用不同名词指称而已，儒学所崇尚的"德行"及其修炼养成途径，对于当下的"领导力"问题当具有相当的参考价值，此即所谓"古时明月照今人"，因为名词固然随时代变迁而大为不同，但要解决的问题却是一样的——从家庭到团体，乃至于国家的管理者能力养成问题。

（一）"领导力"之名实

人类社会的群体结合有血缘、地缘、业缘三类，从古至今历经了从血缘为主到以地缘为主，直至现代社会的以业缘为主。中国古代长期是血缘为主的时代，即以宗法制为核心的上古商周封建时代，至中古时代则是以地缘关系为主构成了乡土帝制中国时代，进入近代以来则是逐渐形成了以社会分工为基础构成的各类团体时代。

时代不同，群体结合的主导模式也不同，但核心都是处理人际关系，人际关系之中自然有领导者与被领导者的关系，为处理此种关系，其中就必须注意领导的技巧问题，技巧发展到一定阶段，自然成为一门专业知识，此种专业知识即管理学，管理学中重要方面就是领导问题，领导问题的核心归根结底就是所谓领导力问题。

因此，从实质来看，什么叫领导力？从管理的角度来看，即指对一个特定的团队完成其目标的管理因素为领导力，领导力是作为领导者解决问题处理问题时必备的能力，是指在应对竞争和挑战时，应具备的决断力、创新力、协调力、影响力、处理危机等各种能力及其运用。总之，"领导力"之实质是处理群体、个体之间的关系的各种能力。

对于儒家的领导力来说，乃是以性善论为基础，以仁义为核心，以民本思想为治国理念，并将这些思想渗透到企业管理的方方面面。日本的很多企业文化实际上就是儒学深刻植根的结果。也就是这种领导者有着强烈的民本思想，除了追逐利润，还担负起了员工的生活，生老病死一辈子。企业虽然有制度，但是不轻易施予赏罚。所谓有一善，从而赏之，有一不善，从而罚之。赏罚的目的是为了使得自己的员工向善，而不是专注于事情结果的好坏。

（二）儒学内涵有"领导力"之实

中国古代儒家自然是没有"领导力"一词。不过儒家讲究"修身齐家治国平天下"而达到"内圣外王"的境界，其实就是现代的领导力修炼。领导力包含了价值观因素（最重要）、人格因素、社交能力、智力因素、解决问题能力等。儒学实际上已经蕴含上述领导力因素。

正如许倬云先生论及历史上的领导时曾指出："人类历史上不同阶段各有其凝聚人群的力量。上古以亲缘关系，中古以宗教信仰及意念，近古以来为民族国家，而最近则以经济的发展为主导力量。""企业组织也相当于古代的一国一邦，其内部机构，有层级的纵线及部门的横线。企业单位之间，也与列国关系一样，有其分合，有其合作与对抗。"（许倬云：《从历史看领导》）故而，古今情境或许不同，问题则从未改变，由此鉴古论今也有了合理性与必要性。

儒家之"修身"即讲自我领导与管理。修身成"仁"，即领导者自我的修养而后具有自然感召力，"领导力"中有一项就是感召力，从根本上看，感召力是领导者内在"仁"的修养外化为德而来的。"修身"而后的"齐家治国平天下"更是领导与管理在中国古代社会的体现而已，故而儒学内涵有"领导力"之实。

儒学内涵的"领导力"与儒家所提倡的"仁"是息息相关的，"仁"经历代发展，已成专门学问——仁学。

仁学是孔子创立的儒家学说的核心。仁学，简而言之也就是人学，既有"天人关系"的内涵，也有如何做人——人与人关系的思想与学问。而"领导力"的核心其实也是处理一个集体内人与人关系的问题。二者要解决问题面向是一致的，只不过领导力要解决的关系问题较儒学狭隘而已。儒家认为，任何不同地位的人各有自己的名分，如何谨守自己的名分做好"人"，则是个人如何正心修身以做人推之于家族、邦国、天下，以至于构成一个和谐的整体，即修身齐家治国平天下的君子理想，也是人的理想。

儒学实际上是一种讲如何做人的文化，而且儒生的理想是定位于治国安邦的领导者角色，故而与当代所讲的领导者的领导力更有暗合之处。更为重要的是，儒学对人生价值的内涵、类型、层次、标准等问题，都有体系化的深入阐述，历代以来的不断完善，已经构成了中国传统文化的核心，在中国讲领导力，自然不能抛弃这样的深厚历史传统而不顾。

二、"仁者爱人"与领导者的道德感召魅力

儒学是中国传统文化的核心。仁，是儒学的首要核心概念。仁，内为道德品格与境界，外化为政治理想。"仁"之本意，据《说文解字》云："仁，亲也，从人二。"段注云："独则无偶，偶则相亲，故字从人二。"为会意字，本意为人与人之间相亲近。夏商时期尚无"仁"字出现，西周时已有"仁"之概念，《尚书·金滕》云："予仁若考。"是为美德之意。《诗·郑风·叔于田》："洵美且仁。"又，《诗·齐风·卢令》："其人美且仁。"均指人之美德。春秋以降，"仁"多见于史籍记载，如《左传》和《国语》中多有记载。其含义有二：一是指君子的道德品格；二为统治者应具备之心怀。如《左传·庄公二十二年》载："弗纳于淫，仁也。"

再如《论语·泰伯》载："子曰：'恭而无礼则劳，慎而无礼则葸，勇而无礼则乱，直而无礼则绞。君子笃于亲，则民兴于仁；故旧不遗，则民不偷。'"即孔子说："恭敬而无礼则徒劳，谨慎而无礼则胆怯，勇猛而无礼则闯祸，直率而无礼则尖刻。如果统治者（领导者）能真心爱护亲人，则百姓就会崇尚仁爱；如果统治者（领导者）能真心爱护故旧，则百姓就不会冷漠无情。"

孔子曾要求他的弟子"入则孝，出则悌，谨而信，泛爱众，而亲仁。行有余力，

则以学文"(《论语·学而》),即孔子要求弟子们首要孝悌、谨信、爱众、亲仁,以此培养优秀的道德观念和行为,如果还有闲暇时间和余力,则用以学习古代典籍,增长文化知识。可见儒家以道德教育为中心,最重培养人的道德感召魅力。

"仁者爱人"是儒学所主张的领导者道德感召魅力的最高层面。孔子认为,只有在家孝敬父母兄长,在外讲求友爱朋友,才能把"仁"的精神境界,推己及人,由家庭推广到社会,才能"泛爱众",故而"其为人也孝弟,而好犯上者鲜矣"。最后,孔子提出"克己复礼,天下归仁焉"。为了"天下归仁",孔子提出了"己所不欲,勿施于人","己欲立而立人,己欲达而达人"(《论语·雍也》)等要求,其实都是"仁者爱人"的外在化。就当代的领导者而言,"爱人"可以不断地增加领导者和被领导者的情感、互信,增强领导者在被领导者心目中的亲和力,有助于增强下属的信赖、配合和支持,从而使领导者和下属的关系处于和谐的状态。

所以,孔子倡导领导者尽量"温而厉、威而不猛、恭而安",这不仅是现代领导者受人爱戴、尊敬的个性特征,也是应具备的个性品质。现代社会中,谦逊的品德和柔性化的情感激励也是"爱人"的表现,现代领导者应当对下属采取不同的情感激励措施来增进和下属的情感互动,并且注重情感影响力的培养更能够调动下属的积极性从而发挥更有效的领导。比如,通过认可与赞美的方式激励下属,不断地增加领导者和被领导者的情感,增强领导者在被领导者心目中的亲和力,和谐氛围,从而有助于上下级沟通。

领导者的道德感召魅力会形成影响力,影响力与沟通是相互影响和促进的关系,影响力越大,越易沟通,沟通得越好影响力越大,越有威信。为此,领导者对被领导者应该有"仁爱之心",要深入到基层,深入到民众,深入到下属中了解民情,了解他们的需求和愿望,尽量推行"忠恕"之道,用忠实之心去对待下属,尊重下属,做到"己所不欲,勿施于人","己欲立而立人,己欲达而达人"。只有这样,才能更好地发挥领导者的道德感召魅力。这样的领导才会更好地和下属沟通,更能得到下属的拥护。

领导者影响力越大,组织或管理目标越能实现。一个有威信的领导对下属有强大的向心力和凝聚力,他易于集中下属的才智,把下属的创造精神转化为物质的力量,使其在团体中形成强有力的合作精神,为实现组织的共同目标而奋斗,他确定的目标容易实现,因为有威信的领导制定出来的目标是合乎实际的、有效益的,因而容易被群众接受，他们定会以极大的热情去创造财富，实现组织的共同目标。

领导力的本质在于胜任而后执行，执行行动的实践即构成了胜任能力，如何有效地实施领导力，即以孔子所言"为政以德"的路径，领导力才能达到"譬如北辰居其所而众星拱之"的境界。因此领导力是一种执行技能，是以开发团队成员能力，提升团队成员待遇，满足团队成员需求，帮助团队成员达成目标。为此，领导者必须有同理心，必须要有所为有所不为，儒学的"仁者爱人"的道德在此意义上又直接构成领导力。

基于此种体认，我们必须首先将道德视为一种可以被培养和塑造的力量和能力，并由此引导领导者去正确地做事；其次，道德也是领导事业的动机、结果，体现了领导者的最好一面，以此鼓励团队提升境界，达至更高目标。因为儒学倡导的"仁者爱人"不仅是道德动机，同时也是解决问题的能力，它能够使领导者面对复杂情势做出准确判断并付诸正确的行为，使领导者履行其领导责任，保护团队利益，最终带来团队的凝聚力，从而提升领导力。

三、"修齐治平"与领导力养成层次

"修齐治平"是儒学关于个体完善的重要论述，其源于《礼记·大学》记载：

> "古之欲明明德于天下者，先治其国；欲治其国者，先齐其家；欲齐其家者，先修其身；欲修其身者，先正其心；欲正其心者，先诚其意；欲诚其意者，先致其知，致知在格物。物格而后知至，知至而后意诚，意诚而后心正，心正而后身修，身修而后家齐，家齐而后国治，国治而后天下平。自天子以至于庶人，壹是皆以修身为本。其本乱而末治者否矣，其所厚者薄，而其所薄者厚，未之有也！此谓知本，此谓知之至也。"

上述的论说，是儒学论"修齐治平"的核心，其目的在于建构指引个体从个人修养开始逐步上升到领导能力养成之间的链接次序。首先是"修身"，"修身"包括了格物、致知、诚意、正心四个递进层次。修身为本，是后续的齐家治国平天下的基础。从领导力的角度来看，"修身"即个体的自我完善。"修身"而后的"齐家"，在儒学的时代，是对于家族而言的，"齐家"的实质是构建社会基本组成分子——家族的伦理次序，也是君子的重要修炼，其实是领导力在人际合作与引领的修炼，即影响力与协调力的初步养成，在当代多是属于内部团队的领导力。

"齐家"而后"治国"，"治国"原为"治邦"，在西周封建时代，是指对分封的诸侯国的领导，是对领导力在领导下属能力的养成，即在更高层次上对领导力的各个构成要素进行锻炼，在当代更多的是独立公司或机构的领导。至于"平天下"，则是儒家的最高政治理想，即辅佐天子治理天下得至太平盛世，"平天下"作为最高层次，在现在多是整个行业乃至于国家社会的领导。下面就四个层次分别叙述。

其一，修身，即儒学最为强调的道德修养，是领导力养成的第一层次。即"所谓修身在正其心者：身有所忿懥，则不得其正；有所恐惧，则不得其正；有所好乐，则不得其正；有所忧患，则不得其正。心不在焉，视而不见，听而不闻，食而不知其味。此谓修身在正其心"。修身在于正心，正心的外现，自孔子以来，以"仁"为核心，形成了"仁、义、礼、智、信"的儒家道德体系，已经成为最具中华传统的道德资源。当代中国的各类领导者如何借鉴此种道德资源？首先是要结合当代的特征，将其融入个人素养的提升之中，成为自身"领导力"的有机组成部分。需要注意的是，当下中国处于历史的转型期，这就要求领导者要具备更强的洞见力与控制力，构成自身领导力的核心，其基础在于团队领导者需要有相应的基本道德素养，要有对自身企业或团队的情感，唯有如此才能把握方向、成为团队表率。

儒学关于道德的丰富内涵就是从这一特征出发来实践道德的领导力。钱穆曾经指出，"中国文化的中心思想与其重要特质在于'性道合一'"。《中庸》载："天命谓之性，率性谓之命。""性"即是"一个动力、一个向往、一个必然要如此的意向"。"道"即是"教人从这路的这一端通达到那一端"。①

其二，齐家，是君子修身之后的实践，齐家就是把家庭以至家族治理得有条理，包括内部和谐美满和外部形象良好两方面的含义。即"所谓齐其家在修其身者：人之其所亲爱而辟焉，之其所贱恶而辟焉，之其所畏敬而辟焉，之其所哀矜而辟焉，之其所敖惰而辟焉。故好而知其恶，恶而知其美者，天下鲜矣！故谚有之曰：'人

---

① 钱穆：《中华文化十二讲》，载《钱宾四先生全集》第38册，台北：联经出版公司1998年版，第9—12页。

莫知其子之恶，莫知其苗之硕。'此谓身不修不可以齐其家。"（《礼记·大学》）要"齐家"，"治家者"就必须避免陷入情感之"偏"。即"亲爱"、"贱恶"、"畏敬"、"哀矜"、"敖惰"等情感状态，这是人之常情。由此需要道德的指导才能得到"情之正"。齐家，在宗族时代是君子修炼其"领导力"的第一步，也是领导力养成的第二层次。如前所述，要完成领导力在人际合作与引领的修炼，即影响力与协调力的初步养成，是属于内部团队的领导力，儒学的"情""理"交融而证成道德影响力的正面作用对此应有相当借鉴意义。

其三，治国，是君子齐家之后自然上升的阶段。即"所谓治国必先齐其家者，其家不可教而能教人者，无之。故君子不出家而成教于国：孝者，所以事君也；弟者，所以事长也；慈者，所以使众也。《康诰》曰：'如保赤子'，心诚求之，虽不中不远矣。未有学养子而后嫁者也！一家仁，一国兴仁；一家让，一国兴让；一人贪戾，一国作乱。其机如此。此谓一言偾事，一人定国。尧、舜率天下以仁，而民从之；桀、纣率天下以暴，而民从之。其所令反其所好，而民不从。是故君子有诸己而后求诸人，无诸己而后非诸人。所藏乎身不恕，而能喻诸人者，未之有也。故治国在齐其家。《诗》云：'桃之夭夭，其叶蓁蓁；之子于归，宜其家人。'宜其家人，而后可以教国人。《诗》云：'宜兄宜弟。'宜兄宜弟，而后可以教国人。《诗》云：'其仪不忒，正是四国。'其为父子兄弟足法，而后民法之也。此谓治国在齐其家"（《礼记·大学》）。齐家而后方能治国，就领导力的养成而言，则是次高层次的成就。上引论述已经将其中的逻辑关系铺陈得非常清楚了。领导者要达到"治国"的层次，就需要有"齐家"能力的养成，由此自然发展至"治国"的领导力。

其四，平天下，这是古代君子的向往理想，也是领导力养成的最高层次。"所谓平天下在治其国者：上老老而民兴孝，上长长而民兴弟，上恤孤而民不倍，是以君子有絜矩之道也。所恶于上，毋以使下；所恶于下，毋以事上；所恶于前，毋以先后；所恶于后，毋以从前；所恶于右，毋以交于左；所恶于左，毋以交于右。"此之谓絜矩之道。

《诗》云："'乐只君子，民之父母。'民之所好好之，民之所恶恶之，此之谓民之父母。又云：'节彼南山，维石岩岩。赫赫师尹，民具尔瞻。'有国者不可以不慎，辟则为天下僇矣。"（《礼记·大学》）上引"平天下"之论，首先需要领导者将道德层次从家国上升至民族文化，即从"义"上升至"仁"；其次，领导者也还需要将其"道"的实践从个人的"忠恕"上升至天下之"絜矩",即为天下立道。就领导力而言,应是属于怀抱天下、养成引领行业乃至于社会的能力层面。

四、"内圣外王"与领导气质塑造

如前所述,"修身"是儒学的核心,是"内圣"之形成而后达到"外王"的关键和前提。现代儒学学者熊十力指出,《大学》之"修身",需进一步以"格物"、"致知"、"正心"、"诚意"为内圣,而后方能"外王"。需要注意的是,内圣外王不仅仅是儒家的追求,也是诸子百家的共同体认,战国时期的庄子就指出,在当时百家争鸣的时代,是所谓:"天下大乱,贤圣不明,道德不一,天下多得一察焉以自好。""是故内圣外王之道,闇而不明,郁而不发,天下之人各为其所欲焉以自为方。"(《庄子·杂篇·天下》)

此种情形,与当代中国处于转型期信仰茫然是何等相似!而无论是入世的儒家抑或是出世的道家,都主张需要回归到"内圣外王"上来。那么如何内圣而后外王?各种团队的领导者该具备什么样的最基本气质?这些是领导力问题的重点,"内圣外王"对于领导者的气质塑造具有重大指导意义。就最高层面的国家而言,"内圣"关乎民族之精神、灵魂气质或整个国民之思想道德修养境界、文化精神素质;"外王"可谓表现于外之社会风气、社会国民士气及其开拓之国富民强、综合国力之景象。就社会的各类组织而言,"内圣"对于现代组织而言可谓一种深厚的组织内凝力、高度的自觉融合境界;组织的内质对应的外观将是一个有至高信誉、良好形象、创造惊人效益的强大实体。"外王"则是一个组织开始由内而外,对社会产生影响力,甚至开始为行业制定标准。

一以贯之与内求诸己——儒学的当代转向路径

儒学在中华文化圈的当代兴衰,先是20世纪下半叶新加坡等被称为"亚洲四小龙"的国家和地区迅速发展,由于这些国家和地区深受儒学影响,当时人们对于儒学在国家现代化过程中发挥重要作用都怀抱信心,认为儒学的复兴即将在当代实现。在大陆,20世纪90年代开始兴起了"国学热",并使得儒学开始在大陆逐渐复苏。但是,1997年东亚金融危机使得人们对儒学在现代化中的作用产生怀疑,对儒学的热情也随之骤降。

2004年以后，随着大陆教育领域出现"读经热"的情形，儒学又开始回到了公众视野。大陆与海外的儒学研究者，开始产生的所谓"心性"儒学与"政治"儒学的分野。在大陆，甚至有一些人开始从外在全面"复古"儒生，自称"儒者"某某，类似于"原教旨"儒。上述这些公众化甚至是"娱乐化"的儒学复兴，对于在社会上普及儒学具有相当的正面意义，因此不应一概否定。其与传统儒学不类问题，也应看作是儒学当代转向的一种努力。总之，当代儒学在古今中西文化交融的背景下，若以接续"道统"，崇仰心性为。下面从两方面分说儒学当代转向的两个面向及其与领导力之关系。

（一）吾道一以贯之：儒学当代转向的可能与必要

虽然，以美国汉学家列文森为代表的一些学者认为儒学已经"博物馆化"，但是从近三十年的中华文化圈国家和地区的儒学发展情况来看，在应对现代化和西方的挑战时，儒学仍然发出了自己的声音，无论是学术研究还是公共话语领域，当代的儒学仍然是值得我们重视的。儒学的当代转向，有一些大陆学者所努力的，是与民主制度、宪政制度等进行沟通融合，但此种"新瓶旧酒"，其实已无必要，历史已经表明，自汉代以来，最为主张入世的儒家公羊派学者基本没有取得政治成功的实例，最多就是清流而已，而清流往往误事且最终误国。故而，儒学的现代转向，应该还是回到儒学的原初出发点，作为传承传统中华文化、道德品格的方法或工具，"一以贯之"传统之道，"内求诸己"完善自身品格，或许这才是儒学的当代使命。

（二）君子内求诸己：当代儒学与领导力的结合

当代儒学要"一以贯之"传统之道，"内求诸己"完善自身品格。此二点与提升领导力亦有相当关联。当代人在物欲横流、信仰弥艰的时代，通过"内求诸己"的方式完善自身，坚定信仰，这也许是儒学在当代的最重要可能性使命。个体意义上的内圣进而外王，也将是儒学在当代生存与发展的重要途径，此种个体的完善，也将是儒学与领导力结合的方向。

最后，需要指出的是，儒学之领导力是诞生并发展于农业社会的，其论述与应用都必须考虑到这一背景。近代以来的中国已经从农业社会转向工业社会，当代更是后工业的信息化社会，由此，必须考虑历史情境、人等因素，才能将儒学在当代开出"新花"。就领导力而言,当下若要从儒学中汲取领导力的智慧,必须有所变有所不变。有所变的是领导情境、被领导者,有所不变的是领导者特质,儒学最为重视"仁者爱人"、"修齐治平"、"内圣外王",即是今日仍须重视并发扬的领导者特质养成路径。

五、结　语

美国著名领导成功学研究者柯维认为,基本的影响力形态有三种:一是以身作则(别人观察);二是建立关怀关系(别人感觉);三是亲自教诲(别人聆听)。要求领导者以身作则在儒家思想中多有表现。比如,儒家所强调的"为政以德",正是主张用领导者的模范道德行为规范,以之教化百姓,从而达到治理的目的。孔子曾说:"为政以德,譬如北辰居其所而众星共之。"在他看来,领导者讲求道德,这就像北极星一样,处在一定的位置上,别的星辰都环绕着它而运转。

而领导者要想取得"众星拱之"的效果,就要从自己做起,注意个人的道德修养。所谓"君子之德风,小人之德草,草上之风,必偃",意思是说领导者的作风好比风,老百姓的作风好比草。风向哪边吹,草向哪边倒。孔子认为,衡量一个领导者是否合格的根本标志,在于他的品德。在儒家看来,领导者是各级下属的表率,其一举一动、一言一行都具有上行下效的作用,从而带动整个组织道德水平的提高。

从仁者爱人,到修齐治平,再到内圣外王,作为一个领导者,要缔造个人的影响力,首先要提高个人的道德修养,培养高尚的品德和优秀的个人价值观。正直、公正、信念、恒心、毅力、进取精神等优秀的人格品质无疑会飙升领导者的影响力和个人魅力,从而扩大其追随者队伍。而本章所说的所有儒家精义能够给予我们的,是取之不尽、用之不竭的源泉。

(作者:王捷)

第二章　道教中的领导力

> 蓬山高处是吾宫，出即凌虚跨晓风。
> 因此不将金锁闭，来时自有白云封。

——（北宋）陈抟

盘古是上古神明，在道教里被尊称为"元始天尊"。《历代神仙通鉴》记载道："元者，本也。始者，初也，先天之气也。"道教的创世纪是尊自然、天生之气，生存于宇宙万物之前，并将在每一次沧海桑田时，点化度人。因此道教自传说的原始状态就产生了超然于万事万物又关照着芸芸众生的领导之道。

儒释道一直被认为是中国传统精神领域的最主流指导脉络，三者之中道教是宗教意义上真正的本土中国宗教，在民间有坚实的民俗土壤，长期拥有广泛的人群簇拥。道教渊源甚广，其间有相当部分与"易学"重合，而整体思想又借鉴吸收了相当多的神仙方术、儒家学说、墨家思想和佛教信仰。

《文献通考·经籍考》评价道教"杂而多端"。《道德经》首章即记载"道可道，非常道"，大道无形，不可言说。一般认为，道学思想以"道"为根本，"道"是道家最高哲学。至于行为层面，道门中人修行的目的在于此生提高生命质量和延展生命的时间长度，而对终极长生则有达到"不死"境界的，简言之就是现世的延年益寿以及来世的羽化登仙。

道教思想产生于中国古代的神仙思想、道家学说、鬼神祭祀的整合。在中华文明漫长悠远的历史长河中，道教复合了多元宗教信仰结构，融合诸多养生、医学、修持、神秘仪式、占卜巫术等元素，形成植根于中华文化的哲学思想体系。

道教有延年益寿的心理追求，道教的追随者同样对长生体健颇为关心，为获得长寿的成就，愿意遵循道法技巧，也发自内心地严格避免一系列禁忌。由此，道教满足了王侯将相的身体和心理需要，也为草根阶层提供了心灵慰藉，两相交往，领导力思想在对生命的共同尊重和赞美中孕育而生。

一、老子、《道德经》与圣人无为

道教创教后，将老子奉为神圣，并将老子尊称为"太上老君"。葛洪《抱朴子》

中的老子形象并不符合常人,这与司马迁《史记·老庄申韩列传》中对老聃的相貌几近不置一词形成鲜明对照。神话了的老子"身长九尺,黄色,鸟喙,隆鼻,秀眉长五寸,耳长七寸,额有三理上下彻,足有八卦,以神龟威为床,金楼玉堂,白银为阶,五色云为衣,重叠之冠,雷电在上,晃晃昱昱"。

老子与孔子推崇的"君子"理想不同,他并不主张用儒家的从政理想来实现"仁者不忧",相反,老子一以贯之地崇尚遵循道法、无为而治。《史记·老子韩非列传》记载老子为"周守藏室之史也",但他又因为对统治者的失望而辞官。司马迁《史记》中形容老子"修道德,其学以自隐无名为务",对他的定论是"隐君子也"。老子从周王室辞官西行,经过函谷关之时,受关令之邀,写下"言道德之意五千余言"的《道德经》。尽管老子本人的人生终极选择是从朝堂归隐,但是《道德经》中仍然包含大量对君主、政治、军事领袖的忠告,其中最主要的观点是希望领导者(国君)依道而行。

(一)道的规范和模式:圣人处无为之事,行不言之教

道家思想是在知足和无求中寻找着伟大的可能性。道家思想要求领导者接受道的规范和模式,将圣人的行为归结为自律。类似观点有艾切维妮亚在《领导力的挑战:领导者如何促进创新在组织中发生》一书中所谈到的"真正的领导责任应当建立在信赖而非依赖的基础之上"。约翰·麦克斯韦尔在《360度全方位领导力》中对领导者个人自我管理能力有过如下叙述:"自我领导的关键在于学习自我管理。据我观察,大多数的人注重做决策,而过于轻视决策管理,由此导致他们缺乏注意力、自律、意志力和目标。"具体而言,领导自我管理必须包括:"(1)管理情绪,(2)管理实践,(3)管理优先顺序,(4)管理精力,(5)管理思维,(6)管理话语,(7)管理个人生活。"

道家认为要达到自然的至高境界,处世之方最重要的是无为。坚持无为,把清静寡欲、淡泊明志运用到治国上来,有造福国民的益处。以道教的早期教派黄老道家为例,其秉持的治国方针既反对苛政酷刑严法,但也认可法规法令存在的必要性,对君主的态度也有些暧昧,既不主张不要君王,也不支持君王把触角太过伸到民间,希望君王和重要官吏都清静寡欲。

相对而言,儒家对领导者的领导哲学核心基于人治思想。另一个重要的现象是,

源于中国自古深厚的儒家影响力，道家中有儒士背景的传奇人物会有更广的信仰受众。比如吕洞宾在修行道家之前是个儒者形象，他的传说中的大量细节符合文人审美情趣的内涵，比如饮酒赋诗、结交贤达等，儒学色彩和道家修为两相互动，推动了吕洞宾的信仰传颂甚广、流传深远。

西方文化中同样存在着领导者的资质和意愿有益于政治统治的理想，比如记载哈里·杜鲁门担任美国总统时，桌上的座右铭是"The buck stops here."，意思是不管有多少人想逃避责任，他都会负起责任。儒家思想将治理的主体设置为个人而不是制度，依靠君主和各级官吏的品德、能力、在民众中的威信、以身作则的影响来治理国家和管理人民，不重视法制建设，从而把国家、民族的兴亡和个人的命运寄托在明君贤臣等领导者身上。操作上，儒家特别强调依官吏选拔来选取人才实现人治，主张任选贤能；也十分关注君主与官吏们的道德修养和以身作则的效用。

贴士 2-1 案例一：制度设计仰仗领导者个人的选择和偏好

齐宣王使人吹竽，必三百人，南郭处士请为王吹竽，宣王说之，廪食以数百人。宣王死，湣王立，好一一听之，处士逃。（《韩非子·内储说上》）

按照《寓言经济学》一书的解读，听竽的制度设计中，齐宣王与齐湣王是先后两任委托人，包括南郭先生在内的吹竽者是代理人。齐宣王的听竽制度只是不加区分地给予吹竽者报酬作为激励，没有约束机制和相应的惩罚措施。但是齐湣王听竽的制度设计中激励机制和约束机制兼有，最后南郭先生这样的搭便车者不得不逃走。

什么是"激励"？伊恩·梅特兰的《员工激励》认为我们可以把它简单地定义为"促使个体沿着特定的路线行动的力量或过程"。约翰·科特在《领导力革命》中指出："管理把人们推向正确的方向，从而控制他们；领导则满足人们基本的人类需求，从而激励他们。"

担任贤选能是需要选拔者和被选拔者都拥有仁义的美德，而在老子看来，仁义是人为的幻念，是造作，"绝圣弃智，民利百倍，绝仁弃义，民复孝德"（《道德经》19：1）。老子认为不应该人为地干预事物进展，无为而治，"道常无为而无不为，侯王若能守之，万物将自化"（《道德经》37：1）。在道家看来，获得权力的有效方式并不是制度设置或者制度选择，而是无为和非暴力，正所谓"天之道，不争而善胜"（《道德经》73：6），"是以，圣人处无为之事，行不言之教"（《道德经》2：10）。

（二）道是终极、神秘和不可知的最高存在

"道"是道家思想最核心的哲学理念，一切道教经典都以"道"为根本信仰。道家恪守对道的尊崇，意味着道是终极的最高的不可理解的一切事物的源起与基础。而道的追求也是辩证的，因为道的神秘性，道自身也并不是绝对恒定，对道的追求就无法穷尽。

将道视为永恒和志高的追求这一模式应用在领导力学说上是领导者所领导控制的组织需要具备宏达愿景。同样的思考路径也出现在西方学者罗伯特·卡普兰的著作中，他认为，如果仔细观察优秀的组织，会发现不论其规模大小，他们都是以愿景为中心向外发展的。而在员工身上也可以看到相似的自信、自豪和热情。组织的成员们在愿景的指引下采取行动。通常这些人的成功以及他们创造出来的利润，正是接近或者实现愿景后的副产品。

尽管道是至高的，愿景是宏远的，然而道教认为个人的生命，如同自然，如同天地，都是由气所化生，如果个人可以修道守气，就可以与道同在。这是强调个人的生命可以由自我主观能动性决定，而且跳脱出天地的束缚和天地的掌握，是为"我命在我不在天，还丹成金亿万气"（《抱朴子·黄白篇》），也见于《西升经·我命章》："我命在我，不属天地。我不视不听不知，神不出身，与道同久。"可见，道家思想认可有能力的人的自身努力可以改变自然事物。

（三）知其雄，守其雌，为天下溪

可以说老子的著作中所道之"道"同时存在偶然性的色彩，也有属于柔弱、谦卑、不争的第二性领导术的内涵。是指领导者应顺应第二性的道的模式，以阴性的、谦卑的形象，以母性的、水性的精神丰富领导和管理的内容。

在《旧约圣经·箴言篇》中有这样一句话："没有愿景，民就消灭。"西方的领导学著作中多同样赞同了优秀的领导者需要掌握有远大眼光、动态、全面、辩证、多元的管理能力。按照《领导艺术》一书的归纳，领导者创立组织和团队有效愿景的必要条件是：

第一，这个愿景必须是由领导者制定的，这些领导者是拥有实力和影响以确立方向并将组织动员起来的那些人。第二，领导者的愿景必须要传达给追随者并为他们所支持。第三，一个愿景必须是全面和细致的，要保证组织的所有成员都能够理解整体规划中属于自己的部分。第四，一个愿景必须具有高度和鼓舞人心。这符合乔治·曼宁、肯特·柯蒂斯在《领导艺术》中的总结。史蒂文·桑普尔在他的著作《卓越领导力的思维方式》中建议领导者发展一种他称作"灰色思考"（gray thinking）的能力，即理解一个问题的不同侧面的可能性，而不是将问题分化为两个对立的极端。类似的还有彼得·圣吉在《第五项修炼：学习型组织的艺术与实践》中指出："系统思考修炼的实质是心灵的转变：即看清各种相互关联结构，而不是线性的因果链；看清各种变化的过程模式，而不是静态的'快照图像'。"

领导者要实现上述愿景规划和实践，仅仅空有一腔激情显然不构成完整的充分条件，可感的柔性补充才能构成符合道的统一性、阴阳共存的要求，视为领导力的相对性。

（四）庄子与生死合一周而复始

哲学意义上的道家和修道意义上的道家有一定的区别，这其中庄子就代表了道家的前一种主张。庄子是道家老子以外的另一位大师，他将生死等量齐观，将生与死视作两种方向以及两种模式。庄周梦蝶的故事正说明了在周而复始中连意识都可以互换。

庄子的出神经历让道家修习者神往。"至人神矣！大泽焚而不能热，河汉冱而不能寒，疾雷破山、飘风振海而不能惊。若然者，乘云气，骑日月，而游乎四海之外，生死无变于己，而况利害之端乎？"（《庄子·齐物论》）领导者对待组织和团队应有一定的超然态度，而除了最高领导之外，组织中的所有人都会被要求去实现别人创造出来的愿景。

二、德、玄、生和领导术

道教主张"众术合修",即以道为本,以术为用的,认为"道无术不行,术无道不久"。随着道教的发展,除在哲学思想上的不断提升深化之外,另外兴起了一大批方士、神仙家。所谓方士就是掌握了术的人物,春秋战国时期是诸子百家中的一个流派。方士掌握的技能与医术、炼丹、占卜等神秘性活动有关。鉴于方士的术业水平、道德修养高度都不同。有的方士,比如东方朔,接受了道教文化,贵己重生,用机智诙谐辅佐、教导帝王,帮助其建立国家伟业。但有的,比如燕国卢生,他为秦始皇寻仙不成而潜逃,成了引发焚书坑儒的祸端之一。成功的领导普遍具备一些基本要素来实施有效的领导术,包括知道的,必须做到的,必须具备的。具体而言,按照斯科特·斯努克、尼汀·诺瑞亚、拉克什·库拉纳《知识、技能和品格》一书的逻辑,将知识、技能、品格和情境四个部分,视为领导之术。

第一部分:知识(Knowing),强调认知的多种领导力教学方法。它的统一假设是,了解领导力的知识,有助于未来的领导者进行有效的领导实践。不管这种知识是来自相关的社会概念和理论,还是经典的文学作品,其共同的主题在于从一个基本的分析角度更好地理解领导力。

第二部分:技能(Doing),检验领导的关键行为。关键的技能、领导者的表现和从经验中学习是本部分的核心内容。第一、二部分聚焦于获得相关的知识和技能,培养更精通知识、更具胜任能力的领导者。

第三部分:品格(Being),主要包括论述领导者的身份、特质、价值观,以及他们是谁。此处所使用的方法是诊断性(相对于分析性)和本体论(相对于认识论)式的。其目的在于帮助学生实现角色转型。

第四部分:情境(Context),超越传统的大学课堂环境,尝试一些更创新的方法,独特的情境设置在设计和实施领导力教育中扮演者重要的角色。

如果说"道"及其拓展内涵是领导者首要的知识能力,那么随后的"德"和实现"德"的路径则属于品格和技能的范畴。道学家讲求清静无为,因顺自然,有所得于道,即为德。

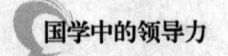

（一）万物莫不尊"道"而贵"德"

先秦的道学家将德的重要性放在仅次于道之后。"道之在我之谓德"（《宋徽宗御注西升经序》），道与德不可分离，故而有"道德一体，而其二义"（《道教义枢·道德义》）一说。"道德者天地之祖，天地者万物之父，帝王者三才（天、地、人）支柱。然则道德、天地、帝王一也。"（《玄纲论》）

作为领导，他们的职责是帮助人们取得成功——应该是所有人，不能仅支持好争斗的人。我们需要让所有人肩负起责任，责任并不仅仅体现在完成工作目标，而且还要在行为举止间体现对他人的尊重。此外，我们还需要支持他们发掘出自己的驱动力，并将其释放，产生更大的能量和创造力。

领导在组织中应该扮演成一种减震缓冲工具的角色。一方面，要做到了解公众的实际需求；另一方面，要为创造性人才提供足够发挥的空间，从而达到均衡发展，共同实现团队愿景。领导者还要做到能够承受打击、忍受痛苦、消弭隔阂，尽量减少和排除周围环境给创造者的压力。这是领导者个人德行，是老子推崇的"天道无亲，常与善人"，也与其他道德因素共同组成了社会伦理规范。

张天师降服鬼部八帅，设福地是道家的"天道承负"观念在传说中的体现。传闻张天师擒鬼王，镇魔王，遣厉鬼，设二十四福地，贯入二十八星宿阳刚正气。福地设仙官执掌世人善恶。对良善之人，仙官将其记录在册，可以增福寿，对作恶且不悔改之人仙官则其减福寿，甚至断绝子孙。天道循环报应故事的传播，对鼓励追随者行善积德、威慑邪恶、建立群体所处社群的正气具有推动作用。

（二）"玄之又玄"的神术体验

祭天、封禅、祖祭、社稷崇拜、斋戒礼仪等等是道家在形式和仪式上对道的追求的体现，是非语言的与敬拜对象产生关联，是通过祭祀制度和宗法性来维持领袖的正统。在领导学意义上，体态语言是言语之外的另一种交流方式。

贴士 2-2 马六甲的华人道教寺院

马六甲的华人道教寺院青云亭大殿正中供奉观音（慈航真人），此图为观音右手边的天后妈祖娘娘神龛。（作者拍摄于2012年）

妈祖娘娘信仰始于宋代。妈祖是中国沿海地区渔民、船工、商客等海上生活民众共同信奉的海神娘娘，香火至今旺盛。传说妈祖是宋代福建莆田的林默娘，她升仙之前为当地渔民做了很多功德。当地民众感念她的慈念和灵验，从她乘坐一叶扁舟飘然消失海上开始，便尊她为海神。妈祖信仰的鼎盛吸引了元朝最高统治者将她追封为"护国明着灵惠协正善庆显济天妃"，明朝崇祯年间加封"静贤昔化慈应碧霞元君"，清朝康熙昭封"昭灵显应仁慈天后"，从政府官方辅助强化了女海神信仰。沿海地区的华人群体，出海之人在船舶离港之前，要祭祀天妃娘娘，航行路上船头也要供奉妈祖神位。通过一系列的仪式，祈祷妈祖显灵、保佑平安。

按照亚德里安·弗海姆所著的《体态语言》，"非言语交流"是比"言语交流"更简单、更有力的沟通工具。非言语交流是相当容易让人误解的沟通方法。"非言语"把语言或超语言的暗示和信号都排斥在外了。非言语信息被用来代替、加强甚至偶尔反驳言语信息。

关于体态语言交流，存在着各种各样的误导甚至是彻底错误的言论，比如象征意义的解释（所有的体态交流都是具有象征意义的表达方式）；比如权力角度的解释（体态交流者总是拥有更多的权力）；比如可控性的解释（我们能够控制所有发出的信息）。

这里涉及有关表达的五个核心非语言概念，分别是象征、描述、规范、适应和展示。

象征：符号语言，有时候是任务或职业文化的部分体现。它们是语言的代替简写（有意的双关）。

描述：配合与扩大讲话的举动。

规范：手势动作就像俱乐部的指挥。

适应：焦躁不安的移动可能会透露出内心的情绪。

展示：经常可以在带有强烈情绪或象征意义的仪式化举动中。

（三）深根固蒂、长生久视

生"至秘而重"，"天地之大德曰生"（《抱朴子·勤求篇》），生命的存在是道家认为天地从道禀受的最大的德性。从领导者的角度来说，维持团队的聚合生命力，保持组织的生生不息，是符合道家生道相守、长存不亡的主张的。在领导个人对身体康健长生的态度方面，道家传说中有个陈抟老祖在长生问题上劝诫宋太宗赵光义放弃过度追求不老之术的故事。当面对宋太宗求教养生吐纳神仙之道的时候，陈抟的回答先夸皇帝是有道之君，是风骨奇骏、龙颜秀异、有天人之表的明君，继而告诉皇帝，把天下治理得清平安宁、万民稳定的功业远胜于飞天升仙。

系统和结构的全部目的就是帮助以常规方式工作的普通人日复一日地成功完成例行工作。它不让人兴奋，也毫无诱惑力，但这就是管理。领导则不同。实现宏大的愿景通常需要能量的突然迸发。激励和鼓舞给人们注入活力，但不是像控制机制那样把人们推向管理所设定正确的方向，而是通过满足人们的基本需求，例如成就感、归属感、认同感、自尊、掌握自己生活的感觉、按自己理想生活的能力等。这样的感觉会深深地触动我们，激发个人力量强烈的反应。这正是约翰·科特在《领导力革命》一书中的看法。

第二章 道教中的领导力

> **贴士 2-3 案例二：团队是一个共同体，减少内耗**
>
> 法国工程师林格曼曾经设计了一个引人深思的拉绳实验：把被试者分成一人组、二人组、三人组和八人组，要求各组用尽全力拉绳。同时用灵敏度很高的测力器分别测量其拉力。结果，二人组的拉力只是单独拉绳时两人拉力总和的95%；三人组的拉力只是单独拉绳时三人拉力总和的85%；而八人组的拉力则降到单独拉绳时八人拉力总和的49%。拉绳实验中出现了 1+1<2 的情况，说明有人没有尽力。单枪匹马地独立操作就竭尽全力，到了一个集体，则把责任分解到其他人身上，这对于人力资源管理来说，说明了如何设计一个有效的激励制度，提高人的潜力的重要性。
>
> （摘自杨保军：《影响世界的100个经营寓言》，广东经济出版社2004年版）

诺埃尔·蒂奇和艾利·柯恩曾在《领导力引擎》书中记载了如下类比：GE前CEO杰克·韦尔奇、百事前CEO罗杰·恩里克、惠普公司前总裁路·普莱特、霍尼韦尔国际前总裁和CEO拉里·博西迪、服务大师公司的比尔·波拉德、康柏公司的埃克哈德·法弗依等，他们都有着一个共同点：他们都曾亲自拿出时间和精力来教导其他领导者，并且要求其他领导者也效仿他的做法。

持有类似观点的还有吉姆·柯林斯，他在《克劳森领导学》断言，为企业思考从平庸之辈变成行业领导者的战略打下了坚实基础的六个要素是：第一，第五级领导者；第二，先人后事；第三，面对残酷的现实；第四，刺猬理念；第五，纪律文化；第六，技术加速器。

道教作为以多神教的主脉体系为神仙谱系的宗教，讲求复杂的天界、地祇、人鬼等的体系化等级序列。《历代神仙图鉴》《洞玄灵宝真灵位业图》《上清三尊谱录》等等道家经典文本都是对神仙位次的编目。比如上清派的《真灵为业图》将道教所有的神仙分列为七阶，每一阶设一个中位。从第一中位至第七中位分别是：元始天尊、玉宸道君、金阙帝君、太上老君、九宫尚书、定录真君等。每一个中位又各设有左位和右位，数量不等。

道教的神仙故事一方面充满了瑰丽的想象，传说众多；另一方面，道家为神仙排位、安排序列的逻辑同样要求组织内部要有明晰的责权差异，以及权力序列，否则混乱的利益归属只会造成管理悲剧。

> **贴士 2-4　案例三：公地悲剧**
>
> 现代经济学上的"公地悲剧"最早见于 1968 年，美国生物学家贾瑞特·哈丁在《科学》杂志上发表了一篇论文，题目即为《公地悲剧》，说的是在英国中古时期，存在一种公地制度——封建主在自己的领地中划出一片尚未耕种的土地作为牧场，无偿提供给当地的牧民。然而，差不多所有的牧场最终都废弃了。原因说起来并不复杂：由于牧场土地产权缺乏界定，不明晰，可以无偿放牧，所以每一个牧民都想尽可能增加自己的牛羊数量；然而牧场的承载量是一定的，随着牛羊数量无节制地增加，牧场最终因过度超载而成了不毛之地。
>
> （摘自刘正山：《寓言经济学》，中国社会科学出版社 2011 年版）

三、道生天地、养生炼丹与精英的长生观

作为宗教的道教是在 2 世纪由张道陵所创，道教的成功和道教诸多卓越的医师有着密切的关系。道家的医道是讲求以法术、仪式的形式将心灵、宇宙之道的德性，辅以日常饮食规范，来无限接近肉体长生的生命要义。东晋时葛洪主张外儒内道，用《六经》来治国安民，用道术来养生修仙，这里的道术是炼金丹成仙之术。

道教的养生观暗含了现实养生、未来登仙的两个层面目标，对应的是日常操作中的短期目标和长期目标。正如约翰·麦克斯韦尔所谈到的那样，"你无法改变起点，但你可以改变方向。你将来想做的事不重要，重要的是你现在做的事"。

就领导者而言，丹尼斯·珀金斯、玛格丽特·霍尔特曼和吉利安·墨菲的《沙克尔顿的领导艺术》给出了面对困境时的建议，即那些引领组织的领导者必须全力

以赴,去实现两项同等重要的目标。第一,他们必须一直牢记自己的终极目标,即长期性、战略性目标。将有限的组织资源聚焦于重要的短期目标,以便组织具有良好的发展势头,并确保组织的生存,这是第二种目标。领导者要乐意去调整长期和短期目标,不紧抱旧东西不放。

> **贴士 2-5 案例 4:预期止损**
>
> 英特尔公司(Intel)2000 年 12 月决定取消整个 Timna 芯片生产线就是这样一个例子。Timna 是英特尔公司专为低端 PC 设计的整合型芯片。当初在上这个项目的时候,公司认为今后计算机减少成本将通过高度集成(整合型)的设计来实现。可后来,PC 市场发生了很大变化,PC 制造商通过其他系统成本降低方法,已经达到了目标。英特尔公司看清了这点后,果断决定让项目下马,从而避免更大的支出。
>
> (摘自刘正山:《寓言经济学》,中国社会科学出版社 2011 年版)

(一)神仙神话、延年益寿、精神喜乐的价值:灵性的追求

道教的典型文化特质之一是拥有众多的神仙故事。从中国历史上道教与政治结合的记录来看,唐朝和宋朝整个朝代都较为尊崇道教。唐代皇室李氏以老君后裔自称,唐高宗尊称老子为"太上玄元皇帝"。

精神喜乐涉及情感体验。詹姆斯·克劳森指出:"社交商数"就涉及认知和管理人际关系中的情感。社交商数能力类似于情商中用到的那些能力,但它们指向双方关系中的他人。像情商一样,社交商数在很大程度上也是可以学习的。不管你在组织中处于什么位置,影响力永远是领导力的核心。正如诺埃尔·蒂奇和沃伦·本尼斯在《决断》中提到激励机制的设计时感慨,维系组织的团队情感需要领导者用理智去想问题和答案,需要领导者用情感活力去调动他人致力于执行。

长寿健体,磨炼运动知觉意识将会增加身体和头脑的智慧。从这种意识中得到的知识具有交叉好处。查尔斯·帕拉斯和大卫·豪斯的《超级领导力》记载了这么

一段往事：Cytoclonal 医药公司首席执行官亚瑟·博隆在个人健康计划部分接受了空手道训练，他在训练时发现，该运动不仅能够强身健体，同样也会使他更适合成为一位领导者。

（二）人心归向、聚集人心的精英领导观

奥布里·丹尼尔斯与詹姆士·丹尼尔斯在《激发式领导》中指出：任何关于领导力的研究都应当关注领导者和员工之间的关系，而不仅仅是领导者本身。这里有三个标准判断领导者是否出类拔萃：第一，其影响力的大小；第二，其影响力持续的时间；第三，追随者的人数。因为大部分想做领导的人速度天生就快。结果就是，如果你想成为更优秀的领导，你必须放慢步伐。这源于你一个人或许可以走得更快，可以收获更多个人的荣耀。然而为了领导他人，你所必须做的是放慢速度，以至于慢到可以跟他们建立联系，目的是吸引他们并把他们聚拢在你身边，为你的目标助力。

道学具有历史两重性，安民与维稳，即同时是领导力的限制，也是领导力的工具。领导是一种能力，它能够激发组织成员的信心，赢得他们的支持，来实现组织的目标。现在，领导被理解为领导者与群体成员之间的一种长期关系，或伙伴关系。

贴士 2-6　姜子牙的领导思想

姜子牙通过六种条件下的旁观判定标准来辨识人才："富之而观其无犯，贵之而观其无骄，付之而观其无转，使之而观其无隐，危之而观其无恐，事之而观其无穷。"（《六韬·六守》）

姜子牙强调恩威并重、赏罚分明："用赏者贵信，用罚者贵必。"（《六韬·文韬·赏罚》）

姜子牙强调身先士卒、以身作则："将与士卒共寒暑、劳苦、饥饱"，"则士众必尽死力"。（《六韬·龙韬·立将》）

姜子牙重视因势利导："夫鱼食其饵，乃牵于缗；人食其禄，乃服于君。故以饵取鱼，鱼可杀；以禄取人。"（《六韬·文韬·文师》）

> 姜子牙认可兼听则明偏信则暗:"目贵明,耳贵聪,心贵智。以天下之目视,则无不见也;以天下之耳听,则无不闻也;以天下之心虑,则无不知也。辐凑并进,则明不蔽矣。"(《六韬·文韬·大礼》)
>
> 姜子牙强调领导面临机遇具有准确的判断力:"必见天殃,又见人灾,乃可以谋。"(《六韬·武韬·发启》)
>
> (摘自刘正山:《寓言经济学》,中国社会科学出版社 2011 年版)

四、结　　语

道教是真正意义上的中国本土宗教,道教也一度随着中华文化的传播而在越南、朝鲜、日本等周边国家获得过认同。随着中国国力的提升,中国移民侨民的增多,欧美国家将道教和出现在本土的东方神秘主义热潮交汇,继而在非亚洲文化圈也出现了道教修炼团体和道教信仰群体。

尽管近年道教在中国国内创办了面向所有国家的国际道教论坛,也仿照孔子学院的成功经验在海外推进老子学院建设,然而客观地说,西方国家鲜见真正意义上的道教宫观。一般而言,实体化的弘道中心是道教群体给予极高希望的传道基地,但事实上,"道法自然、清静无为、抱朴守真、慈爱宽容、和谐和平"是道教中广为世人接受的观念,以这些东方哲学思想为根基,与类似领导力的经世致用之道与术结合,才是拓宽道教发展之路的长久并且有效的策略。

(作者:章远)

第三章 兵家中的领导力

东周伊始，礼崩乐坏，各路诸侯你方唱罢我登台，中国历史进入了"春秋战国"时代。时势不仅造就了"春秋五霸"、"战国七雄"，同时也催生了"百家争鸣"的思想解放运动。当然，百家只是虚指，自古以来有多种解释。最早可参见司马迁的父亲司马谈在《论六家要旨》中的分类："阴阳、儒、墨、名、法、道"六家。后来，西汉末刘歆在《七略》中，增"纵横、杂、农、小说"为十家。班固在《汉书·艺文志》中认为："诸子十家，其可观者九家而已。"所以去"小说家"，其余九家称为"九流"，于是有"十家九流"之说。然而关于兵家，从词源学上，同样始见于《汉书·艺文志》："兵家者，盖出古司马之职，王官之武备也。"但是只是点到为止，并没有对其增加着墨的比重。由此观之，兵家在古代一直没有进入"主流"。到近代吕思勉在《先秦学术概论》一书中再增"兵、医"二家，开始为兵家正名。

虽然在主流价值观中，兵家并没有得到应有的公平对待，但是其博大精深的思想并没有被后世埋没，反而在现代社会愈发显得流光溢彩，其在领导力开发上的价值更是日益凸显。

一、兵家：中国的，也是世界的

（一）兵家的中国起源

兵家，中国先秦、汉初研究军事理论，从事军事活动的学派，为诸子百家之一。创始人是孙武，史称孙子，字长卿，齐国乐安人，春秋末期大军事家，著有《孙子兵法》，是中国也是世界上最古老的军事理论著作，被尊为"世界古代第一兵书"。兵家人才辈出，个个出将入相，为后世传颂，实为现代社会精英的楷模。

兵家虽然是百家之一，但是并没有把精力放在与其他诸子无谓的争鸣上面，而是始终着眼于解决现实问题，即赢得战争。战争是那个时代最大的背景，天下之大势也，军事将领的失败意味着国家将面临被吞并的命运。因此先秦诸子中"无子不言兵"。儒家言先礼后兵，讲天时地利人和，推崇战争的正义性；老子《道德经》讲阴柔之术，以柔克刚，用弱胜强，实际上是兵家哲学思想的来源；墨家主张非攻，反战也是军事；法家、农家力推耕战，富国强兵；阴阳家察风水观地形，讲占卜胜负；纵横家远交近攻更与战争关系极大。但以上诸子要么将"兵"作为自己思想体系的附属议题，要么把它放在形而上学的价值层面来论述。而兵家是唯一将"兵"

作为主题,且旨在应用于现实问题的学派。既然战争不可避免,那么我们唯一能做的就是研究如何能取胜。从中我们可以看出兵家不争之争的思想以及现实主义的研究取向。

贴士 3-1　兵家四圣,文武双全

兵家四子,孙吴膑缭;蔽己全势,于合其利。即是指兵圣孙武子,亚圣吴起子,计圣孙膑子和尉圣魏缭子等四人为了大局隐蔽自己的功绩击败敌人使自己的国家成全了大利益。兵圣孙武子曾以吴国 6 万兵力破 60 万楚军,著有《孙子兵法》;亚圣吴起子亦以魏国 7 万兵力败 50 万秦军,著有《吴子兵法》;计圣孙膑子曾献计齐国两次击败魏国阻止其崛起并使齐国成为东帝,著有《孙膑兵法》,尉圣魏缭子在秦国辅佐秦始皇统一了六国,著有《尉缭子》一书。《汉书·艺文志·兵书略》将兵家著作分为四类:兵权谋类侧重于军事思想、战略策略;兵形势类专论用兵之形势;兵阴阳类以阴阳五行论兵,且杂以鬼神助战之说;兵技巧类以兵器和技巧为主要内容。

(二)兵家的世界影响

《孙子兵法》于 7 世纪首先传到了日本,15 世纪传到朝鲜,18 世纪传到西方。自 1772 年巴黎出版了法译本之后,《孙子兵法》陆续有了英、德、捷、俄、芬等二十几种译本,全世界有数千种关于《孙子兵法》的刊印本。在英文世界里,该书被译为"The Art of War",即"战争的艺术",说明西方人已经领悟到了《孙子兵法》哲学层面的用兵之道,而非单纯实用的用兵之计。

《孙子兵法》不仅传播广泛,而且在现代社会的诸多领域均可见其重要影响。军事领域,不少国家的军校把它列为教材,如美国西点军校。以色列当代战略学者克里费德评价说:"所有战争研究著作中,《孙子兵法》最佳,而克劳塞维茨的《战争论》则只能屈居第二。"管理学界,美国哈佛大学商学院和日本的许多大公司都

把其作为培训企业经理人员和中层以上管理人员的必读教材。美国管理学家乔治在《管理思想史》中甚至说:"你若想成为管理人才,必须读《孙子兵法》。"在商界,《孙子兵法》是影响松下幸之助、本田宗一郎、盛田昭夫、井深大一生的书,通用汽车CEO罗杰·史密斯、软银总裁孙正义成功的法宝,成为商界必备实战手册启迪人生权变创新的智慧。

通过阅读《孙子兵法》,作者整理出了兵家思想中的领导智慧,且分别将它们进行现代管理话语的转换,以更好地观察其现代的应用价值。下文将以"三观"概括之:组织规划中的战略观、博弈决断中的信息观、领导实践中的权变观。

二、组织规划中的战略观

孙子并非单纯以兵论兵,而是从环境、经济、政治、兵将等全面的角度深入探讨战争,从而将兵上升到前所未有的战略层面。《孙子兵法》开篇即提到"兵者,国之大事。死生之地,存亡之道",兵有如此高的战略定位,故"不可不察也"。孙子给出了"五事七情"的察兵之法:五事即道、天、地、将、法;七情即主孰有道?将孰有能?天地孰得?法令孰行?兵众孰强?士卒孰练?赏罚孰明?即战争会牵涉到政治、天时、地势、将领、制度五个方面,在出兵之前要进行敌我分析:君主哪一方施政清明?哪一方将帅更有才能?哪一方拥有更好的天时地利?哪一方军纪严明?哪一方兵力强大?哪一方士卒训练有素?哪一方赏罚分明?如若统治者综合计量出全部因素,即使不战,也可"知胜负"。也正是《孙子兵法》中蕴含着全局性的战略思维,因此,该书也被誉为战略原理的第一部著作。

战略(strategy)一词源于希腊语"tratogos",意为军事将领。在战争年代,战略显得尤为重要,正所谓"一着不慎,满盘皆输"。当代社会处在一个和平的时期,发展成为共同的主题,组织替代军队成为时代的主角,昔日叱咤风云的军事统帅已颐养天年,卓尔不群的组织领导成为新时代的精英,然而不变的是战略思维的重要性。组织已牢不可破地镶嵌在现代社会生活当中,大到国家政府,小到公司企业,组织网络犹如一盘棋局,领导精英唯有保持战略思维,才能始终立于不败之地。

类比于《孙子兵法》兵家制胜的战略观,作者提出了身为现代组织的领导应该拥有的战略思维,组织成功就必须进行统筹规划,综合全面地考虑各要素,即

"新五事七情"，如下图所示：

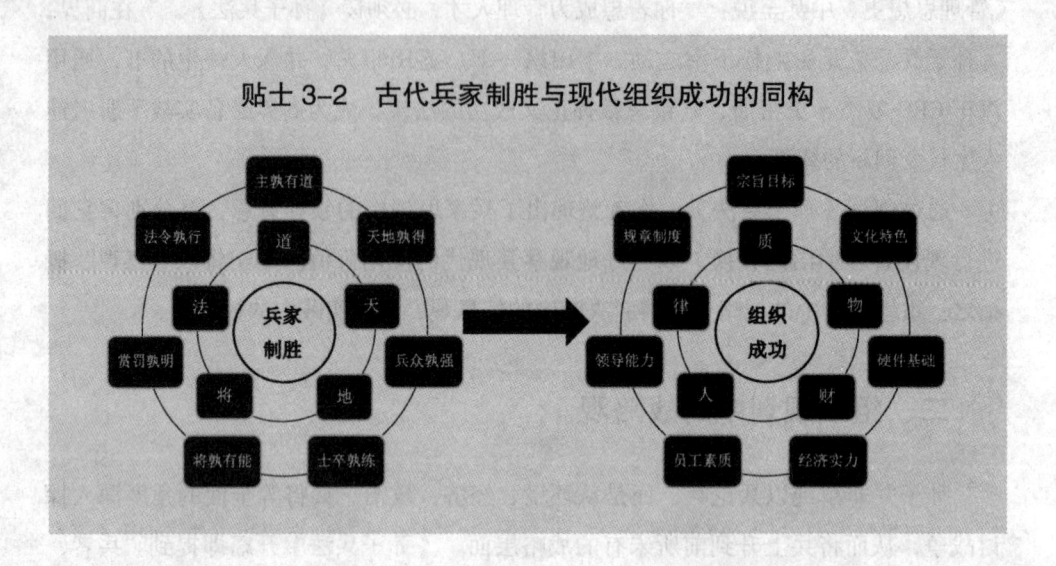

贴士 3-2　古代兵家制胜与现代组织成功的同构

左图（兵家制胜）：主孰有道、天地孰得、兵众孰强、士卒孰练、将孰有能、赏罚孰明、法令孰行；道、天、地、将、法。

右图（组织成功）：宗旨目标、文化特色、硬件基础、经济实力、员工素质、领导能力、规章制度；质、物、财、人、律。

　　质，是组织的内在本质和精神象征。领导者要为组织设定一类意义系统，其能帮助组织有更好的自我认知和定位，满足组织内部的精神需求，同时也能让外部社会很好地辨识组织的角色。因此，宗旨目标和文化特色就成为现代组织必不可少的了，它们是组织成功的精神动力。"作为企业的领导者，他们创造了现有企业文化，他们也必须创造新的企业文化"，领导者"对这种文化的认识和转变，负有重大的责任"。[①]

　　物，是组织的外在内容和承载基石。"凡用兵之法，驰车千驷，革车千乘。"（《孙子兵法·作战篇》）孙子认为，要兴兵作战，就要有物资准备，轻车千辆，重车千辆。领导者应根据组织的功能和实际需要来进行资源的合理配置，不能浪费，亦不可缺失。因此，硬件基础就是成为组织成功所必不可少的要件了。

　　财，是组织得以存续的源泉。"内外之费，宾客之用，胶漆之材，车甲之奉，日费千金，然后十万之师举矣。"兵家只有具备充足的粮草和物资才能发兵，而组织只有掌握一定的财物实力才能进一步发展。领导者应该根据自己的经济实力切实合理制定组织的计划，不可好高骛远；否则，到头来由于财力不足而计划半途而废。

　　人，是组织最重要的资源。作为组织内唯一能动的主体，组织成员担负着创新、运营、沟通、生产等任务，有时也是组织文化的载体。从这个意义上说，人对组织

---

① ［美］理查德·巴雷特：《企业文化的关键：领导力》，《当代经理人》2010 年第 12 期。

的分工管理决定着整个组织的管理水平，而领导者对人的管理决定着分工管理的水平，因此观之领导者只要管理好人，那么组织的管理自然水到渠成了。正如约翰·麦克斯韦尔指出："管理者处理流程，而领导者处理人的事情。"[①]

律，是组织运行的稳定保障。孙子曰："凡治众如治寡，分数是也。"即管理众人如同一人，取决于管理体制。规章制度不仅规范着人们的行为，如什么职位应该做什么，如何实施赏罚等，同时也确定了组织内部的关系，如成员之间与部门之间的归属和服从等。甚至在一定程度上规章制度还塑造着组织的文化形态，公平合理的制度往往能够构建和谐融洽的组织氛围。"律"对组织来说如此重要，因此身为制定主体的领导者自然成为组织成败的关键。

"新五事七情"是对组织构成要素的战略规划，体现的是静态的、当下的组织存在观。然而组织的战略规划还应持一种动态的、未来的组织发展观，具体来说就是组织的愿景（Organization Vision）。它是建立在组织员工共同价值观基础之上的，对组织发展的共同愿望。罗伯特·卡普兰指出："每位有效领导人和他的企业所取得的持续成功，几乎都来自于清晰描绘的愿景。如果描绘出的愿景足够清晰，就能动员全体员工，并且向他们传达你想要带领公司前往的方向。清晰的愿景可以成为员工早晨起床、到公司上班、在工作中努力表现的动力！多花些时间，仔细描绘出你的愿景吧，它同时也描绘了你的企业愿景，它是打造杰出企业或非营利性机构不可或缺的基石。"[②]

"新五事七情"与组织愿景共同构成了组织规划的战略观，它对组织的存续和发展具有重大的意义。在孙子看来，战略错误远比战术错误危害大，这同样适用于现代组织。它要求领导者对组织的发展始终持一种整体与协调的思维，不可对单一事情偏颇，更不可只顾领导者自身价值的实现而忽略组织的整体和长远发展规划。

案例1：联合利华的战略组织管理

联合利华于1930年由荷兰人造黄油公司与英国利华兄弟制皂公司合

[①] [美]约翰·麦克斯韦尔著，路大虎、赵良峰译：《360度全方位领导力》，北京：中国青年出版社2013年版，第105页。

[②] [美]罗伯特·卡普兰著，蔡慧仔译：《哈佛商学院最受欢迎的领导课》，北京：中信出版社2013年版，第3页。

并而成，是全球第二大的洗涤用品、洁肤产品和护发产品生产商。每天有 1.6 亿消费者使用联合利华的产品。他们以此为傲，其广告语就体现了这一点：有家，就有联合利华。巴特利特的组织管理观点道出了联合利华的战略观：（1）联合利华的企业文化——活力点燃激情，不仅使员工能够充满正能量，而且也让消费者感受到健康与活力；（2）多国战略的组织结构：该组织结构允许各国家和地区的管理人员按其特定情况生产有针对性的产品，以及开展营销和销售活动。在一段很长的时期内，这种战略和组织结构很适合联合利华，促使它成为一家显赫的消费产品企业；（3）全球战略的组织结构：联合利华以跨国战略寻求在营销和销售上的地区调适、集中制造和产品开发活动相平衡，以实现规模经济并实施在整个地区同时将产品投放市场的战略；（4）跨国战略的组织结构：2005 年 2 月，联合利华结束了长期以来在英国和荷兰有两个总部和两个全球主席的局面，将全球原来 14 个大的运营区域整合成 3 个大区——美洲区、欧洲区域以及亚非区域。结束了长期以来三大业务部门各自为政的局面，进行统一的人事管理、办公以及财务运营。

联合利华的例子告诉管理者：企业的组织结构并非一成不变，一个高效的组织结构要能够应对内外经营环境的变化，并与组织的发展战略相匹配。

三、博弈决断中的信息观

如果说前文的战略观是针对组织自身建设的话，那么第三部分针对的就是在博弈语境下的双方决策较量。当今社会是一个多元化的社会，没有一个组织能够垄断其所在的领域，组织的各自发展必然引导出竞争的逻辑。美国《哈佛经典·竞争战略》中一篇名为《打一场"运动战"》的文章对此有如下描述：最近几年，商业发生了巨大的变化，战争也是如此。我们可以用两个词来概括 21 世纪的商业环境：动荡不安和混乱无序。来势迅猛的变革浪潮似乎要摧毁一切，各种商机稍纵即逝，不完全信息使原来就不太明朗的局势变得更加扑朔迷离。身处这样的环境，每一位企业管理者都不由得怵然。这其实在暗示未来的领导者,商场如战场,只有掌握信息、正确决断,才能在竞争浪潮中立于不败之地。

虽然孙子专注战争的零和博弈,相对于现代和平竞争的社会未免有些不适合,但是其博弈决断中的信息观却可以古为今用。通过仔细阅读《孙子兵法》,作者发现,孙武尤其强调将领务必重视敌我双方的信息,并根据比较的结果做出最有利于我方的决断。

贴士 3-3 田忌赛马

田忌赛马已知信息:齐威王每一等马均强于田忌,但出场顺序固定

	田忌 VS 齐威王	比分
第一次	上等马 > 上等马	0:3
	中等马 > 中等马	
	下等马 > 下等马	
第二次	下等马 > 上等马	2:1
	上等马 > 中等马	
	中等马 > 下等马	
最终结果	田忌转败为胜	

孙膑是兵家的重要代表人物,著有《孙膑兵法》。"田忌赛马"即为孙膑巧用比赛双方的信息使田忌转败为胜的故事,被后世传为佳话,也被视为"策对论"的最早运用。

《孙子兵法》共十三篇,洋洋洒洒 7 500 余字,"兵"字出现了 72 次,而"知"字却出现了 80 次,其在文中基本上指对信息的掌握和了解,几乎十三篇均含有知或关于信息的语句,可见孙子将信息列为兵家取胜的最重要因素。一如他在谋攻篇所言:"知彼知己,百战不殆;不知彼而知己,一胜一负;不知彼,不知己,每战必殆。"

对信息的痴迷使孙子甚至不惜采取"用间"即派遣间谍的手段来获取敌情信息，这正好与现代博弈论和决策论模型对信息的倚重不谋而合。要想达到"知"，就必须掌握"知"的内容，孙子认为至少应包括知己、知彼、知势三方面。

（一）知　己

《孙子兵法·谋攻篇》在提到将领"知己"的重要性时如是道："君之所以患于军者三：不知军之不可以进而谓之进，不知军之不可以退而谓之退，是谓縻军。不知三军之事而同三军之政者，则军士惑矣。不知三军之权而同三军之任，则军士疑矣。三军既惑且疑，则诸侯之难至矣。是谓乱军引胜。"孙子认为将领如若不知道军队自身实力，就会错误地指挥进攻和撤退；不知道军内事务及战略部署就会使士兵无所适从、疑虑重重，最终会自乱阵脚。组织也是如此，现代领导者应该具备"知己"的本领，詹姆斯·克劳森指出三要素："（1）清楚需要做什么，（2）理解特定情况下起作用的所有潜在力量，（3）有勇气采取行动来让事情变得更好。"[①]因此，领导者了解组织的工作、团队的潜力、自身的胆识将会有利于组织在竞争中提前掌握主动权。

（二）知　彼

《孙子兵法·虚实篇》在谈到知彼的策略时说道："策之而知得失之计，作之而知动静之理，形之而知死生之地，角之而知有余不足之处。"即要想取胜就要认真分析判断，以求明了敌人作战计划的优劣长短；挑动敌人，以求了解其行动的规律；示形诱敌，以求摸清其所处地形的有利与不利；进行战斗侦察，以求探明敌人兵力部署的虚实强弱。这就要求领导者要重视收集对手的信息，客观分析竞争对手的优点和缺点，这必定会增加胜利的筹码。信息的收集应注意：第一，一切有关竞争对手的信息都可能是有潜在价值的。在实际博弈中，竞争对手的任何一个细节、任一行为动作与表现，都可能反映出该组织的最新发展动向、战略目标及其可能采取的行动。预测竞争对手的未来，以学习跟进、定标比超，制定本组织的竞争策略。第二，要考虑信息收集的代价。在有限的时间、物力、财力、精力以及道德法律允许的条

[①] [美]詹姆斯·克劳森著，姜文波译：《克劳森领导学》，北京：中国人民大学出版社2009年版，第3页。

件下进行足够信息的收集。第三，竞争对手信息收集是一项系统工程，要有组织、有计划地进行。对于常规的信息收集活动，要建立竞争对手的数据库，并进行日常的检测。对于某一任务的暂时性信息收集，应集中精力进行。[1]

（三）知　形

与知己知彼同等重要的是知形，形一方面指敌我双方现实的实力对比，也指竞争环境的客观形势。《孙子兵法·形篇》写到五种形决定了战争的成败："一曰度，二曰量，三曰数，四曰称，五曰胜。地生度，度生量，量生数，数生称，称生胜。故胜兵若以镒称铢，败兵若以铢称镒。"即土地广狭的对比、物资多少的对比、兵员数量的对比、部队战斗力的对比、胜负优劣的对比。所以胜利之师如同以镒对铢，是以强大的军事实力攻击弱小的敌人；而败军之师如同以铢对镒，是以弱小的军事实力对抗强大的敌方。领导者应该在决断前充分判断形势的发展，尊重胜负的客观规律。具体来说就是：若敌强我弱，不可"以卵击石"，做无谓的牺牲，而应该韬光养晦，做实自己；若我强敌弱，则应"先发制人"，速战速决，以减少成本，避免后患无穷。这种竞争策略在商场上尤其重要，如招标与兼并。

（四）知而后断

知为领导者提供了决断的依据，接下来领导者的决断将成为组织成败的关键。"决断能力的高低决定了领导成功与否，也决定了组织中其他人的命运。""做出决断是领导者的工作本质；长期成功是正确决断的唯一标志；领导者做出决断并负责它们的执行。"[2] 正确的决断应包括三方面：第一，胜——决断必须有足够的把握取胜，不可模棱两可，采取机会主义。第二，利——领导者应依组织的"利"做出决断。"合于利而动，不合于利而止。"（《孙子兵法·火攻篇》）切不可一时冲动，"主不可以怒而兴军，将不可愠而致战"（《孙子兵法·火攻篇》）。第三，机——领导者应审时度势，当机立断，在对方犹豫之际"攻其无备，出其不意。"约翰·麦

---

[1] 参见许明金：《竞争对手情报的采集与分析》，海口：海南出版社2008年版。
[2] [美]诺埃尔·蒂奇、沃伦·本尼斯著，姜文波译：《决断》，北京：中国人民大学出版社2008年版，第1页。

克斯韦尔指出:"组织的优秀领导主要掌控两件事情:方向和时机。"[1]

作者从《孙子兵法》中归纳出了竞争及决策的一般规律,如贴士3-4所示。可以看出,知己、知彼、知形,而后断,方能百战不殆。难怪有学者说:"《孙子兵法》作为解释竞争规律的顶尖之作,其当代应用价值十分明显地凸现出来,并且展示出引导人们走出现代竞争迷宫的'理性之光'。"[2]

贴士3-4　基于信息论基础上的决策矩阵

对象	竞争条件			结果预测	决断建议
	己	彼	形	己 VS 彼	领导者
知√ 不知×	×	×	×	必败	发展不争
	√	×	×	输>胜	收集信息
	√	√	×	胜>输	待机行动
	√	√	√	必胜	当机立断

案例2:IBM公司的竞争情报体系

竞争情报(Competitive Intelligence)是近年来兴起的关于竞争环境、竞争对手和竞争策略的信息分析研究及其新型服务方式。在20世纪80年代末期,由于IBM公司对市场竞争趋势的判断出现重大失误,忽视了当时迅速发展的个人电脑革命,仍然认为大型主机硬件设备的研制开发会给公司带来持续的繁荣。到20世纪90年代,公司终于陷于严重的

---

[1] [美]约翰·麦克斯韦尔著,路大虎、赵良峰译:《360度全方位领导力》,北京:中国青年出版社2013年版,第56页。

[2] 洪兵:《孙子兵法与经济人统帅之道》,北京:中国社会科学出版社2010年版,第3页。

困境中。Louis Gerstner 先生临危受命，担任 IBM 新的董事长兼首席执行官。他认识到建立一个公司层面统一和正式的竞争情报体制的重要性，提出要"立即加强对竞争对手的研究"，"建立一个协调统一的竞争情报运行机制"，"将可操作的竞争情报运用于公司战略、市场计划及销售策略中"。在郭士纳先生的大力支持下，IBM 公司启动了一个建设和完善竞争情报体系的计划，并建立了一个遍及全公司的竞争情报专家管理其全部运作的核心站点。这使 IBM 公司各部门的竞争情报力量能够有效地集中对付主要的竞争对手和主要威胁，并提供各种办法提高各竞争情报小组的协作水平，优化了原有的情报资源，增强了公司适应市场变化和对抗竞争的能力，最大限度地满足了全球市场上客户们的需求，公司销售收入持续增长。竞争情报在 IBM 公司经营改善中的作用也逐步显现出来。据调查，在 1998、1999、2000 年，竞争情报对整个公司业绩增长的贡献率分别为 6%、8% 和 9%。以后 IBM 公司在信息技术行业中又重新获得了领先地位，到 2001 年公司利润总额达 80.93 亿美元，股东权益为 194.33 亿元，IBM 高速增长的商业利润再次受到公众的关注。

四、领导实践中的权变观

如果说第二部分和第三部分倾向于揭示领导的管理理论与规律的话，那么接下来的第四部分则主要从领导艺术和实践的角度来进行讨论。如若我们深入阅读《孙子兵法》的话，我们会发现该书通篇都体现着"辩证"的哲学观，这与老子的《道德经》不谋而合，甚至后世认为《孙子兵法》是老子哲学观在战争中的具体应用。辩证法认为世界是变动不居的，我们不应静态地看待事物，如孙子认为"兵无常势，水无常形，能因敌变化而取胜者，谓之神"（《孙子兵法·虚实篇》）。甚至，孙子认为最高的兵法就是不讲兵法，"兵者，诡道也"（《孙子兵法·计篇》）。"《孙子兵法》全书 13 篇都渗透着因变制变、因变制胜的思想。"

孙子辩证的兵法观在现代的体现就是管理学领域的权变理论。权变理论的核心是认为世界上没有一成不变的管理模式，管理与其说是一门理论，不如说是一门实用性非常强的技术；与其说是一门科学，不如说它是一门艺术，权变管理就是管理艺术。领导风格在某种情况下效果卓著，然而，换一种情况可能就不那么成功。因此一名高明的领导者应是一个善变的人，即根据环境的不同而不断地调整自己，及时变换自己的领导方式，不失时机地适应外界的变化，或把自己放到一个适应自己的环境中。《孙子兵法》中领导的权变沟通理论（Contingency theories of leadership）主要应用体现在三个方面：沟通、协调和激励。

（一）沟　　通

组织所有的目标行为都是通过人来完成的，而只有通过人对组织目标的内心理解和认可所引发的行为，才能达到组织所追求的完美结局。权变运用沟通理论在实践中将会起到"事半功倍"的作用。因为情景是不断变化的，信息也是实时变动的，领导要掌握全面的信息就要经常与员工沟通，以做到心中有数。但是沟通的方式不仅要以具体情况而定，而且沟通的程度也要有一定的限制。第一，沟通方式应多样，但在具体情境下都能够清楚地表达信息。"言不相闻，故为之金鼓；视不相见，故为之旌旗。"（《孙子兵法·军争篇》）即在战场上用语言来指挥，听不清或听不见，所以设置了金鼓；用动作来指挥，看不清或看不见，所以用旌旗。两种方式都是为了信息的交流和传递，只是运用的场景不同而已。第二，信息沟通要为组织所有，而不能泄露组织的机密信息。"将军之事：静以幽，正以治。能愚士卒之耳目，使之无知。易其事，革其谋，使人无识；易其居，迂其途，使人不得虑。"（《孙子兵法·九地篇》）即统率军队，要蒙蔽士卒耳目，使他们不知道军事计划；战法经常变化，计谋不断更新，使人们不能识破；驻军常改变驻地，进军迂回绕道，使人们无法推断行动意图。

（二）协　　调

协调，是领导者为了协调不同部门、不同群体和成员之间的关系所进行了一系列促进活动。权变理论告诉领导者组织内部的关系是复杂多变的，要随时根据变动的情况进行动态的协调与组织，即随机应变。当然，组织规模与内部关系存在复杂程度的共变关系，可以想象，随着人数的增加，领导者根本不可能对每一个对应关系进行协调。然而《孙子兵法》也许能提供给领导者一些建议：第一，道德+规章。"令之以文，齐之以武，是谓必取。"（《孙子兵法·行军篇》）要用"文"的手段即用政治道义教育士卒，用"武"的方法即用军纪军法来统一步调，这样的军队打起仗来就必定胜利。培养组织内部的团队合作意识以及集体精神，这是成本最低的手段，属于软约束，但也存在道德风险和软弱无力的问题。因此应该辅之以行文规章，这属于硬规范。软硬并施才能确保协调好组织关系。第二，各司其职，相互配合，随机应变。"火发于内，则早应之于外。火发兵静者，待而勿攻，极其火力，可从而从之，不可从而止。火可发于外，无待于内，以时发之。火发上风，无攻下风。"（《孙子兵法·火攻篇》）即从敌人内部放火，就要及早派兵从外面策应。火已烧起，而敌军仍能保持镇静的，要观察等待，不要马上进攻，等火势烧到最旺的时候，视情况可以进攻就进攻，不可以进攻就停止。火也可以从外面放，那就不必等待内应，只要时机和条件成熟就可以放火。火发于上风，不可从下风进攻。领导者要做的就是把任务分配给特定的群体或成员，并使之相互配合，根据形势的变化不断调整实施方案，长此以往，团队内部就会形成一种默契。

（三）激　　励

"故杀敌者，怒也；取敌之利者，货也。车战得车十乘以上，赏其先得者而更其旌旗。车杂而乘之，卒善而养之，是谓胜敌而益强。"（《孙子兵法·作战篇》）即要使士兵拼死杀敌，就必须怒之，激励之。要使士兵勇于夺取敌方的军需物资，就必须以缴获的财物作奖赏。所以，在车战中，抢夺十辆车以上的，就奖赏最先抢得战车的。而夺得的战车，要立即换上我方的旗帜，把抢得的战车编入我方车队。要善待俘虏，使他们有归顺之心。这就是战胜敌人而使自己更加强大的方法。所以组织发展壮大的辅助手段之一就是建立一定的激励机制，从《孙子兵法》中我们可以归纳出激励机制的几个原则：第一，物质奖励和精神奖励相结合——"货"和"善"；第二，激励要有一定的差别，贡献多者则奖励多——"赏其先得者"；第三，激励要起到示范的作用——"更其旌旗"。

针对变幻莫测的战争形势，《孙子兵法》提出："其战胜不复，而应形于无穷。"即将领统帅每次战争，都不是重复老一套的方法，而是适应不同的情况，变化无穷。组织也是如此，领导在实践管理过程中应始终遵循权变的思维。

案例 3：海尔集团的权变管理

海尔集团面对国外这个特殊的市场进行详尽的考察所做的努力是其他企业所不能匹敌的，环境的不同及管理对象的不同决定了在中国本土的管理思想和方式不能拿到国外去用，为此，张瑞敏采用的管理方式是从单一文化转变到多元文化，实现持续发展。早在1997年香港的金融危机中，海尔集团就已经经历过金融危机带来的考验。张瑞敏先生说，最成功的管理经验是以变制变，变中求胜，使得管理者必须进行问题管理，而不是危机管理。等到2008年金融风暴对海尔造成冲击时，海尔集团迅速调整自己的营销策略，把用户分为两种："老乡"和"老外"。对于"老外"这个市场，张瑞敏提出了"外市场要升级"的思路，即：在海外市场升级品牌高端形象；在国内市场，迅速启动"家电下乡"政策，深入农村市场。在金融危机中，权变思想的管理方式最终使得海尔集团在金融危机的"冬天"里创造"春天"，实现持续发展。

五、结　语

《孙子兵法》中谈到领导力时，如是说："夫将者，国之辅也，辅周则国必强，辅隙则国必弱。"（《孙子兵法·谋攻篇》）将帅，是国家的辅佐，辅佐周密国家就会强大；辅佐疏漏，未尽其职，国家必然衰弱。孙子将统帅看作是国家兴衰与战争成败的最关键的变量，也是最具能动性和可塑性的因素。《孙子兵法》为了挖掘统帅的最大潜能，将兵家的智慧悉数奉上，也将成功之道发挥得淋漓尽致，其自然成为中外名将的必读书目，也不失为当代领导力的绝佳教程。

兵家的管理思想以战争决策和管理为核心，把管理理论运用到带兵用将的领域，比其他学派的管理思想更加具体、更加丰富，但其局限也很明显，即"权术"色彩浓重，如"用间"。事实上，兵家的局限代表了中国古代管理思想的局限。我们在现实生活中应该继承古代的管理智慧，同时吸收西方的科学的管理理论，在实践中加以应用。

（作者：王建新）

第四章　墨学中的领导力

在生产力不甚发达的古代，想成为思想家，从出生到作古几十年"不事生产"并且捣鼓一些平常人听不大懂的文字，可是一件很奢侈的事儿。古今中外，概莫如此。比如柏拉图就出生在一个雅典贵族家庭，而中国的大思想家孔子也是贵族家庭的后代（只不过后来家道中落）。

然而，墨翟却是个特例。

尽管追溯到祖宗N代还算个贵族，但是墨翟确是一个农民的儿子。在那个没有什么社会流动通道的封建社会，做农民基本上就是一辈子的事。儿时的墨翟做过牧童，也学过木工，据说手艺还不错。不过，他并没有选择做一个农民或手工艺人，他还有更大的抱负。

这个农民的儿子不甘寂寞，开始徒步巡游，并开始接触学习儒家思想，也曾在那个乱世中做过几年官。但是，这个出身农村的年轻人不像那些贵族子弟，他带有一种天然的反叛心理，似乎对儒家的教条并不太感冒。在通读了儒家典籍后，这位出身平民的学子开始对这些"经典"挑刺儿。在墨翟看来，儒家的经典一是文字晦涩，不够"接地气"；二是儒家理论内部也存在着不正确性。由此，这位激进的平民思想家开始考虑另立门户。

墨家学说就是在这样的背景下诞生的，"墨子"也因此得名。

贴士4-1 "墨"子很黑吗？

墨子的墨是什么意思？是黑吗？

钱穆对此曾经做过仔细的考究，墨是"刑徒役夫"之称，就是受刑罚和劳役的人的意思。而墨子鄙视享乐与不劳而获，崇尚劳作。墨子本人生活非常简朴刻苦，据说比奴隶还苦。于是因由墨翟的生活近于刑徒役夫，便称他所崇尚的学术为墨！墨由此而来矣。

不过，也有好事者认为墨子"黑"在于他建立了一个黑社会集团。有人指出，墨子建立了一个武功高超的团体，它有完整的组织系统、政治纲领和行动宣言。其最高权威的领袖被称为"巨子"，拥有绝对权威。

> 墨子是第一任"巨子"。不过，这个"黑社会"并不是为了为非作歹，相反，它以兼爱、利害、非攻为口号。据称，这个组织的鼎盛时期有员工上千人。

当然，墨子所谓的"另立门户"不过是对儒家思想的修正。从总体上看，他的墨家学说是儒家学说的"左派"版本——即精英色彩较弱，更善于从平民的视角来考虑问题。但其现实观照甚至是一些术语仍旧没有跳脱出儒家学说的框框。墨家学说吸引了众多中下层人士前来学习。随着信众越来越多，墨学也逐步成为了先秦与儒学齐名的一派学说，后来还出了一本名为《墨子》的书。

尽管当时墨家学说与儒家一样被称为"显学"，但随着秦以后历朝君王独尊儒术，外加以"法"治国，墨子的思想被逐步边缘化。甚至司马迁在他的《史记》里都懒得给墨子单独辟出一个"传"来。然而，和其他的先秦学说以及传统中国思想一样，墨家思想也是一种政治思想，其中有大部分是在谈"治国者该做些什么"，因此其中也有不少对于现代领导者来说值得参考的东西。下文仅以三个方面对此进行简要介绍。

一、"兼爱"与"交利"思想：如何处理与下属的关系

墨子自认为其提出的"兼相爱"或"兼爱"思想是其墨家学说中最为高明的，甚至高过儒家的"仁爱"。在墨子看来，儒家太讲"礼"，而"礼"的要义则是"分"，也就是上上下下的等级。所以，儒家在提到"爱"的时候也是不平等的——对不同的人要有不同的"爱"。与之相反，墨子提出的"兼爱"是一种不强调差等的爱，因而更加接近西人所言之"博爱"，或如梁启超所言，更近于托尔斯泰的"利他主义"。

实际上，"兼爱"是墨子对领导者提出的一个重要的忠告。一个领导者若要保持组织稳定，弥合组织内部的冲突，就需要对下属首先秉持"兼爱"的原则。具体而言，一个成功践行"兼爱"理想的领导者应做到以下三点。

（一）以同理心对待下属

"同理心"又可称为换位原则。一个领导者在考虑组织运行和发展的过程中要

充分站在下属的角度看待问题。《墨子》是这样阐述其"兼爱"原则的:"视人之国,若视其国;视人之家,若视其家;视人之身,若视其身。"领导者要实现组织的目标,就必须抛弃以自我为中心的心态,多站在下属的立场考虑问题;有时甚至需要先牺牲一下自己,克制自己的短期利益。

诚然,一个组织,尤其是大型组织——如政治学家米歇尔斯所言——很容易产生"寡头化",亦即最高权力最终都会掌握在一个或几个领导人的手里。而在现实中,许多新建的组织在一开始为了效率都会设定一个专制的组织结构。但是,这样的组织却容易在发展过程中缺乏持续的动力,许多创业企业就因为创业领导者的专制所导致的人才流失以及组织效率低下而解体。而实践"同理心"的目的就在于保证组织的凝聚力和持续性,也就是墨子对统治者说的"治"。很难想象,领导者在推行一项政策或方案时不考虑下属或执行者的想法会造成什么后果。即便在初期能够依赖强制、惩罚或恐吓等方式执行,但是,扪心自问,这又能持续多久呢?在墨子看来,天下之"乱",其根源便在于自私的泛滥和同理心的缺失:

> 圣人以治天下为事者也,不可不察乱之所自起。当察乱何自起?起不相爱……子自爱不爱父,故亏父而自利。弟自爱不爱兄,故亏兄而自利。臣自爱不爱君,故亏君而自利。(《墨子·兼爱上》)

特别是对于一个现代的组织来说,领导者和下属之间并不存在人身依附关系,也就不存在对上的"义务"。因此,在强调合作和团队作用的今天,领导者对下属的同理心就显得尤为重要。

贴士 4-2 领导者如何通过与下属之间的有效沟通来构建同理心

(1)克服自我中心,不要总是谈论自己。

(2)克服自以为是,不要总想占主导地位。

(3)尊重对方:不要打断对话,要让对方把话说完。千万不要因深究那些不重要或不相关的细节而打断人。

（4）不要激动：不要匆忙下结论，不要急于评价对方的观点，不要急切地表达建议，不要因为与对方不同的见解而产生激烈的争执。要仔细地听对方说些什么，不要把精力放在思考怎样反驳对方所说的某一个具体的小的观点上。

（5）尽量不要边听边琢磨他下面将会说什么。

（6）问自己是不是有偏见或成见，它们很容易影响你去听别人说话。

（7）不要使你的思维跳跃得比说话者还快，不要试图理解对方还没有说出来的意思。

（8）注重一些细节：不要了解自己不应该知道的东西，不要做小动作，不要走神，不必介意别人讲话的特点。

同理心已成为领导力评价特别重要的因素，因为团队的应用越来越频繁。团队是情绪发酵的熔炉。团队需要达成一致意见，但是两个人要达成共识就已经很难了，人数越多，难度就越大。即便在只有四五名成员的团队，也经常会出现不同联盟，议程互相冲突。团队的领导者必须觉察和理解团队中每个人的观点。[1]

总而言之，若非让下属感受到领导者对于自己的理解，而总是颐指气使，上下级关系就会产生很严重的张力，最终影响到组织的效率。

（二）"兼相爱" VS. "交相利"

看到这里，很多人可能要开始抨击墨子的"不切实际"：在当今的世界，光靠沟通或同理心的建立，能让下属服你吗？事实上，平民出身的墨子早已深刻地认识到了"爱"并不能解决一切。因此，在阐述"兼爱"原则的时候，墨子也没有忘记"利"的角色。《墨子》有云，除了"兼相爱"之外，还得"交相利"，方能达至"治"的状态。

这样看来，如果"兼爱"是墨子思想中较为理想主义的一面，那么"交利"则

---

[1] 参见[美]丹尼尔·戈尔曼著、杨春晓译：《情商：新发现——从"情商更重要"到如何提高情商》，北京：中信出版社，2012年版。

更多地带有现实主义的色彩。正如梁启超所言，"兼相爱是理论，交相利是实行这理论的方法"，与"兼爱"所暗含的利他主义不同，"交利"更像是"科尔普特金的互助主义"。换言之，对于一个领导者来说，"兼爱"构成了其"软"的领导力，而"交利"则是其"硬"领导力的首要来源，两者不可相互替代。

不过，正如前述，墨子的"利"受到其"爱"的制约，因而又与利己主义大相径庭。在这里，对于领导者来说既不能不给"利"以培养一种清教徒间的关系，也不能让"利"超越一定的界线。而是要依据下属的能绩授以与之相称的利——这与西人所言之"公正"（justice）或"应得"（due）的理念有所联系。

对于墨子来说，"交利"与"兼爱"一道乃是一个组织甚至一个国家长治久安的保障。此即为"忠信相连，又示以利，是以终身不厌"（《墨子·节用中》）。

贴士 4-2 案例一：联想的股权激励与柳传志的"交利"思想

在联想成立20周年的总结会上，柳传志提到了自己在联想的主要的四点贡献，其中之一就是解决了联想的产权问题，为高科技企业机制创新探索了一条路子。不过，对于联想人来说，员工本身更是直接受益者。而联想在20世纪90年代末的持续高速发展，与联想的股权激励带来的巨大磁场效应不无关系。

按照柳传志的设计，公司员工都可以进入职工持股委员会，并且享有股票分红权。不过，柳传志在公司分配制度方面的信念，还是区别对待。他认为公司的盈亏和普通员工的关系不大，主要取决于经理团队。所以普通员工的收入应该相对稳定，即便公司利润大幅增长也不应出现跳跃式的增长，当然在公司出现亏损时也不应承担多大的责任。而经理团队则不同，应随着公司利润的增减而起伏。一个优秀的经理团队，不仅仅靠道德的纽带，也不仅仅靠对事业心的要求，更重要的是靠足够的利益来维系，包括高薪、好的工作环境，当然还有股权。

柳传志曾在清华做过关于《如何做一名好总裁》的演讲，他表达过

> 这样一个观点:"如果一个企业的股权最后演变成为只是年终分红的象征,就很可悲;股权只有成为激励大家奋斗的杠杆,才有意义。"
>
> (摘自林军、华夏:《柳传志的领导智慧》,浙江大学出版社2011年版)

(三)如何看待下属之间的差异

"交利"的思想部分承认人与人之间的差异,"兼爱"则更加强调平等。因此,在这里,对于墨子来说,存在着一个吊诡需要解决,那就是面对差异应该怎么做?

通常情况下,组织规模越大,其内部差异也越大——这些差异有的源自先天因素(如性别、民族),有的则源自后天因素(如能力、学历)。面对这些差异,领导者一般有两种做法:一是通过制度建设(如分工),承认差异;二是强调平等,试图抹杀差异。然而,这两种做法分别会产生两大问题:前者容易在组织内部造成人为的不平等从而导致或明或暗的冲突;后者则会消解组织前进的动力,比如在"大锅饭"的时代,"干好干坏一个样"的思想让许多人消极怠工,影响到了生产的效率。

而墨家的"兼爱交利"思想则为领导者提供了一种解决上述吊诡的思路,亦即对下属之间的差异要"明察"但不能"放大"。首先,要制定统一且公平的"交利"准则,让不同的人获得其应得之物(包括物质激励、晋升机会),且不至于引起他人的反对。其次,除了"利"之外要为每一个下属提供平等的基础性工作条件,以体现"兼爱"原则。

> **贴士4-3　EAP:兼爱与交利的综合**
>
> EAP是英文Employee Assistance Program的缩写,直译为员工帮助计划,出现于20世纪40年代的美国,是企业组织导入专业的心理咨询、培训或干预技术,帮助员工及其家庭成员解决心理和行为问题,以提高绩效、改善组织气氛,提升管理效能的一种管理模式。目前EAP的内容包括压力管理、职业心理健康、裁员心理危机、灾难性事件、职业生涯

> 发展、健康生活方式、家庭问题、情感问题、法律纠纷、理财规划等各个方面，帮助员工全方位解决个人问题。

二、"尚同"：适当的"洗脑"才有可能"赢心"

先秦思想家的一个共同特性就是怕"乱"。几乎每一派学说都是诞生于"乱世"之中，因此在他们的思想中不能不包括"由乱到治"的各式处方。而对于墨子来说，除了"兼爱交利"之外，另一个达至"治世"的方法便是"尚同"。

在墨子看来，天下大乱的原因在于"义"不同：一群持有不同观念的人很容易引发"大混战"。《墨子·尚同上》有云：

> 古者民始生，未有刑政之时，盖其语，人异义。是以一人则一义，二人则二义，十人则十义。其人兹众，其所谓义者亦兹众。是以人是其义，以非人之义，故交相非也。是以内者父子兄弟作，离散不能相和合；天下之百姓，皆以水火毒药相亏害。至有余力，不能以相劳；腐朽余财，不以相分；隐匿良道，不以相教。天下之乱，若禽兽然。

因此，若要天下大治，就需要"一同天下之义"。在此处，"义"亦可用我们现代的词汇"核心价值"或"核心文化"来替代。当然，核心文化的提出不意味着个体要放弃其长期以来坚持的"三观"，相反，核心文化是每个组织成员在组织内部应当遵循的公共规则。对于一个领导者来说，构建所有成员共同认同的核心价值或核心文化是保证组织效率与发展的重要因素。换言之，有时靠"虚"的东西来领导效率也许更高，适当的"洗脑"才有可能"赢心"。

（一）核心文化"根在民间"

墨子认为，"义"或核心价值不能总依赖最高领导者的强加，而是要来自社会各界的日常实践（即"得下之情"）。换言之，一个稳定的核心文化只能在日常交往中，以自下而上的方式形成，才能"上下同其义"。

一方面，核心文化需与组织的特性相匹配。一个组织的核心文化若与组织本身的特点相去甚远，不仅在表面上会产生不协调感，而且在实质上也是不可实行的。例如一个临时性的组织不应过于宣扬"永久性"之类的理念，而一个技术性的组织也不应过分地强调自己的政治抱负。如果在所有成员中都能找到观念上的"最大公约数"，那么核心文化最好从中提取，而不是令创新的文化导致"义不同"的情况发生。比如，若大多数组织成员有相似的宗教信仰，那么领导者在制定组织的核心文化时就可以参考该宗教的教义。

另一方面，核心文化需有"存在感"。如果不让组织成员在日常体会到核心文化的"存在"，那么这种"文化"不过就是一种口号而已。我们不难发现，现在几乎每一个组织都在强调"核心文化建设"，大多数组织也已提出了自身的核心文化。然而，这些文化在一些组织的日常运作中经常处于"缺席"的状态。组织成员也许只是在入职培训时听说过有什么"文化"，甚至在考核的时候也会被逼着去背这些"文化"，然而这并没有什么用。当然，核心文化需要一定的灌输，但更重要的是可感知性。增强可感知性的唯一途径就是将核心文化融入到组织日常的运作中。试想，如果一个组织强调"平等"的文化，可是在平时该组织基本是一个"一言堂"，成员根本没有见到"平等"的影子，这样的"文化"还不如不要。

（二）"核心群体"的作用

通过前文的介绍，我们知道，墨子并不算一个纯粹的理想主义者。因此，他也不否认自上而下建立"义"即核心文化的重要性。首先，"一同天下之义"应该"选立天子建政"。也就是说，一个组织哪怕再民主，还是需要有"核心"。之后，才有订立"核心文化"的基础。

前面说到，核心文化的建立同时要有"下情"作支撑，因此领导者并不是专制地来订立核心文化。然而，在一些大型组织中，领导者要做到亲自了解"下情"十分困难。就此，墨子提出在实践中要"分立政长"。所谓政长，通俗来说，就是"中层干部"这一组织中的"核心群体"。一方面，领导者需要依靠这些干部来收集"下情"；另一方面，则需要依靠他们来将核心文化付诸实践。换言之，领导者一定要找到可以共同构建核心文化的那几个人。

当然，除了上传下达之外，中层干部还要发挥"榜样的力量"。既然要帮助领导者将核心文化渗透至日常的组织运作中，中层干部首先要深刻理解并实践核心文化。《墨子·尚同中》中所提到的"上下通察"，实际上指的就是要对"政长"们的行为进行约束。中层干部要做核心文化的榜样——这里的"榜样"可以是正面的，也可以是反面的。领导者要善于发掘中层干部的日常行为中与核心文化相符或相悖的地方，并及时向整个组织发布领导者对此的态度。通过如此发挥中层干部的作用，领导者能够快速与有效地构建并确立核心文化。

> **贴士 4-3 案例二：智谷网络如何构建组织文化？**
>
> 台湾智谷网络股份有限公司总经理梁幸苋指出，创业初期公司就几个人，大家志同道合，感情要好，领导者用个人魅力就可以达到目标；公司发展到 20 人以上时，领导者已经没有办法用个人魅力去激发每个人行动一致；从表现看来认为是新成员素质参差不齐，无法达成预期的目标，实际上不在于创造多少业绩，企业要永续经营的关键，是否从"个人魅力管理"进阶到"制度管理和企业文化"，才能维系每个人对公司的向心力。
>
> 梁幸苋认为，组织文化要从上而下推广：从开始老板说了算，直接宣布来年目标；到高层主管、中层主管，基层主管参与定制目标，最后再到全员参与制定年度计划和远景。

三、"尚贤"与"明鬼"：怎么把激励搞对？

组织需要激励。正确的激励可以引导个体、群体乃至组织行为朝向某个目标努力，因此对于一个领导者来说，"把激励搞对"是保持组织发展动力的源泉。而墨家思想为我们提供了两种搞对激励的方式——"尚贤"与"明鬼"。

（一）"尚贤"：设定公认的激励标准

与儒家强调"亲亲有术，尊贤有等"不同，墨子认为既然要崇尚贤达，就应该"不党父兄，不偏富贵，不嬖颜色"，并且"有能则举之，无能则下之"。如果能对每一个贤者都做到"富之、贵之、敬之、誉之"（给他金钱和荣誉），那么贤者就会越来越多。

在墨子看来，激励的标准（即什么是"贤"）要有一定的普遍性。当然，激励标准的普遍性并不是恒久不变的。在这里，"普遍"是相对于某个时空而言的。比如在墨子那个时代，所谓"贤"指的就是"善射御者"，也就是善于射箭和骑马之人，这样的人放在今天不过是个"武夫"而已。进入现代社会之后，"贤"的标准变得愈发复杂。但是，我们必须承认，世界各地相似的组织中都存在一个大致相似的"贤"的标准。比如一个国家的领袖需要有治国理政的能力，"苹果"公司的工程师不仅需要有良好的专业技能而且要有创意，而一个房产经纪则需要有高超的营销技巧。这些即是所谓的"普遍性"。

当然，普遍性的另一个维度还在于"公认"原则。组织是由人所组成，如果激励标准的"普遍性"得不到组织成员的广泛认可，那么这种"普遍性"也是不完整的。因此，激励标准在制定和出台的过程中应该充分听取组织成员的意见，避免由领导者和少数干部私自订立，强行推广实施。

（二）明鬼：激励要执行

看到这个"鬼"字，很多人不禁要猜测，墨子原来是个唯心主义者，在其哲学思想里夹带了"怪力乱神"的私货。

事实果真如此吗？不然。

在墨子的思想中，"鬼"不过是个指代，是在当时的环境下对于某种世俗理念的表述方式。正有人所言，墨子在《明鬼》篇中主要论述的不是鬼有没有、在哪里、以什么形式存在等，而是论述鬼神存在的作用。在墨子看来，"明鬼"的核心在于要赏善罚恶，即执行激励；而混乱的根源就在于"不知鬼的存在"，亦即有激励而不执行：

子墨子言曰："逮至昔三代圣王既没，天下失义，诸侯力正。是以存夫为人君臣上下者之不惠忠也，父子弟兄之不慈孝弟长贞良也，正长之不强于听治，贱人之不强于从事也。民之为淫暴寇乱盗贼，以兵刃、毒药、水火，退无罪人乎道路率径，夺人车马、衣裘以自利者，并作，由此始，是以天下乱。此其故何以然也？皆以疑惑鬼神之有与无之别，不明乎鬼神之能赏贤而罚暴也。今若使天下之人，偕若信鬼神之能赏贤而罚暴也，则夫天下岂乱哉！

所以，激励的有效性全赖执行，而好的执行应当注重如下三大原则：

第一，激励的标准要可操作，每一个符合激励标准的行为都必须触发激励的执行，让每一个组织成员相信"真的有鬼"。

第二，激励的执行要有时效性，赏罚不能等到行为过去许久才执行。要把握激励的时机，"雪中送炭"和"雨后送伞"的效果是不一样的。激励越及时，越有利于将人们的热情推向高潮，使其创造力连续有效地发挥出来。

第三，激励的执行要依据公开的标准，这些标准需要让所有组织成员都知悉并且充分理解，不搞"多重标准"和"暗标准"，不能让奖惩失衡，更不要让激励变成人人都有的福利。

贴士4-4 案例三：无法兑现的激励

2013年1月22日，携程中部省份多名销售部人员向本报记者透露，携程地面销售员工开始大面积被裁，除保留北京、上海、广州、深圳7大机场渠道外，其他二三线城市机场、高铁、火车站、汽车站等地面销售员工将全部撤销，预计至少裁员500多人。多名携程内部员工透露，2012年下半年以来，陆续离去的地面销售人员超过500名。这些二三线城市的地面销售人员，少部分员工将安排内部转岗，因为牵涉到跨地域和降职，很多人员放弃转岗而离职。大部分员工被迫离职，工作N年最终得到"N+1"个月工资。"问题是期权如何处理,携程单方面解约伤害了老员工。"携程内部多名员工表示,按照携程《员工手册》第五条第6小条规定,携程为一定级别的管理人员和年度卓越员工以及超过8年以上的基层员工予以股票期权奖励。携程内部员工称,携程武汉分公司两名工作已满8年的员工却没有分得期权。

四、结　语

墨子也许不会想到,他当时写给统治者看的东西会被用于分析更为广泛的领域。这全是因为墨家思想的深刻性,以及其中蕴含的具有一定真理性因子。今天,国王与皇帝已经离我们远去,但是领导者依旧是我们每天都要遇到的或者自己需要承担的角色。因此,我们如今再翻看《墨子》,依旧可以从中汲取智慧。

首先,"兼爱"与"交利"思想有助于构建良性的上下级关系。领导者要平等对待每一位下属,并充分理解下属的想法与需求;与此同时,要注意适当授予"利",并且理性看待不同下属之间的差异。其次,"尚同"思想着墨于组织核心文化的建设。一个组织要有广泛认同的核心文化才能保证持续发展。核心文化不是领导者想法的简单下达,也无法仅依靠分散的组织成员构建起来。而是要"上下结合"并"依靠中层"。最后,"尚贤"与"明鬼"涉及一个组织"如何把激励搞对"的问题。领导者首先应当建立起带有普遍性且得到组织成员认可的激励标准,然而再着手去实施与执行激励。如果激励仅仅是"纸上谈兵",那么设想中的组织行为难以发生,组织的各项发展愿景也不过是空中楼阁。

(作者:郝诗楠)

第五章　法家中的领导力

法家是先秦诸子百家中的一家。法家诸代表人物间在理论体系上没有明显的传承关系，这些人物之间的师承关系也很不明显。这一点是其同儒家等其他先秦诸子百家之间的一个明显区别。在法家各时期的代表性思想家中，具有明确师承关系的仅有李悝和吴起（二人是子夏的门生）。法家之形成，更多的是因为思想上的互相影响和实践上（特别是变法运动）的模仿借鉴。

法家虽然不像儒家那样自汉以来就成为历朝统治者的正统教义，但也不像墨家或道家那样处于一种"在野"的地位。在历史上，法家曾达到过一个思想流派所能取得的最高成就——帮助秦国成为战国一霸，并横扫六国，建立中国历史上第一个大一统的帝国。然而在取得这一成就后，法家也迅速地伴随着秦朝的覆灭而走向消亡。

一、法家之"法"：理论源流

同诸子百家相比，法家的另一特征是其代表人物几乎都具有"在朝"的特征。即，代表人物几乎都曾在某一诸侯国或地区拥有一定的规则制定权，并以此实践其法家政治构想。如《汉书》在总结法家源流时所提到的，"法家者流，盖出自理官"。理官是夏商时期的一个职位，主要负责国家的司法和治狱等工作，类似于后来六部制中的刑部尚书。法家的代表人物管仲为齐桓公之相，李悝为魏文侯相，至于后来的商鞅和韩非，都曾是秦国著名的谋士。

由于这种特征，法家的发展脉络和流派通常以国家，而非代际来划分。一般文献将晋国作为法家的发源地，并认为法家思想源于儒家。三晋之地之所以成为法家思想的发源地，主要缘于晋国在诸侯争霸过程中逐渐形成军功贵族势力和井田制的逐渐瓦解。这种新的社会形势势必要求新的社会统治模式。因此，这一地区就逐渐衍生出通过制定成文的律令来规范和统治社会的模式。

正是在这种条件下，原属儒家的子夏在三晋之地魏国创立"西河之学"，提出营造威慑力的"势"的概念。这一概念与儒家思想已有所区别，子夏因此也被儒家攻击为"小人儒"。子夏的学生李悝则通过在魏国实行变法运动大大推进实践了子夏的观点和主张，并编成我国古代第一部比较完整的法典《法经》。其治国理念主要包括打击贵族特权、明赏罚及平均地权等。在李悝之后，申不害在三晋之地的韩国也推行了变法运动，并进一步发展了法家的相关思想。申不害对法家的贡献主要体现在其"术"的方面，即统治者的权术。

除儒家外，道家也在一定程度上与法家有渊源关系。这主要体现在以"黄老之学"演化而来的道法家之上。在纯粹意义上，主张无为而治的道家与追求严刑峻法的法家似乎水火不容。但道家"黄老之学"中的某些因素与法家有相通之处。如"无为而治"的进一步发展就是要求君王在治国过程中做到客观公正。道法家的第一位代表人物是管仲。《管子》中的《法法》及《君臣上》等大量论证了君主应当如何运用"道法"来治理国家。后来，赵国的慎到在吸收道法家理论的基础上进一步丰富了道法家的思想，并详细论证了"势"的概念。在慎到看来，"势"大约处于一种社会关系中的支配和优势地位，并且基于这种地位所获得的影响力。在《慎子》中，有"河之下龙门，其流驶如竹箭，驷马追，弗能及"的语句，形容水流从高处获得的"势"使其快到连箭都无法追上。在治国过程中，君主需要通过这种居高临下的优势地位来获得权力。

商鞅则是法家早期思想家中强调"法"的代表人物。面对保守力量，商鞅在《商君书》中提出了较为完整的法制思想，并进行了实践。这些思想主要可以归结为"尊法"、"刑无等级"、"以刑去刑"、"以信行法"等内容。总的来看，商鞅所崇尚的法仍然是一种规则，但他强调了这种规则应当具有普遍性及权威性，这毕竟是一种进步。

商鞅、申不害和慎到被称为法家早期的三巨擘，他们的法家思想分别强调了"法"、"术"、"势"。这些思想在韩非那里获得了总结和升华，并直接促成秦国国力的加强。韩非对"法、术、势"的总结主要可以归为"以势立威"、"以法治国"和"以术驭下"，即君主应当树立权威获得臣民的服从，通过法来遏制人的恶性从而实现社会稳定，并运用权术（甚至是诈术）来巩固自己的权力。

总的来说，法家除了一些奖励农耕及军事战略等方面的理论之外，主要强调的是运用有权威的、广泛的规则来治理国家。因此从法家出发探讨其领导力问题，我们首先要分析的就是其"法、术、势"体系背后的规则制定和运行问题。规则广泛存在于任何人类社会关系中，大到国家，小到公司、团体，盖不能外。此外，我们应该特别注意到，法家曾高居庙堂之上，帮助秦国成就霸业，但也对其迅速的覆亡负有不可推卸的责任。所谓成也萧何败也萧何，我们在分析法家与领导力关系时，也应特别强调总结其教训。

二、"法、术、势":强制性权力及其问题

"法、术、势"三者是法家的核心概念。我们特别需要注意的是这三个概念之间的有机联系。首先,"势"是三者的根本。这一点在慎到那里表现得特别明显。在他看来,统治者的"法"制定得再完善,"术"使用得再高明,如果没有"势"作后盾,这些都是空谈。《慎子》中的《威德》篇提到,即使是尧这样的贤君,如果没有势而只是一个普通民众,那么他连邻人都无法号令。在韩非的体系中,也将"势"作为法和术的前提和后盾。《韩非子·五蠹》有云:"民者故服于势,寡能怀于义。"意指君主如果失去了权势,法与术就无法实行,国家必然危亡。同时,韩非进一步强化了慎到的"势",慎到曾主张君主的权势应当有所节制,而韩非则强调君主之"势"应当是绝对的,不可将其转授给部下。因此总的来说,法家的"势"可以被理解为是一种强制性权力(coercive power)。

贴士 5-1 史蒂文·卢克斯对"权力"概念的探究

在人们的一般理解及定义中,权力似乎就意味着一种强制力,拥有权力就意味着一个人能够对他人的行为进行控制。史蒂文·卢克斯在其《权力:一种激进的观点》(Power: A Radical View)一书中对权力这个概念展开了系统性的论述和梳理。卢克斯将强调影响力和控制力的权力观称为多元主义权力观,因为它主要强调多个行为主体之间的权力关系。他认为,这种权力观只是"权力"概念的一小部分,因为这种权力的产生必须具备一种前提——双方之间存在冲突行为。而这种权力是以在行为上的强制力为特征的,故可称为强制性权力。卢卡斯指出,在由具体行为标示出的权力之外,还存在一种制度性的权力:"当 A 致力于创制或加强各种社会价值、政治价值以及制度惯例时,同样也是在运用权力。在 A 成功地这样做的范围内,对于所有实际目标而言,B 就被阻止

> 在那些可能在其决议中严重损害 A 的一系列偏好的所有重要议题之外。"
>
> 　　制度性权力的产生和存在并不以双方激烈冲突的行为为前提，它有时甚至表现为一种"无法做某事"的权力。例如，议会通过设置复杂的审议程序，就足以促使政府自发地挑选那些获得较多共识的法案提交议会，以免在审议过程中被否决。这种制度自动地就防止了那些议员们为那些争议较大的法案大动干戈甚至大打出手。而在更宽泛的意义上来说，权力的形成甚至并不以利益冲突为前提。通过诱导、激励和劝说等方式，一方也可以对另一方施加影响力。这种影响力实际上就是一种权力。
>
> （参考史蒂文·卢卡斯：《权力：一种激进的观点》，江苏人民出版社 2008 年版）

　　强制性权力的一大问题就在于需要强制力加以维系。而且，由于强制性权力产生于行为过程中，且强调冲突，这就意味着施加这种权力的一方必须在所有行为过程中都保持着这种权力，且双方总是处于对立的局面。

　　如何缓解君臣、君民之间这种持续性的进展关系？法家思想家们想到的办法是制定规则——法，并试图通过严厉的刑罚来维持规则，达到"以刑止刑"的目的。在他们看来，"法"能够"废私"，保证国家的秩序，并遏制人的恶性。然而，这种规则看上去为公，实际上是以造势为目的的——法巩固并提升国家实力，让君主获得更多的"势"，并严格控制民众的行为，塑造"顺民"。因此，"法"在很大程度上是一种私利的规则。在这里，势和法形成了一种"势法相长"的循环：君主以"势"来确保法得以实行，而法的实行则确保君主拥有并保持"势"。

　　"势法相长"的循环如何运行起来？法家思想家很少专门提到这个问题。但实际上，他们已经用行动给出了答案。商鞅在推行变法之初，民众普遍不相信法的权威。于是商鞅用立木赏金的办法确立了"信"，并以此首先赋予法权威。其实，商鞅并不是想出这个点子的第一位法家思想家。吴起在魏国变法时，也采用了类似的方法来首先树立威信。他在西河郡的南门旁立起一根柱子，并承诺将第一个将柱子推倒的人立为长大夫。韩非则将法中"信"的成分提升到很高的程度，他在《韩非子·外储说左上》篇中提到，"小信成则大信立，故明主积于信，赏罚不信，则禁令不行"。此外,他特别强调君主在施行法律的过程中应当守信,不可"释法用私"(《韩非子·有度》)。

然而,我们可以看到,法家在后期逐渐开始强调"术"。一定的"术"确实可以补充和保持君主的"势",从而促使法得到更好的贯彻。然而,"术"在本质上和"信"是矛盾的,尤其是韩非和申不害逐渐将权术演变为诈术、防奸术,鼓吹"深藏不露"、"挟知而问"(装聋作哑,明知故问)、"倒言反事"(故意说错话办错事以检验臣下忠诚度),搞暗中侦查、挑拨离间甚至政治暗杀。这些手段实际上是对"信"的彻底摧毁。通过这种"术"所建立的"信"是以鼓励政治不信任和破坏"法"为代价的。商鞅等法家代表性思想家自己也落得横死的惨烈下场。

可见,法家既实现过辉煌和君主的霸业,也最终式微并导致国家的衰落。这种看似矛盾局面的出现与"法、术、势"三者的有机联系和关系密不可分。从当代的管理学与领导学理论出发,我们可以对这三者的得失有一个更明确和清晰的认识。

三、如何得"势"

"势"作为一种社会优势地位所获得影响力,不但是国君所必需的,也是任何一个领导者所必须具备的。在诸子百家中,法家最为鲜明地提出了"势"的概念,并强调了其重要价值。而且在实践中,"势"确实为国君建立权威并领导国家强盛起到了极为关键的作用。

(一)"得助于众"的"势"

"势"直到今天仍然是管理学及领导学理论中一个极为重要且基本的概念。只不过在当今,"势"通常被影响力等概念所替换。首先系统论证"势"的慎到特别强调了君主所获得的"势"乃是"得助于众"的结果。慎到用航海和行路的比喻来说明什么是"得助于众":航海的人如果不借助船的力量,就无法航海,行路的人如果不借助车的力量,就无法远行。以此推论,慎到之处,君主应该善于使民众、臣下各尽所能,为君主所用。君主广开言路,才能够获得最大的"势"。慎到对"势"的理解无疑具有一定的先进性。所谓一个巴掌拍不响,他看到君主的"势"在很大程度上取决于民众,而非君主本身。

然而慎到这种较为朴素的民本思想并没有更进一步，他理想中的"得助于众"仍然是建立在君主居高临下统治臣民的前提之上的。这集中体现在他在讨论"势"的时候所提出的"定分"概念。所谓定分，即明确君臣之间的等级关系，明确规定统治权属于君主。如此一来，就不会造成对统治权的争夺。可见，慎到的"得助于众"绝不是一种建立在团队合作之上所产生的"势"，而是一种在明确等级制的前提之下所营造出来的恩庇—侍从关系。现代管理学理论一般认为，通过这种关系所产生的影响力非常不稳定且有损团队效率。在领导过程中，有一个显而易见的矛盾，即领导很容易利用手中的权力，以及权力带来的影响力迫使他人做事，这会给人带来压力从而变得谨小慎微。实际上，领导也不应该在具体的项目会议讨论中用绝对的数量压服不同的意见，或者干脆直接"越权"去影响、干扰研究专家的研究，试图通过他们的实验数据来左右项目的进展程度。其实，领导要做的事情很简单，就是为团队中的所有人提供服务，而领导工作最简单的宗旨就是要保证团队工作的正常运转。

（二）营造"人为之势"

韩非在论述"势"的时候，将其分为自然之势和人为之势两类，前者指随同职权而来的权势，后者指领导者通过个人能力等手段运用职权，从而形成的权势。这一重要的划分实际上提醒领导者，依靠职位本身的授权来获得的影响力是非常脆弱和容易流失的。一个无能的领导很快就会遭到属下的怀疑和不信任，并且导致组织绩效的降低甚至组织本身的瓦解。这一点是比慎到的"定分"更为进步的地方。在这方面，韩非显然比慎到的"定分"要更进一步。

那么，韩非是如何论证人为之势呢？韩非认为，人为之势体现在两方面：一是"聪明之势"，即君主要善于利用天下人的聪明才智，实现"身在深宫之中，而明照四海之内"的效果；二是"威严之势"，即利用法（实际上是订立规则）来为自己造势。在这里，韩非强调了规则的作用。事实上，秦国正是因为一系列加强君主权力的规则的制定，避免了宫廷斗争所造成的内耗，并使得政令得以畅通。与之形成鲜明对比的是韩国，这个在战国初期曾经拥有较强国力的国家却由于宫廷斗争的内耗而在诸侯争霸中逐渐衰落下去。

当代的领导理论虽然也将规则订立看作是领导力极为重要的一方面，但也看到过于僵死的规则，特别是建立在惩罚机制上的规则有可能造成的严重负面问题。在很多时候，规则和创造力，执行力和自由的氛围之间是存在张力的。现代管理学理论在解决这一矛盾时，通常强调通过规则制定来明晰结构和流程，而不是通过规则来控制行为。在一个结构清晰的团队中所能体会到的自由宽松感，远胜于严格的秩序带给人们的束缚感。而这种团队给个人的愉悦体验能够增加个体的存在意识，至少能起到缓解团队和个体之间的张力，减少冲突和矛盾的作用。这种清晰的结构还能最大限度地规避团队中的破坏性争执，同时提供了某种宣泄情绪的空间。在这种结构和流程清晰的团队中，领导人仍然能够拥有"人为之势"，而不必因为制度过于僵死而造成制度本身的危机。

（三）无视合作者不可能得"势"

法家的"势"由于强调君主与臣民之间的不平等关系，导致君臣和君民之间缺乏合作和信任。《商君书》讲驭民五术，曰：壹民、弱民、疲民、辱民、贫民，将民众完全放在被统治和被管制的地位。在这种情况下，法家不得不更多地依靠"术"来补充"势"（其实这"驭民五术"就属于典型的"术"）。这解释了为何"术"在法家后期的地位越来越重要。现代领导力理论往往将团队合作和互相信任作为成功领导的重要标志之一，而团队合作的前提就是领导将团队成员看作平等的合作者，并且需要开展与团队成员之间广泛的沟通和交流。

贴士 5-2　领导者如何通过与团队成员合作营造影响力

领导者应该随时监控自己的行为，防止在影响过程中由于自身的问题而忽视合作者，从而丧失影响力。领导者特别需要注意以下几个问题：

（1）不把其他人视为潜在的合作者；

（2）无法阐明自己的目标和优势；

（3）不对合作者进行仔细评估：团队的力量更善于塑造目标、引导思想、提供所需；

（4）不了解合作伙伴的现有情况；

（5）不接受合作者的价值观；

> （6）不对自己所能提供的资源进行评估；
>
> （7）不详细分析自己与潜在合作伙伴的关系；
>
> （8）不能明确指出自己要求的合作方式。
>
> （摘自艾伦·科恩、大卫·布拉德福德：《影响力：如何展示非权力的领导魅力》，电子工业出版社2013年版）

四、"以法而治"：规则的力量及局限

"以法而治"的思想是法家思想的核心特征和最大价值所在。它在先秦诸国的成功实践也为领导学理论提供了生动的案例。前文提到，法家的"法"有别于现代意义上的法，它主要是一种建立在等级和强制性权力之上的社会规则制定。因此，法家的"以法而治"在当代的最重要意义是提示出规则的制定和利用在组织领导中的价值。

（一）"明法度"：组织运行的根本

规则是区分自然与社会的产物。无论是企业还是国家，规则的产生总是社会分工和复杂化的产物。春秋战国时期，以"周礼"为代表的道德性社会规范逐渐失范，也正是在这个背景下，法家开始着重强调规则的订立和执行。法家"明法度"的思想在实践中为国力的提升起到了巨大的推动作用。吴起在魏国变法，大大提高了魏国军队的战斗力，并击败秦国，夺得西河地区。吴起来到楚国后，公布新法，稳定社会持续，鼓励生产，打击"游民"，大大增强了楚国的国力。商鞅的变法促使秦国迅速强大起来，并一举击败了魏国，收回了西河一带地区。

为何规则能产生这样大的力量？我们可以从三个方面来理解。

第一，法家通过订立新的规则实现了国家管理方式的转型。法家思想家所开展的几次重要变法中大都有针对并削弱旧贵族的内容。在先秦时期，各诸侯国中的旧贵族互相明争暗斗，不事生产，成为国家的极大负担。在变法运动中，吴起、商鞅等法家理论家订了了新的赏罚制度。新的制度以军功等论赏。于是，通过规则的力量，变法打击了传统上依靠继承获取权力的旧贵族。

法家依靠规则实现国家转型的方式同样适用于今天的企业和组织管理工作。世

界上许多成功的企业,其在创业之初都是家族性的企业。这些企业在发展到一定阶段后通过订立明确的规则成功实现了从家族性企业向科层制企业转换的过程。而家族企业由于制度混乱而走向没落的例子在家族式小企业较为密集的江浙地区也是屡见不鲜。

第二,通过制定明确的以及成文的规则,使得以前含混不清的规则变得清晰,从而为民众的行为提供了明确的指导。提供行为指导和规范是规则制定的最重要价值。魏、秦等国在实行变法之前,社会规则都较为混乱,且规则的权威性弱。面对这一状况,儒家提出的解决方案是"尚贤",即拥戴贤者治国。法家明确反对"尚贤"而主张"尚法"。例如在慎到看来,"身治"有两个问题,其一是没有规范和标准。《慎子·君人》篇提到,"君人者,舍法而以身治,则诛赏予夺,从君心出矣"。其二,即使是贤者,其认识也有局限性。《慎子·佚文》篇中即有"一人之识是天下,谁子之识能足焉?","事断于法,是国之大道也"的说法。通过制定规则进行管理是现代管理学的基本理念之一。管理学之父泰勒所创立的泰勒制就是基于一套严格的制度基础之上的。其后的各派管理学家虽然有的侧重心理,有的侧重人际关系和组织关系等,但其实现科学管理的手段首先就是规则的制定。

贴士 5-3　规则意识是现代企业管理基础

中国的事情难办,中国的企业难做,在很大程度上是因为中国人不遵守规则,不按规则出牌。在现代工业时代,分工越来越细,合作越来越强,于是团队合作中的规则就凸显出其特别重要的意义。

我们的文化往往更相信领导,而不遵循规则。管理的复杂性在于,把简单的规则坚持下去。我们的企业规划是有的,但往往执行不好,其中有执行力的原因,但执行力因素又首先表现为程序不充分、培训不到位、规则不具备刚性、执行不能长期坚持等。

(摘自汪中求:《规则意识是现代企业管理基础》,《中国商贸》2008 年第 6 期)

第三，法家强调规则应当符合民众的期望，规则所禁止的，应当也是民众所反对的。《管子·形势解》篇写道："人主之所以令则行、禁则止者，必令于民之所好而禁于所恶也。"《管子·正世》篇更是要求君主在制定法律时，"必先观国政，料事务，察民俗，本治乱之所生，知得失之所在，然后从事"。慎到也主张规则制定需要面对现实，"合乎人心"，所谓"法非从天下，非从地出，发于人间，合乎人心而已"（《慎子·佚文》）。

可见，即使是极端强调规则重要性和严肃性的法家，也认识到规则不能够违背规则执行客体的意志。这种让被管理者逐步参与管理规则制定的原则亦在20世纪20年代以来逐步受到西方管理学界的重视。导致这一改变的主要动力是由泰勒开创的科学管理方式在制定一系列详细规则的同时，也造成制度过死和缺乏人性化，并因此导致劳资关系紧张。在现代企业中，这种合作主要是通过工会及联合委员会等制度形式实现的。

（二）"以刑去刑"为何不行

在规则制定上重严刑峻法是法家在中后期中在思想和实践中的重要特征。它超越了慎到等法家思想家所追求的"明法度"理念，而追求通过酷刑达到社会的安定。在法家思想家看来，制定比罪行剧烈得多的刑罚，能够产生吓阻作用，从而令后来人不敢犯罪。《商君书·赏刑》有云："禁奸止过，莫若重刑。"在刑伐的种类上，商鞅花样翻新，创造出凿颠、抽肋、镬煮等酷刑。而且在罪行的种类上，商鞅更是五花八门。甚至对于把灰撒在道路上这样的事情，都要用刑。(《史记·李斯列传》)

事实上，直到近代法理学中"罪刑一致"原理被中国接受以前，中国的掌权者始终奉行着这样一种理论。例如，通过将犯人当众枭首、弃市等方式，试图给围观群众增加心理压力，在心理上防止他人犯罪。"以刑去刑"以及轻罪重刑的思想比李悝等早期法家思想家的"明刑赏"要更加激进。然而，我们可以看到，促使秦帝国三世而亡的陈胜吴广起义恰恰是缘于人们对于酷刑的畏惧。历代帝王无论在刑罚上如何残忍血腥，也总是无法实现"以刑去刑"的目的。那么，这种结果究竟是什么原因所导致的呢？

贴士 5-4 犯罪学中的"吓阻理论"

吓阻理论指透过正式制度的制裁（即刑罚），以及被官方进行刑事追诉时造成的心理压力，能吓阻人类的犯罪行为。如果刑罚具有迅速性（事发之后迅速追诉）、严厉性及确定性（每个犯罪都被追诉、处罚），则人类在功利主义的思维下，会选择放弃犯罪。

然而，正是人类的功利主义思维导致了吓阻理论的失效。简单来说，当人们在意识到因为违反某项规则而面临严重的惩罚时，可能会继续实施甚至放大违法行为，试图"回本"。这样就导致"要么不出事，出事就出大事"的局面。甚至在一些情况下，规则的违反者会在理性计算之下试图通过将整个制度体系推翻来逃避惩罚。陈胜吴广起义就是这一情境的典型表现。《水浒》中官军败将为逃避惩罚而加入梁山阵营，导致梁山队伍越剿越壮大，也是一个典型的例子。

对员工的行为进行规范和约束是近现代管理学理论所关注的一个基本问题之一。值得注意的是，理论家们很早就注意到，人们的心理因素会对规范的执行情况产生重大影响。人天生具有趋利避害的理性，在一个弥漫着恐惧情绪的组织中，禁止性和强制性的行为规范会遭到成员的消极抵抗。通过恐惧营造出的秩序存在两个问题：

第一，它毫无疑问是脆弱的。如同"吓阻理论"失效的原理一样，组织成员会通过离职等方式选择逃避吓阻。第二，它对组织的效率构成重大打击。在人人自危的环境下，组织成员将花费大量的精力用于对行为进行自我审查，从而导致效率的降低。

在管理学理论中，将塑造组织成员行为的理论称为强化理论。其中，惩罚只是强化成员行为的方式之一。其他可选择的方式还包括正向强化（对好的结果进行奖励）、反向强化（一旦不希望出现的行为消失，就停止施加某种行为）以及消除（通过停止使用正向强化的方式做出警示）。对于领导者来说，综合性地使用不同强化方式，避免过度地使用惩罚机制，是一个他们必须常常考虑的问题。

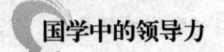

五、"术"的作用及局限

在法家的主要思想中，"术"历来是最遭诟病的。一些人甚至将术简单地等同于诈术。但实际上，法家对"术"的论述十分丰富，其中有对领导艺术的深刻启示，当然也有深刻警示。

（一）独断之"术"并不是领导力毒药

"术"的概念首先是由申不害提出的，并在韩非那里实现了同"法"与"势"的结合。然而，两位思想家都没有在其著作中对"术"的含义做具体的论述。在申不害那里，"术"基本上是指一种权术，其主要是针对君主如何处理君臣关系问题的讨论。这种权术的核心是加强君主的"势"，防止有实权的大臣独断专行，无视君主，从而巩固君主集权，稳定国家政局，并保证"法"得以实施。《申子·大体》有云："明君使其臣并进辐凑。"意思是高明的君主能使自己像车轮轮毂，而大臣则像辐条一样——辐条总是受到轮毂的控制，在其带动下规律运动。

韩非对"术"的论述中也强调通过刑赏的方式控制臣下。在《韩非子·二柄》中有"明主之所导制其臣者，二柄而已矣。二柄者，刑、德也"的论述。这里的意思是说，明智的君主控制臣下的手段，无非赏与罚两类。在用人方面，韩非主要强调三个方面：一是任用德才兼备之人。但这里所谓的"德"，并不是儒家之"仁德"，而是忠主顺上之德。二是以法择人，量功授官。三是专职专任。

至少从以上的论述来看，申不害和韩非所提倡的"术"是具有一定正面意义的。他们之所以提倡君主用"术"，在很大程度上是源于他们将君主身边的大臣看作是君主权力的主要威胁，而主要规范民众行为的"法"又不能很好地应对这种威胁。须知在春秋战国时期，诸侯国君主们并未建立起秦朝以来那样的绝对专制地位。在这个充满故事的时代里，大臣篡权、干政甚至弑君之事并不罕见。一度强大的晋国在没有受到外敌入侵的情况下竟被三个士大夫所瓜分。因此，君主通过运用"术"来加强"势"，以利变法和强国，这并没有什么问题。

现代领导力理论并不会简单地将领导者高度垄断权力看作是领导失败的前兆。虽然我们能找到不少教科书教导领导者应该如何放权，但它们都不忘提醒领导者通过一定的方式和手段控制关键决策权和人事权。

> **贴士 5-5　王传福：以人为本的"独裁者"**
>
> 在比亚迪，每个事业部要发展新业务，只需要向王传福出具一份可行性报告即可。用王传福的话说就是："能说服我，让我觉得很高兴就可以做了。"流程虽然是简单得不能再简单了，但是让王传福"高兴"并不是件容易的事。王传福会按照相关数据来分析新业务的可行性。
>
> 然而，这种"一言堂"式的决策文化之所以行之有效，背后离不开三个关键性要素。首先，王传福本人深知企业家获取利润的职责。在这种理念下，他必须认真地审视每一项决策，而不是一拍脑子就做出决定。其次，经过多年市场打拼，王传福本人积累了从技术到管理、营销的独特经验，这些经验和思想，在很大程度上上保证了他决策的准确性。最后，王传福始终致力于在比亚迪构建一种简单明了的管理文化，从而辅助他准确、真实、高效地了解一线市场。在这些因素的共同作用下，这种看似风险极大的文化极大地简化了比亚迪的管理流程，并提高了整体工作效率，以至于全球最有影响力的投资人巴菲特先生也开始关注比亚迪。
>
> （摘自刘松博：《领导学》，中国人民大学出版社 2013 年版）

（二）扼杀信任乃"术"之大恶

法家之"术"虽有其积极的方面，但不可否认的是其确实包含一些诡诈之术的成分。它强调一些欺骗性的内容，例如隐藏实际想法或故意说错话以试探臣下等。可以说，正是这些诡诈术构成了"术"中非常消极的内容。申不害在其"术"中试图为君主披上神秘的外衣，强调君主要刻意隐藏自己的所见、所闻、所知甚至所欲，如此实现"独视"、"独听"、"独断"。而如果君主很容易就表明了自己的心思，臣下就会有所准备，想着法子对付君主。这种思想到了韩非那里被系统化为"深藏不露"、"挟知而问"、"倒言反事"、"抓辫子"、"暗中侦查"、"挑拨离间"，甚至政治暗杀等一系列诈术。

前文已经提到，政治诈术会摧毁"信"这个"法"和"势"所赖以生存的土壤，使得君臣之间陷入互相提防和人人自危的状态中。在现代管理学理论中，通常将下属由于希望或恐惧而产生的服从看作领导者权力类型中最不可取的一类，因为在这种权力控制之下，领导者必须对下属进行全面的监督与控制，从而形成相互提防，甚至互害的局面。相反，下属基于信任而对权力产生的认同是一种最为可取的权力类型。在这种权力模式下，下属对领导的认同是一种内在化的认同。双方在互信的基础上，能够取得一致的价值观，并且下属往往会自愿执行领导者的任务。

贴士 5-6　几种权力类型的比较

权力类型	权力来源	权力过程	下属与领导者的关系	要求的条件
奖赏及惩罚	下属的希望或恐惧	服从	下属想从领导者哪里获取有利的反应，避免惩罚性反应	领导者必须对下属进行监督与控制
个人魅力背景权参考权	吸引力相关性相关性	辨认	渴望在双方之间建立关系	下属的自愿执行
合法权	法定的	外在化与内在化的统一	与下属的一致性关系	合法性与一定程度的相似的价值观
专长权	信任	内在化的认同	双方均有一致价值观	下属的自愿执行

（摘自刘银花、姜法奎，《领导科学》，东北财经大学出版社 2006 年版）

在这个意义上，我们可以从法家治国实践中的诸多悲剧中得出一条基本教训："术"的实施以不损害领导者与团队成员的互信为限。为何这种互信如此重要？这其中至少可以有两个解释。其一，现代企业或组织中已经有非常严密的分工体系，这种体系的高效运作依赖于信息的通畅传递和交换。领导者刻意将自己神秘化，将在物理意义上和心理意义上拉远其与团队成员间的距离。这样一来，团队成员也可能对领导"挟知而不报"、"倒言反事"。信息沟通不畅甚至出现错误信息，对于领导决策和管控来说无疑是致命的危险。其二，如前文所述，失去互信的团队会陷入领导与团队成员之间互相提防的局面，使得高度分工的体系无法高效运转，并造成许多内耗的情况。

> **贴士 5-7　案例：融入团队成员的生活**
>
> 　　作为荷兰 Aegon 保险公司 Spaarbeleg 子公司的负责人，约翰·范迪沃夫完全融入了他的团队成员们的生活。他甚至会在应聘者家中进行面试，任孩子们和宠物狗在身边一直跑来跑去。他这样做是为了真正了解每个人，了解对方潜质，与之建立起开放和信任的关系并提供对方所需要的东西。他的做法取得了非凡的成功，他大幅提升了 Spaarbeleg 子公司的业绩，本人最终也获得了在 Aegon 公司的擢升。然而，有许多经理人害怕了解别人的个人问题，因为他们害怕那样会陷入他们无法掌握的情境中。他们不想知道下属们生病的孩子、垂危的母亲以及他们无能为力的一些个人困难。对于这种情况，你必须给自己设定一个容忍的尺度。
>
> （摘自艾伦·科恩、大卫·布拉德福德：《影响力：如何展示非权力的领导魅力》，电子工业出版社 2013 年版）

六、结　　语

法家思想诞生于先秦时期诸国纷争的特定历史条件下。它曾高居庙堂之学的历史背景使得我们可以从具体的历史成败中检验法家思想的得与失，并由此得出关于领导力方面的一些认识。

法家思想家们在魏、秦等国所开展的一系列成功变法运动充分证明了法家所强调的"法"的价值。在当代的话语体系中，它彰显出明确而有效执行的规则能够有效提升团队的效率和效能。

　　法家思想家们关于"势"的论述和实践有效加强了君主对权力的控制，为"法"的执行创造了条件。它提示当今的领导者们营造良好的团队关系，重视团队成员以及合作者，以获得"得助于众"之势。同时，也需要通过订立清晰的规则获得"人为之势"。

　　法家思想家们对"术"的论述和实践中的教训表明了团队成员与领导间建立互信的极端重要性。它同时表明，仅仅建立在赏罚之上的权力实际上是非常脆弱的。领导者即使采用一种比较独断的领导方式，仍然需要保证其与团队成员间的互信，并且建立有效的沟通机制。

（作者：严行健）

第六章　佛学中的领导力

国学中的领导力

  只要歇息在这个不造作、开放和自然的境界中，我们就可以获得升起的念头无所求自解脱的加持。

——敦珠仁波切《证道歌》

  领导力与佛学，一个是使人争夺世俗世界中功名利禄的学问，另一个则是渡尽苦海到达彼岸的出世学问，它们之间能不能画等号？

  要想回答这个问题，这里需要先给大家说说一个人。

  这个人出生在日本，自小家境贫寒，在家里七个孩子中排行老二，全家靠着卖盐、肥皂，帮人家打零散工维持基本的生计。而他本人也厄运连连，小小年纪就遭遇肺结核，青年时代各类升学考试也是屡屡不第，最后只是考上了一个普通的县立大学，一连串的不幸甚至让他萌生了去参加黑社会的想法。就是刚刚参加工作的时候，所任职的公司也是朝不保夕，面临倒闭的情况。所幸在工作期间，他不像其他人一样担心自己的状况，在每个人都为自己发不出的薪水担心时，他却想着如何努力把自己的目标研究做好。因此，在他勤勤恳恳当了几年的技术员以后，终于在27岁创办了第一家自己的公司，经历了几十年的发展，在52岁又创办了自己的第二家公司。在他的领导下，这两家公司都成为了名列全球500强的大企业。

  如果故事到这里，可能我们会说，哦，就是一名普通的成功人士该有的故事嘛。他却选择在65岁的高龄剃度出家，皈依佛门。因为虽然他自小家境贫穷，但是他的家庭却是一个虔诚的佛教家庭，家人甚至脚穿草履，出去化缘。因为，他不像其他人那么将佛学与自己的商业经营相互隔离，相反，他认为这两者并不矛盾。因为佛教中有一句话叫"自利利他"，也就是想要自己获利则必须造福他人。他也就是这么身体力行地去践行这条信念的，把自己的商业精神铭刻于佛教的道德准则之中，以至于他公司的座右铭"敬天爱人"也是这位企业家植根于佛教信念之中的利他主义情节使然。

  这个人，就是京瓷公司和KDDI公司的创始人，无数商贾精英取经的重要源泉，日本二战以后大名鼎鼎的"经营四圣"之一——稻盛和夫。

  那么开头的问题答案显而易见了，佛学与领导力当然能够画等号。稻盛和夫的商业领导力与他笃信佛教密不可分。实际上,有许多成功的商界领袖,他们直接或间接的领导力智慧,其源泉都是佛学经典。这在后面我们还会再次讲到。不过在此之前,我们先要知道的是,佛学中的哪些思想,与个人领导力的塑造是密不可分的,或者换言之,一个领导者可以从佛学经典中吸取哪些优秀品质。

一、做领导力的"佛陀"

佛教的创始人释迦牟尼在创立了佛教教义以后,许多人出于好奇,跑到他那里问个不停,大致对话是这样的:

众人:"你是什么?"

释迦牟尼:"……"

众人:"你是神吗?"

释迦牟尼:"我不是。"

众人:"你是圣人吗?"

释迦牟尼:"我不是。"

众人:"那你是什么?"

释迦牟尼:"我醒悟了。"

从此,释迦牟尼就被称为"醒悟的人",也就是佛陀。

佛陀的音译是 Buddha,在佛教思想中,"佛陀"一词包含了三重意思:第一重是正觉,也就是对一切法的性质相状、勿增勿减地、如实地觉了;第二重是不仅使得自己觉悟,而且能够使得别人觉悟,也就是等觉和遍觉;第三重则是圆觉,就是自觉和觉他的智慧、功行都能够达到最高、最圆满的境界。这样,佛陀就是圆满觉悟的人。领导者也是这样,一个成功的领导者,也要有着三重含义,分别是他的个人领导力、团队领导力以及社会领导力——也就是领导者的正觉、等觉和圆觉。

(一)领导者的"正觉"

那么我们不妨想想,一个领导者不也是这样么?在领导一个团队的过程中,他首先要会提升个人的领导力,包括需要有崇高的道德追求,需要不断地提升自己的业务能力,要通过自我学习来提升自己的处世之道,包括与他人的沟通技巧,面对危机时候的处置方式以及自身遭遇挫折的防御策略等，还需要较多的品质来为自己的领导能力作支撑，包括要勤奋、执着、坚韧、自律、廉洁、团结、真诚等，而且要成为一个合格的领导者必然是一件非常辛苦的差事，这也需要领导者乐观、对生活有节制、作息规律并勤于锻炼，这样才能有充沛的精力去应对自己的责任和任务。

这可以看作是领导者的"正觉"，也就是领导力培养的第一步——认清自己，从而激励自己，提高自己。领导者首先要对自己身处的位置，以及自己团队的境况做出相应的评估，要明白自己的长处和短板，对于长处要勇于承认，切莫犹豫不决将自己的闪光点给忽视掉；而对于短板更是要敢于面对，不能藏掖起来或耻于观之，因为这些缺陷在个人身上可能并不具有多大的危害，但是当个人成为领导者，需要管理一个众多个人构成的团队的时候，这个缺陷可能会被无限放大，引发灾难后果。"正觉"是什么？就是能够清楚地看清自己，没有这一步，佛教中的个人修为无从谈起，领导力中的个人更是如此。

在第一部分我们已经谈到了许多佛学之中蕴藏的领导力思想，其中很大一部分实际上就是做人的道理，领导者个人的品质是支撑团队、鼓舞士气的必备因素，也是实现团队领导力的重要前提。

（二）领导者的"等觉"

接着，领导者要做的，就是如何让自己的团队为了达到预期目标而努力。他必须建立起整体和阶段性的愿景，为愿景做出恰当的规划，并将这些愿景传达给自己团队的每一个成员。他必须为自己的团队挖到优秀的人才以保证目标的顺利实施，并鼓励提升这些人才的能力以激发他们的潜力；当然，最重要的是要让他们明白，这个团队是一个不容分割的整体，他必须将这些人才凝聚起来。他还需要合理安排成员分工，然后按照团队成员的优势和劣势扬长避短，在各自的领域充分发挥自己的才干；而为了能够保证自己的愿景得到执行，他还必须建立起激励和惩罚制度，并保障制度能够顺利实施。最后，为了能够保障自己团队长时间拥有活力，必须要适时进行代际更新，并就组织系统的不足进行优化升级。

这就可以看作是领导者的"等觉"，也就是领导力培养的第二步——将自己的思想传达给每一个团队中的成员，影响他们，让他们也成为各自领导力的一部分。因为，要记住，当你领导一个团队的时候，那么你就和这个团队是融为一体的，你们是一个为了能够实现当初愿景的命运共同体。但是，也要记住，领导者不仅需要关注应当做的事情，还要对团队中不应做的事情有所觉察，并及时消除做没用之事的可能性。而一个领导者，最为痛苦的事情，莫过于与自身的团队、与自己属下不可交流。你们虽然是一个共同体，但并不代表你们是可以为了共同愿景无话不说的"共通体"。

（三）领导者的"圆觉"

现在，假如你前两项都做到了，作为一个领导者，你能够认清自己，拥有"正觉"，又能够将自己的理念灌输给团队成员并保障顺利实施，拥有了"等觉"，那么，可不可以认为你是一名拥有高超领导力的领导者了呢？

我们不妨看看社会其他许许多多成功的领导者，他们的能力能被众人知晓并广为学习，这并不是因为他们只是在自己那个封闭的团队中勤勤恳恳就可以达到的。而且，优秀的领导者不仅对自己的团队有着极为清晰的判断和把握，通常还是这个行业的翘楚，在社会上拥有较高的名望。在很大程度上，在优秀领导者的养成过程中，一个最容易被忽视、也最难达到的标准，就是他必须具有优秀的社会领导力才行。

社会领导力是怎么样的？拥有社会领导力的领导者，他必须对当前时势和未来时势有着自己的判断和见解，能够在自己的团队乃至更大的行业内部发展到关节点时提供至关重要的决策。他能做的并不仅仅限于自己的组织内部，还能够建立起一整套的跨组织网络，充当自己和自己团队影响力的放大器，以产生较大的社会影响。同时，他的这个企业不仅仅拥有自己的组织文化，而且这种优秀的组织文化还可以打破组织和外界的藩篱，成为某种社会文化的源头。而在危机到来的时候，领导者还能够敏锐觉察到，并及时为自己的团队做出相应的变革和创新以应对危机。

这样，领导者就能达到最后一层的领导境界，即领导者的"圆觉"。这可以看作是领导力培养的最终步骤——你的领导力不仅仅只是领导一个团队，而是引领某个社会潮流、某种未来变革。

二、佛学诸理与领导力

第一部分已经提到，一个合格的领导者，在领导他人的同时，要学会领导自身，也就是具备一定的自我领导力。而一个领导者对于自我的领导，能够通过大量身性的修养和学习，从而超越自己。佛学高深的出世智慧，便能为这几种领导力注入自己大道。

其实佛学并不与领导力有着直接联系，只是佛学思想中为人处世之大道理能够使得一个人修习得到诸般高尚品质，以及面对人生的态度。大凡成功的领导者，都至少拥有正直的品格和高尚的情操。尽管商界、政界尔虞我诈之事太多，但并非容不下这些璞玉品质。

（一）缘起与四圣谛

所有的佛教教义，都来自于缘起论。"缘起"表示了"诸法因缘而起"的本质，也就是世间万物都有相依相存的条件，没了这些条件，世间万物便不能成立。佛学中的缘起，偈语有云：

诸法因缘生，诸法因缘灭。

吾师大沙门，常作如是说。

在缘起论的基础上，就形成了佛学中的四圣谛说。佛教思想的根本源起，来自于四圣谛，这个谛字，也就是真理的意思。这四种圣谛分别是讲述世间一切苦的苦谛，讲述这些苦由来的因谛，讲述这些苦消灭的灭谛，以及如何消灭这些苦的道谛。

领导者的佛学思想，起步于缘起。而缘起的一个重要内涵在于对因果的重视。《楞严经》有云："因地不真，果招迂曲"，就是让我们明白种瓜得瓜种豆得豆，种善缘得善缘种恶果得恶果的道理。作为领导者来说，同样要知道，自己如何对待他人，如何做事，最终结果都会反馈到自己身上。君不见有领导者在内部脏活累活全交给下属，而功劳自己全揽，而在外部趾高气扬对他人指指点点，弄得天怒人怨，最后结下无数仇敌，领导生涯只能狼狈收场。因此，佛学中的领导力要求领导者能够广结善缘，为自己的团队多做善事——也就是多为自己的团队做奉献。因为，领导者和团队是相生相伴的，离开了团队，没有了向心力，领导者也就无从谈起。

那么四圣谛呢，这个就可以看作是团队的真理或一个团队的源起，也是来于自己团队的"四圣谛"，要让自己的团队明白，这个团队的愿景，它的组建原因，这个愿景达到的强烈欲望，以及实现愿景的方法。所有的领导力都是围绕着这四个方面铺开的。

（二）十二因缘

佛学中的十二因缘也就是十二缘起，分别是无明缘、行缘、识缘、名色缘、六入缘、触缘、受缘、爱缘、取缘、有缘、生缘、老死缘，是佛陀得到真理的十二个环节，这些环节因果相随，众生皆不能跳离此范畴。

十二因缘起于无明，终于老死。无明就是贪、嗔、痴所结烦恼，也是迷惑产生的根本原因。十二因缘可分为三个阶段：过去世、现在世和未来世，其中无明和行属于过去世，识、名色、六入、触、受、爱、取、有属于现在世，而生和老死则属于未来世。十二因缘有十观，可观观有支相续、一心所摄、自业差别、不相舍离、三道不断、过去现在未来、三苦聚集、因缘生灭、生灭系缚、无所有尽观。

十二因缘是生命现象的总结，也是生命痛苦的原因。因此，佛陀叫我们参悟十二因缘的原因在于，十二因缘每个要素互为因果条件，导致轮回。所以我们只要斩断轮回上的任何一个节点，就可以破除十二因缘的束缚，跳出六道轮回。

领导者在十二因缘中收获的道理是，自己在领导团队过程中所做的每一件事、每一步，都是环环相扣，这就要求领导者每一个环节都有一个明确的规划，既是对上一个环节的合格继承，也是对下一个环节能够顺利进行的必要保障。这在给自己的团队建立整体和阶段性目标的时候，更是重要。

（三）四法印与八正道

法印是佛教显示诸法真理的印记，所谓"诸行无常、诸法无我、有漏皆苦、涅槃寂静"，被称为四法印，是佛教最为基本的义理。

"诸行无常"意思是宇宙万事万物此生彼生，此灭彼灭，相互依存，没有任何事物处于永恒之中，其性质都是无常生灭的，有一首诗说得非常明白：

若此有则彼有，若此生则彼生。
若此无则彼无，若此灭则彼灭。

而"诸法无我"则认为，世界上一切事物和一切现象都没有固定"本我"的性质存在。换句话说，世间一切集合，都无法找到一个能够支配其性质的固定、独立身心。佛学中既然讲究空，那么这个空就表明了世界上没有永恒之"我"的存在。

佛认为，有漏皆苦，这四个字则解释了苦的来源。其中，这个"漏"是烦恼的意思。由于世间众生不明缘起缘灭、无常无我之理，这种不明带来了"惑"，"惑"就会让世人烦恼。烦恼有六根本烦恼之说，分别是贪、嗔、痴、慢、疑、恶见。其中，贪、嗔、痴是三毒，最为叫人烦恼。

"涅槃寂静"则是佛教所有修行所要达到的最高理想，是一种五苦安稳的理想境地，也是跳出生死轮回的一种精神境界。涅槃是对生死诸苦及其烦恼最为彻底的消灭，人达到涅槃境界之后，所有的贪欲灭尽、嗔怒灭尽、愚痴灭尽。

既然人生的痛苦在于烦恼，而佛教的最高追求在于涅槃，那么如何脱离这种烦恼就成为了佛学思想中最为核心的要义之一。摆脱烦恼的方式主要有八种，被称为"八正道"，其具体内容如下：

（1）正见（对佛教四圣谛真理的坚持）

（2）正思（根据四圣谛真理进行正确的甄别和思考）

（3）正语（说诚实的话及其他一切符合佛陀教导的话，不妄语、不慢语、不恶语、不统语、不暴语、不戏语）

（4）正业（正确的行为，不杀生、不偷盗、不邪淫、不作恶）

（5）正命（过佛和佛陀教导的生活，远离生活中的一切不当）

（6）正精进（修炼佛法有着毫不懈怠的态度）

（7）正念（铭记四圣谛等真理）

（8）正定（纯粹专注地联系佛教禅定，于内心静观四谛真理）

通过这八正道的修行，佛陀认为人就可以悟得大道理，最终到达彼岸。

四法印和八正道对于领导者的启示集中于领导者的态度上。八正道可以用于对自己领导力态度进行自我评价，其方法就是佛法中的八正道运用在领导者的生活之中，一一对应即可。而四法印解释了佛教的真理所在，而领导力的"四法印"则揭示了领导力的真理，需要密切注意：

第一，领导者和领导力，没有一成不变，也不会一直存在，在不同环境下会提升或下降。

第二，领导力没有固定的门道，也没有什么理念能够成为一个领导者的领导力核心，因为领导力会随着领导者性格、经验的不同而发生变化。

第三，领导者最忌讳虚伪、贪婪和狡诈以及阴谋论，这些东西会扭曲个人的领导力原则和品行，为团队带去不良风气，更对社会百害而无一益，可能短期之内会让领导者尝到一些甜头，但是长此以往必然招致恶果。

第四，领导力虽然属于世俗学问的范畴，但依旧可以通过自己的学习达到远大的精神境界，而如何领会，在作为领导者的生涯，以及本章接下来的内容中都有所提及，可以细细品味。

（四）贪、嗔、痴

佛教思想中的贪、嗔、痴分别指贪欲、嗔恚、愚痴，由于其是身、口、意三恶行的根源，所以也被称为三不善根，与无贪、无嗔、无痴的三善根所对应。

其中，贪欲是对人一切所喜爱事物过强的占有欲，这种占有欲是一种自私且损人利己的欲望，为了能够得到自己想要的东西而置道德、情谊于不顾。对于个人的领导力修养来说，过多不计后果地贪求名望地位、物质财富等，不仅会蒙蔽自身的双眼，只着眼于眼前荣华富贵而背弃长远发展目标，而且贪欲之人也多半丧失了自我的服务意识与奉献精神，只为自己不为他人，这样的领导对于整个团队乃至社会来说皆是有百害而无一益。

嗔恚则是一种对他人的厌恶、憎恨或敌视，与西方基督教义中的原罪"暴怒"相当，被认为是佛学修养中最大的阻碍之一。《大智度论》卷十四甚至说其："诸心病中，第一难治。"嗔恚之人自身心中有怨怒，在自身身体管理方面不能做到情绪稳定，伤及身心，更是容易将自身的情绪发泄到他人身上，造成相互之间的关系紧张乃至破裂。对于一个领导来说，嗔恚这一心病不仅容易使得自身不能够与团队成员和睦相处，造成团队内部人际关系的损伤，导致整体协作能力的下降，影响团队目标的达成；而且这种冲动的内在情绪还可能在社会上殃及自身形象，乃至结下不满，白白流失了许多对自身有利的资源。

而愚痴则为一切烦恼之源，在佛教思想中被称为"无明"，指的是人一种混沌不堪、不能够明辨是非的状态。对于佛家来说尤指不能够明白苦集灭道四圣谛而陷入苦海不能自拔，而从广义来说，愚痴反映了每个人都有对事物认识偏离的一面，因此领导力的培养必须尤其要注意避免这种对其他事物不知不闻不问的状态。一个优秀的领导者不仅能够清楚团队的发展状况和团队成员相互之间的默契等，更能够审时度势，对团队未来的愿景做出一个清晰的规划，并能够明晰团队以后大致发展方向，以及在更高层次上明确自身团队在社会中的定位等。否则，领导者对团队的"愚痴"状态同样会使得团队陷入混乱不能自拔的境地，后果可想而知。

（五）戒、定、慧

戒、定、慧合称为三无漏学，包含了雕琢自身的道德修养，祛除心中的浮躁和不安，以及培育智慧三个方面，佛家认为通过这三类修炼就可以达到去除心中烦恼的目的。

佛教中的"戒"有五戒、八戒、十戒种种，在最基本的层面上，希望修行者通过这一短处来达到身体和语言上的安详、方便。戒学并不是要求人不食人间烟火，空虚寂寥才行。"戒"强调的是个人对于良善道德情操的培养，要求修习之人通过学习各类行为准则、好品德或善意的行为，来达到断除烦恼的根本目的。

而"定"则希望修行者的心中达到平静祥和、专心致一的状态，因为佛陀认为，只有让心纯粹专注就能够达到内心的平静。只有内心有了目标以后，才能够不被其他无关的事物所迷惑，这样才会祛除心中的骄躁，从而培养出自身的定力。如果没有了目标，就会心浮气躁，顾此失彼，像无头苍蝇一般乱打乱撞。

最后一学"慧"则是佛教彻底了解万物本质的修行技巧，其根本乃是在于洞见。洞见智慧不是简单的了解，而是一种身心的觉醒，一直到在心中留下永不磨灭的印象为止，这是一种纯真而清晰的醒悟，对慧学的深入会使得人能够冲淡对于事物的欲望，达到大自在。

这三个步骤的学习哪一步都是不可或缺的。戒学关乎身体，是人外在稳定，通过戒学斩断一切烦恼丝，可为定学铺路；而定学则关乎内心，能够使自己产生灵活却又专注的心，不会被恶言及其他污染所迷惑，更不会使自己的目标变得散乱，充分发挥内心的潜能。佛陀认为，只要心得到了专注，就可以洞悉世间万物万事万象，而慧也就由此产生。只要心能够达到致一的境界，那么在拥有了智慧之后，就不会再贪恋攀附不该有的东西，更不会沉溺其中不能自拔。

我们知道，领导力的塑造与个人的道德追求也是密不可分的，尤其是至关重要的卓越、服务、奉献三者，更需要领导者身体力行。

（六）四摄、五乘与六度

四摄、五乘与六度都是佛所提出的成为佛陀必备的要求。

四摄是菩萨在芸芸众生中所行的团结之法，"摄"即团结之意，分别指布施、爱语、利行、同事。布施乃为大众做出奉献；爱语则是对他人施加慈悲的言语和态度；利行则是为大众利益服务，助人为乐；同事就是在生活和活动方面与大众保持一致。这就要教会领导者学会奉献他人（布施），对自己的团队和下属能够赏罚分明（爱语），具有一定的服务精神（利行），并且善于与自己的团队成员打成一片（同事），这些相当于是教导领导者如何结交和团结他人的方式和方法，亦是领导者利他品质的体现。

特别值得一提的是，在四摄的"同事"一摄中，佛学要求菩萨行者们能够学习五明，也就是五种学问，分别是声明（文学和声韵）、工巧明（各类技艺、数学等）、医方明（医药学）、因明（逻辑学）和内明（佛学）。因为在佛教看来，成为菩萨的必备条件就是"学处广大，悲心恳切"。对于一个领导来说，他的个人能力建设决定了自身的眼界、水平，以及带领团队的熟稔程度，是领导力养成中一项至关重要的任务。一位称职的领导能够不断地吸收百家所长，即使做不到精通，也能够博学多闻。这种博采众长更是可以令自己触类旁通，对于发挥自身领导力才干来说更是如虎添翼。

佛教之中又有五乘教法之说。在佛学中，"乘"是车子的意思，佛用"乘"来表示各层次教法能够将人引入的远近程度。佛教中教法共分五乘，首先是人乘，可令修持者得生人间，需要秉持五戒（戒杀、戒盗、戒淫、戒妄、戒酒）的教法才行；然后是天乘，则是需要不犯十种恶行（杀、盗、淫、妄语、两舌、恶口、绮语、贪、嗔、邪见）的十善教法；而能够得到涅槃的四谛教法则是声闻乘，因为佛教中把悟到四谛而解脱的人叫声闻；而当人独自悟到缘起之理而解脱，却又不能开口吐露的人，则被叫作独觉，这十二因缘法则被叫作独觉乘。而六度的教法能够使人行菩萨道，最后修成佛的果位，被叫作菩萨乘。

"度"在梵语中的字义是"到彼岸"的意思，也就是从烦恼的此岸到达觉悟的彼岸。"六度"就是指的六种能够使人解脱、到达彼岸的方法，分别是：①施度（包括施予财物的财布施、用崇高品德守护他人的无畏施和用自身所学佛法真理向世人宣说的法布施）；②戒度（包括出家、再加、大乘、小乘一切戒法和善法）；③忍度（不惧并能忍受修行之中所受一切打击和身体折磨）；④精进度（能够始终保持学习佛法不停顿，不懈努力并达到金石为开的状态）；⑤禅度（保持修炼佛心的寂静）；⑥慧度（通过大智慧来纠正愚痴状态，避免堕落魔障）。领导者则需要通过与这六个方面相似的修行（奉献精神、自律精神、忍耐精神、学习精神、从容精神、突破精神）来获得领导力的提升。

由此观之，可以发现，四摄摄他人，六度度自身，而五乘则他人自身一并需要把握。对于领导者来说，四摄、五乘和六度包含了领导力修养的方方面面要求，更需要善加学习，予以必要的关切。

三、佛学各宗与领导力

贴士 6-1　大乘佛教与小乘佛教的区别

大乘佛教和小乘佛教主要在于教理等方面有所不同。第一，小乘佛教只承认早期结集形成的经典是佛经（相当于汉译《阿含经》），对后出的大乘经典，如我们熟悉的《阿弥陀经》《金刚经》《法华经》《华严经》，一概不承认。大乘承认小乘经，但认为那是佛对小根器人说的不了义经，大乘佛经才是根本经典。小乘经典用巴利语写成，大乘经典用梵语写成。

第二，对佛的看法不同。小乘认为，现在世界只有释迦牟尼佛，将来会有弥勒佛，此外没有其他的佛。大乘认为，十方世界现在有无量诸佛。对释迦牟尼佛，小乘更多从"人"的角度理解，认为是导师，已经涅槃。大乘则认为，作为"人"的释迦牟尼佛只是应化之身，不是佛的真身。佛还有报身、法身，作为法身的佛，常住不灭，无在无不在。

第三，对解脱的认识不同。小乘认为常人修行的最高等次是阿罗汉，达到阿罗汉已经涅槃解脱，不再有来生。大乘认为，阿罗汉不是最终解脱，人人都可以成佛。

讲述完佛学各义理中的领导力以后，我们再来看看佛教各流派思想中的领导力。在中国，佛教流派源远流长，发展至今，大乘佛教流派有八，分别是天台宗、华严宗、净土宗、禅宗、律宗、唯识宗、三论宗、密宗。而其中与领导力相关的，又数天台宗、禅宗、律宗、唯识宗最为重要，故在这里我们将着重介绍这四个流派境界中的领导力思想。

（一）天台宗：一心三观

天台宗在中国创立至今已有 1 500 余年历史，梁启超先生评价天台宗为："中国人前五所受而自创一宗这，自'天台'始也。"作为中土佛教最具代表性的流派，天台宗对中国佛教的影响不可谓不大。

天台宗讲究"心是一切法，一切法是心故"。而北齐时期二祖慧文禅师读《大智度论》和《中论》，从"三智实在一心中得"以及"因缘所惩治法，我说即是空，亦名为假名，亦名中道义"得到顿悟，创立一心三观之法。三观为一空观，二假观，三中观；空者为真谛，假者为俗谛，中者非空非假，亦空亦假，是中谛。慧文法师认为一心可以同时以空、假、中三谛观之，并且同时具有空、假、中三谛，而真谛泯一切法，俗谛立一切法，中谛统一切法，据此三谛，即所谓的一心三观。

这听起来很抽象，但是我们只要稍加举例便会知晓。在天台宗的思想中，世间万物都是实相的表现，同时三谛在一切事物那里得到统一，那么其心自然善恶并存，所谓"魔界如即是佛界如"，恶人也会存在善心，善人心中同时也会有阴暗的一面。这就是天台宗最具独特的众生平等思想。在善恶层面，每一个人都兼而有之，也就是它的"性具善恶说"。天台宗将善恶看成是可以互相转化的关系统一体，有恶有善，离恶无善，这是一种极为朴素的辩证观的体现。

那么这和领导力有什么关系呢？我们倘若了解天台宗的一心三观之法，那么便会听说一句偈语：

> 未学佛前，
> 看山是山；
> 学佛三年，
> 看山不是山；
> 再学佛三年，
> 看山又是山。

这个偈语想要反映的是，当我们没有学佛之前，看山就是一座山而已，并没有看到它的本质，不能够体会到山的真正面目，不能够自觉解脱，自始至终都受到蒙蔽，自始至终，生老病死，课业轮回。但当我们接触佛三年以后，参禅悟道突飞猛进，可以明心见性，洞察本源，证悟到了事物的清净，因此看山便不再流于表象。而当我们再学佛三年，悟到了实相无相，一心三观实证自如，没有障碍，便得假中有空中，空中有假中，中中有假空，即假即空即中，已经在主体心中圆融一体，已臻圆满境界，不再纠结看见的是否是山。

天台宗既然推崇圆融三谛论，那么领导者必须知道三谛统一之理。在团队中，既需要看到自己下属的优点，又需要明晰其缺点，优点当善加利用，以待其优点在团队中大放异彩，做出贡献；而缺点则要拿捏得当，以保护团队进度不被其缺点所拖累。况且，"一心三观"之法点明了领导者的洞察力本质，不仅只流于事物表象，更要洞察其内部真理，更重要的是懂得两者相统一的道理。

（二）华严宗：事事无碍

"华严"又名"花严"，其标榜的宗旨，乃是一心法界，无尽缘起，因此故有事事无碍一说。虽在法界有"事法界"、"理法界"、"事理无碍法界"、"事事无碍法界"四者，但"事事无碍却处于最为重要位置。"

关于华严宗的观法界还有一个故事：

> 相传，武则天学习佛法，却始终无法领会"法界缘起"的含义，于是向法藏和尚请教。法藏和尚用了十日时间，造出一个四面镶有镜子的房间，又在房间中点上了一盏油灯。当他把武则天请进房间的时候，皇帝发现四周灯影重重，形成了万千灯光。法藏和尚向武则天说，此乃一即一切法，无数万象如同这些个灯影一番，皆由一灯而起。武则天大为称奇，又问，如何是一切法即一？法藏和尚于是拿出一个水晶球，放武则天面前，于是那些重重灯影，便都收于水晶球内。于是武则天恍然大悟，明白了一心可显万法，亦知道了一毫毛可显宇宙万物存在的缘起。

而这个故事也揭示了华严宗思想的核心，也就是大千世界，互为依存，所以一可以容多，多亦可以容一，一即万法，万法即一。一心可摄诸法界，诸法界亦依此一心生起。

通常生活中我们常说，蚍蜉难以撼树。但是此话并不适用于领导力范畴。尤其是对于领导小众的领导者而言，需要晓得星火燎原之理，自己的一些改变，就可能无限放大，改变世界。比如有些在巨无霸公司看起来极不起眼的小企业，通过改良技术，革新领导层管理方式等，就可以影响乃至改变整个行业的格局，这样的例子数不胜数。既然大千世界互为依存，那么何不曾想过自己严格工作得到的成就可以引领别人呢？心中装载的世界，是与自己现实世界相契合的。

（三）律宗：由定生慧

释迦牟尼圆寂之时，对自己弟子说过"以戒为师，依之修行，能得出世"。因此，佛门各宗皆强调戒律对于修行之人的重要作用。比如，天台宗的戒律以"善巧安心"的理戒最为重要，并将其戒律观与儒家思想相结合（这与它在中国社会中与儒家接触甚密有莫大关系），更为具有特色的是创立大乘忏仪，将忏悔作为持戒的手段；而华严宗"缘起无碍，全真心现"的特质，决定了其只要在净心上面下工夫，便能够达到事事无碍的境界，其守戒的主要努力，就应该放在净心上面。其他如净土宗、唯识宗等等，也都有着各自的戒律及其守戒理念，此处篇幅所限暂且不表。

而在诸多宗门之中，有一律宗，乃是佛门诸派别中最为强调守戒的一个宗派。而且律宗认为，只有守持戒律是能够见性得正觉的基础，如果只知佛法理论却不知守戒，则与不修行无异。因为释迦牟尼曾经说过："一切众生皆有佛性，虽有佛性，要因持戒然后乃现。"对于律宗而言，守戒律既是一种内在的约束，也是提高修为的一种行径，由持戒而能够生慧，得正觉，即所谓的"由戒生定，由定生慧"。

律宗戒律，有"止持"、"作持"二门，止持乃是持戒不作恶，作持则是持戒以作善。若要解脱，首先得从清净身业（一切行为）、语业（一切语言表达）、意业（一切念头）这三业开始，等三业都清定了，自然会得智慧而开。

相比其他在中国佛门宗派，如天台宗、净土宗等，律宗相对并不算是大宗，但是对于领导力来说它能折射一个极为现实和重要的方面——领导者的自制力。在第二部分佛学诸理与领导力里面我们已经提到了戒、定、慧三者同领导力的关系。戒的目的是雕琢自身的道德情操，律宗则是将持戒的重要性再加深。

领导者的"持戒",通俗点说更像一种自制力或忍耐力。尤其是,我们多次提到,在这个世界中浮华利禄太多,作为领导者也极为容易就被眼前的许多享受给遮蔽了双眼,进而可能酿成大错。对于政治上的领导者来说,持戒的目的就是让自己不被花花绿绿的东西所扰,严守自己本分之事,多为人民做贡献;而对于商业上的领导者来说,持戒的目的就是让自己不会被极端的物质享受冲昏了头脑,以身作则在团队内部树立正确良好的风气,从而保持整个团队的纪律性和凝聚力量。

(四)禅宗:见性成佛

禅宗是佛教中境界最为高远的一个流派,修禅之人往往会从佛法的最高境界入手,强调返璞归真,以参透人或一切众生的本性为目标——而这一本性就是通常意义上的"佛性"。因而,宁玛派的谈锡永先生有云,禅宗之所重者,唯在见性。"见性者,既是见真如自性,亦即见到众生以及自然的本质。唯此本质是真,而且这本质遍一切处皆在。"

关于这点,又有一个皇帝的故事。南北朝时期,禅宗初祖菩提达摩大师面见梁武帝。而梁武帝爱佛,做了很多佛家善事,自以为功德圆满,一见达摩便洋洋得意,向其夸耀自己。

梁武帝:"朕造寺写经度僧,不可胜纪,有何功德?"(朕建造寺庙,撰写经文,度人为僧,这些善事数不胜数,您认为我的功德大么?)

达摩:"并无功德,此但人天小果,有漏之因,如影随形,却非实有。"(这没什么大不了的,只不过是人结成的小善果,有为之事,就像烦恼的源头一样时时刻刻伴随着你,并不是实在的功德。)

梁武帝:"如何是真功德?"(那您说什么才是真功德嘛?)

达摩:"净智妙圆,体自空寂,如是功德不以世求。"(你要做到完成自我,净化自我,又能够净化他人,普度众生,这样才是大功德;而想要获取这功德,必须依靠无上智慧,不能做那些有为之事。)

如果我们把梁武帝比作某个团队的领导者,然后他手下的文武百官就是他的团队,他认为的,领导这个团队的成就是上述修庙等善业的话,那么这个禅宗故事给我们的启示是什么？领导者最大的功绩，不是为这个团队做出了多大的努力，完成了多少绩效，而是，能够把自己团队中的成员，也培养成具有优秀领导力才干的人才。

三、佛学与领导者

除了我们在当今社会所研究出的领导力品质以外，那就是哲学和宗教思维对于领导力的养成也是大有裨益的，甚至在很大程度上可以左右一个领导者的目标、道德、世界观等。现在，我们已经介绍了佛学与领导力的关系，又将佛学智慧和各个宗派中的领导力智慧提炼出来——解读，那么可以回到最为关键的问题了，即，佛学到底能够给领导者带来怎样的不同？

对于领导者而言，佛学思想对于领导者改变最大者，第一是超脱众人的深邃思维，第二是看透生死的淡然心性，第三是禅修带来的至高悟性。

（一）不与众人

在《旧杂譬喻经》中记载了一个《恶雨》的故事：

> 在某个国家有一种恶雨，一旦下到水井、池塘、江河中，人们喝了这种水便会发狂，而且七天七夜之后才会恢复正常。这个国家的国王十分聪明，善于观察天气，有一次见到天上有异常的云升起，便知道要下这种恶雨了，于是他就把自己宫里面饮水的井都盖上盖子。等到恶雨倾盆而下，上到大臣下至百姓全都因为喝了这种水而发狂，赤身露体还涂满了泥，就国王一个人穿戴整齐衣冠楚楚坐在大殿之上，他们就反而以为是国王发疯了，想把国王处理掉。国王急中生智，对他们说，我知道怎么治疗我自己的病，于是自己也脱掉衣服涂上污泥和大家一起手舞足蹈，众人便如此觉得国王医治好了。等到七天过去，大家都清醒过来，发现自己的丑状，便回家清洁自己重新穿上衣服。但是等到他们来见国王的时候，发现他依旧是赤身裸体一身污泥，大惊失色，说道："国王平日足智多谋，何故如此模样？"国王答道："我的心始终稳定不变，因为你们发疯，便说我也是疯的。"

在基督教的《圣经》中有一句话，叫作"不可随众行恶，不可再争讼的事上随众偏行"（"出埃及记"23：2）。而在佛教中，这个故事就是讲的这么一个道理。当众人都痴癫不知道自己正心的情况下，要保持一颗能够看透不受影响的心灵是一件极难的事情。

尤其是，当大家都说，这件事是错的时候，领导者想要坚持下去是极为困难的。若成功，自然打众人的脸；而若不成功，则不仅丧失在属下心中的能力地位，更让自己难堪。

因为这一条的目的并不是鼓励领导者应该具有叛逆精神，而是在领导者的日常工作中的确会存在许多犹豫不决的事情。这个时候，直觉可能是最佳的选择，但是更重要的是理性地对不同于大众思维的思考。这样，问题也就往往转换成，领导者是否相信自己的思维？不管最后选择如何，这种不同于众人的思维方式是领导力一个惊艳的加分因素，毕竟领导者也是需要有创造力以及敢作敢为的勇气的。

（二）超脱生死

佛学还有一点对于领导力十分重要，就是佛学本身提供给修行者一种超脱生死的淡然。就像索甲仁波切的启示那样，他将生死化为一种高尚的修行，只是人必须经历的加持。在此过程中，一个人的慈悲越强大，他的勇气和信心就越充足，因此，慈悲又成了你最大的资源和保护。

接触了那么多的佛教教理以后，我们发现，在佛教中，心是一切经验的基础，它创造了快乐，也创造了痛苦；创造了生，也创造了死。生死无常，而轮回终将继续。这种淡然带来的是对佛陀的终极定义——任何人只要从愚痴中完全觉悟，并打开他的广大智慧宝藏，都可以称为佛陀。佛陀是什么？佛陀就是根除痛苦和挫折的人，他已经发现了恒常不死的快乐和祥和。

因此，佛教中的生死观并不是消极地对生死的接受，而是一种超脱。对于领导者来说，这也并不是一种纯粹的生死解读。而是需要知道，领导者所面对的，有竞争，有排挤，有各种各样的压力，这都在所难免，但是不可被这些迷失了心智，与他人斗个你死我活。要知道，第一，任何事物之大，莫大于生死，何苦让自己的人生就在一轮一轮的斗争中损耗殆尽？第二，理解了佛学中的生死观，透彻感悟，便会得到勇气和信心，对他人不再冷漠三番，对他人的挖苦能看透包容，施加以好意，并不苛求如何得到回报，岂不更加能够尝出自己人生的滋味呢？

（三）禅悟得道

回到我们开头稻盛和夫的那个故事。其实，不光是稻盛和夫，大量杰出的商界、政界领袖都与佛学结下了不解之缘。光是在商界，就有与稻盛和夫同样齐名的日本"经营四圣"的另一位——松下电器创始人松下幸之助，众人皆知的华人首富李嘉诚，从体操王子到中国最知名的运动鞋服公司创始人的李宁等。除了他们以外，还有一位，他对于佛教的理解也是非常值得一书的，他就是苹果公司的前 CEO 史蒂夫·乔布斯。

乔布斯一生都与佛教结下了不解之缘，就连他的婚礼，也是礼行的传统佛教仪式，并由一位佛教禅宗僧侣主持。可以说，禅宗影响到了乔布斯的一生。而乔布斯作为最为成功的领导力典范，早在大学时期就接触了佛教中的禅宗思想。而后的一趟印度旅行让他真正地接触到了佛教思想的中心，也奠定了他作为佛教徒的一生。禅定让乔布斯能够静下心来，启发他的灵感，而且也能够让他通过身心调节，达到最理想的工作和生活状态。禅修给了乔布斯与众不同的创造力，而禅修对于心性和直觉的提升，为乔布斯的与众不同提供了重要的思想源泉。

太虚大师认为，一切须以众生之利益为前提，才能达到完善的人生。而若要做到完善的人生，必须摈弃将自己的才干作为自私自利的工具，与他人互利互惠，这样，在把个人的力量献给大众的利益上，能够达到自他两利。乔布斯在当年手机市场存在系统难用、不够人性化、系统界面设计粗糙等种种问题的情况下，本着以人为本的目的，才设计出了这个时代的工业极致 iPhone，因为他的产品能够直接对人的视觉、听觉、心灵产生巨大冲击，从他的 iPhone 开始，人们才发现，原来手机不只是打电话的工具，以及简单处理生活琐事的电子设备，而是这个生活必不可少的一部分。为什么乔布斯说"我跟着我的直觉和好奇心走"，原因就在于对禅修的理解，放心地把自己的心灵和意识交托给了佛学的智慧去引领。

严格说来，禅只可意会不可言传，因为禅是一种奇妙的境界。参禅可以开拓人的心智，稳定人的情绪，剥离人的浮躁和焦虑。

前面讲禅宗时的梁武帝与达摩祖师的对话千古流传，很大程度上的一个原因在于达摩祖师在这段话中道出了禅宗的本质。而对于领导者而言，更是道出了一个优秀的领导者其领导力从"正觉"到"等觉"再到"圆觉"的方式。因为禅宗有一点异常重要,"禅即是生活,若知禅意,则生活便等于参禅,二者了无分别"。所谓生活处处是禅机,禅为人原本无头绪的生活带去了一种原则,并带给一个人安详、平和、淡然的生活方式,同时又在积极地改变这个人的心态,而心态的改变意味着更加具有包容性质的生活方式,以及生活智慧的出现。领导者的领导力当然是属于自己生活的一部分,那么领导方式也将随着自己生活的开悟而发生重大的改变。这种改变就像乔布斯之于自己的事业一样,洞察到领导者生活中隐藏的智慧。

五、结　语

领导力概念自出现到发展直至现在,对一个人如何在各方面塑造领导力都有着较为精细的评估。一个合格的领导者,在领导自我的过程中,需要有一定的道德追求,要学会不断提升自己的能力,需要有较高的品质作为支撑,还要学会爱惜自己的身体;而在领导团队方面,则需要为自己的目标或愿景做出确定,然后进行人才的培养和挖掘,并充分让这些人才能够融入一个团队,还要建设自己的团队制度,并定期更新组织保障团队的活力;当对自己的团队建设较为成功时,就需要考虑更加高远的目标,比如在社会上能够辨明时事,构建属于自己的领到网络,塑造自己的文化,并引领变革。这样,一个现代的,具有优秀领导力才干的人就被塑造出来了。

不过,这仅仅是现代的知识所教的罢了。我们需要明白,这些知识往往只是教你如何在所处的泥沼中挣扎求生,却没有教会那种跳出泥沼的勇气。当下社会,由于物质条件发达,到处都充满着浮躁和戾气。佛学中所蕴藏的智慧就如一泓清凉的泉水,可以浇灭浮躁的无名之火。佛学领导力的修行,很大程度上需要受到学佛修行的启迪。做领导者既是一项责任,也是一副枷锁,与其把自己越箍越紧,何不由佛指引,从更高的层次来提升自己的领导力,让自己、团队、社会均收益,何乐而不为呢?所谓:

万事如戏,
外像宛然,
内心坦然。

(作者:蔡鑫)

第二部分　历史篇

成蹊大學藏

第七章　帝王与领导力

帝王在过去几千年的历史上扮演着政治生活核心的角色，他们的性情与喜好、放纵与节制、理想与价值、成功与失败，都对他们生活的时代以及后续历史产生了重要的影响。居于九五尊位，帝王有着至高无上的统治权力，享受着亿兆臣民顺从的荣光，但是帝王要想有效地行使统治权力却实属不易，因为仅仅依靠帝王并不能完成统治的过程，帝王必须通过操作国家机器从事统治。这就意味着帝王的统治权力建立在一系列条件的基础之上，并且受到一系列因素的制约，简要言之，帝王有效地行使统治权力内在要求帝王具备良好的领导智慧和艺术。

帝王已然成为了历史，留在人世间的不过是一连串或是熟悉或是陌生的名字，但是在一些时候却总是会让世人回忆起，甚至描画出一些帝王的背影。我们当下的生活往往与历史上某些时刻有着极大的相似之处，可以是当今历史进程中的某些关键时刻无时不在同过去岁月中的重要关头发生共振，从而激荡成一曲横亘古今的绝响。每在夜阑人静时翻阅史书，总为一幕幕历史进程所震撼，也免不了让人拍案叫绝，手中难释之卷中几乎奔涌着穿越了千山万壑而来的大江大河。尽管一切终归要化为历史的云烟，但是帝王在统治过程中展现的领导智慧与艺术则不啻为一种精神遗产，有待后世认真总结和批判发扬，从而指引后世在未来历史进程中从容越过重大关头。

一、天　　道

中国古代的帝王以天子自居，这里既表明帝王宣称自己就是上天在人世间的代表，又表明帝王是天道的实践者。敬奉上天是人类社会生活中很早就出现的现象，主持祭祀的权力也很可能是人类政治生活中权力实践的最早形式之一，可以说，自从人类按照某种形式组织起来开始过上公共生活，上天就开始同人类紧密结合在一起了。上天赋予人类社会的统治权力以某种神秘色彩，而人类社会的统治者是设计出某种形式保持着和上天的联系，从而证明自己的统治地位具有合法性。因此，上天从一开始就同统治权力和统治者纠缠在一起。

在很长一段历史时期里面，帝王与上天保持联系的方式就是敬天，即持续不断地向上天表达自己的崇敬之情，但是对于上天是否感受到了帝王的崇敬之意则没有形成合乎逻辑的解释。一直到西汉初年，董仲舒提出的天人感应思想才解决了悬而未决多年的难题。帝王作为天子，仅仅向上天表达崇敬之情是远远不够的，而必须按照上天的意志即天道行事。也就是说，帝王的统治必须建立在合乎天道的基础之上。如果帝王的统治行为违反了天道，上天就会向帝王示警，例如帝王的宗庙失火、发生地震、洪涝灾害、大面积旱灾或者蝗灾、彗星等，当这些现象出现时，帝王应该反省自己的统治行为，改正错误，调整统治政策。由此可见，上天并非是一种混沌的存在，而是有着自由意志的宇宙秩序，天道是上天的化身，天不变，道亦不变。

天道是帝王统治权力的基础，当然天道也对帝王的统治权力施加了限制，其要害在于一旦帝王统治行为出现差错，天道就会以自然秩序中出现的异常现象对帝王发出警告，如果帝王一意孤行继续旧恶，那么天道就寻找新的帝王即真命天子。帝王的统治既要借助天道来涂抹上神秘以及正当的色彩，又要争夺对于天道的解释权以约束天道对于自己的不利影响。由于帝王就是天子，就是天道的代表者，所以在借助天道来巩固自身的正当地位时并不需要太费心力。帝王的统治更多的方面体现在帝王如何争夺天道解释权，以及如何打击或者限制其他人对于天道的解释权上面，因此对于历代帝王而言，统治的关键并不在于获得天道，而在于保有天道。

贴士 7-1　提出天人感应说的董仲舒

董仲舒，生活于西汉初期，汉武帝时受诏对治国方略，提出了对于中国历史发展有着重大影响的天人感应说、大一统思想，是儒家在汉朝时的代表性人物。

以"志于道"为宗旨的士大夫是同帝王一样有着解读天道权力的群体,帝王的统治本身就是在联合士大夫的基础上进行,士大夫构成了帝王统治的关键基础和主要制约。汉武帝接纳了董仲舒"罢黜百家、独尊儒术"的思想主张,奠定了中华数千年大一统的局面,但是当董仲舒通过自己的学生向汉武帝建言,"高庙失火乃天所示警",希望汉武帝反省自己的施政过程时,汉武帝立即将董仲舒驱逐出京,因为帝王不可能容忍任何人挑战自己的地位,特别是打着代表天道的旗帜。然而,汉武帝是非常具有领导智慧的,他虽然贬斥了董仲舒,但是汉武帝却要重用董仲舒的学生,就在董仲舒离京之际,汉武帝颁布了任命公孙弘为相的诏书。贬斥董仲舒和重用公孙弘实际上是同一块硬币的两面,一方面汉武帝要联合士大夫,但是另一方面他要限制士大夫的影响力。

当然,帝王与士大夫围绕着天道解释权的争夺才刚刚开始,汉武帝在经历了巫蛊之祸、晚年丧子、民生凋敝等一系列严重问题之后,他不得不向士大夫让步,颁布了轮台诏书,从而向天道认错。试想以汉武帝这般的雄韬伟略,最终也不免会因统治行为违反天道而遭遇困境,那么对于后世的平庸之君来说又当如何呢?进而言之,帝王不可能垄断对于天道的解释权,尽管士大夫对于天道的解释权力在很多时候会受到帝王的压制,但是帝王始终不可能剥夺士大夫解释天道的合法地位。于是帝王开始进一步调整领导策略,这就是在士大夫群体中寻找帝王的"替罪羊",如果天道向帝王示警以证明帝王的统治行为存在过错,那么帝王就把士大夫群体中的代表人物拉出来抵罪。汉武帝在其统治中国近半个世纪的岁月里,先后迫使数位宰相自杀,借此回应上天的谴责。有汉一代,居然出现了皇帝要宰相自杀以回应天象,但是宰相不肯,无奈之下皇帝只得下诏说宰相病重不能理事,而后皇帝在宰相弥留之际亲自登门抚慰宰相的事情。真可谓是"君要臣死,臣不得不死"。

士大夫试图以天道来约束帝王的统治权力,而帝王却反过来利用士大夫作为"替罪羊",显而易见,帝王十分严厉但是有效地转嫁了天道的约束力。终汉一代,关于天道解释权的争夺引发了帝王与士大夫持续不断的斗争,最终的结果则是士大夫不再要求帝王为天象异常负责,而帝王则放弃在士大夫群体中寻找替罪羊的企图。此时,天道只是作为一种没有直接约束力的制约因素存在,导致社会矛盾的长年积累而后演变成为王朝更替的故事。

满清王朝作为一个异族政权却重新走进了帝王与士大夫群体争夺天道解释权的

陷阱之中。在满清开国初期，满清的统治带有明显的异族压迫性质，严重地破坏了中华几千年来形成的重民传统。康熙皇帝执政时期，由于三藩乱起，百姓不仅遭受战火，而且承受着满清八旗军队的盘剥，民生艰难，国土凋敝，但是作为最高统治者的康熙皇帝，却始终未有明显的政策约束满人的乱行。康熙十八年北京附近发生大地震，康熙帝一时惊诧，急忙问询京中满人安慰，时任左都御史魏象枢入大内面奏康熙皇帝，试图以天象异常说服康熙皇帝对满清不法权贵施加惩处，以顺天下民心。然而，对汉族士大夫颇多猜忌的康熙皇帝，却在魏象枢死后多年无法对质的时候，将魏象枢独奏的内容说成是因为魏象枢与索额图有恩怨故而试图利用天象构陷索额图。康熙皇帝此举实际上是在人格上打击汉族官员，从而达到进一步打击汉族士大夫、瓦解汉族士大夫解释天道的合法地位。

从领导学的角度审视帝王与士大夫围绕天道解释权展开的争夺，可以总结如下，天道遥不可知，近在咫尺是统治权力的巩固，既然天道是统治权力的基础，那么领导者就必须争取垄断天道解释权这种关键资源。

二、民　心

顺天应人是中国古代的一项根本政治原则，所谓顺天就是遵循天道而统，而所谓应人就是指要尊重民心而治。苍生立命本身就是天道的内容之一，也是上天赋予帝王的统治职责，如果说天道遥不可知，那么民心却是近在咫尺。天下苍生的吃饭和穿衣问题是否得到了解决，就成为帝王是否按照天道进行统治的最好证明，进而言之，民心成为了天道的表现形式，天道对于帝王统治的态度将通过民心传递出来。如果民心拥戴，则说明帝王统治有道；如果民心沸腾，则说明帝王统治无道。天道向民心的转化，无疑给帝王造成了一种更为现实的约束力。

虽然民心成为了帝王统治的现实制约，但是帝王在天道向民心的转化中也获益颇丰，这就是士大夫从此失去了代表民心的合法地位，民心由普天之下的黎民百姓自己表达，士大夫群体充其量只不过是中介力量，一方面他们向帝王传递民心，另一方面他们代表帝王向黎民百姓播撒阳光和雨露。一般而言，由于士大夫群体以在朝为官作为人生目标，所以他们更多的是和帝王站到了相同的立场，虽然士大夫群体时常会为民请命，但是潜藏在这些行为背后的深意则是"水能载舟，亦能覆舟"

的农民革命的可能性。换句话讲，士大夫向帝王表达民心是基于统治地位的考虑，如果民心动摇引发王朝更替，那么很多士大夫将伴随王朝更替而失去地位、利益乃至性命。

当然，士大夫群体在帝王与民心之间的中介地位仍然是十分关键的，尽管帝王剥夺了士大夫群体代表民心的地位，但是帝王需要士大夫一方面发挥收集和上传民心的作用，另一方面发挥代表帝王积极回应民心的作用。如果代表帝王治理一方的封疆大吏疏于民心，一旦民心借助其他渠道上达天听，帝王将会追究有司官员的失职，其中的原因很简单，这就是作为封疆大吏未能向黎民百姓播散帝王爱民如子的阳光和雨露，阻碍了帝王的圣德光辉。但是如若封疆大吏在其所治之地深得民心，同样不会得到帝王的实质性褒奖，通常情况之下，帝王会将其远调或者以明升暗降的方式，限制这类官员与黎明百姓频繁接触的机会，其中的原因也很简单，只有帝王才可以深得民心，除此之外任何人若是深得民心都将对帝王构成潜在威胁。朝臣在传递民心和代表帝王时，必须谨遵的规则就是他只是帝王的代表，这项规则的确立实际上就将士大夫群体限定在了帝王附庸的地位之上。

汉高祖刘邦入关之后满以为可以在关中称王，当他沉醉于秦朝后宫的纸醉金迷之时，他的部将也在咸阳寻欢作乐。清醒的张良和萧何说服樊哙闯进后宫，劝告刘邦当以民心为重，还不算糊涂的刘邦迅速收拢军队还军霸上，并且向关中父老约法三章，一举赢得了民心。不过等到汉楚之争底定，刘邦坐稳江山之后，他就开始了清算开国功臣的行动，其中的用意很明显，这就是很多开国功臣都是深得民心的，越是深得民心的功臣就越是皇帝之位的有力挑战者，并且由于开国功臣自恃有功，就更是不肯安于做帝王的代表和附庸了，一旦天下有变，这些有功之臣便可以借助民心、诉诸天意，行"彼可取而代之"之事。无怪乎，梁王彭越在被贬斥的途中遇到吕后，向其哭诉冤枉、重申功劳时，反而招来杀身之祸。无怪乎，深得民心的宰相萧何尽管一向谨慎小心，还是招来刘邦持续的猜疑，最后不得不做出违法害民之事，以自损民望的方式换来刘邦心安，从而得以善终。

蜀汉先主刘备作为汉高祖的苗裔，自然深知得民心者得天下的道理，因此在他以白衣身份起兵开始逐鹿中原时，就十分注重争取天下民心，诸葛亮在隆中对话中就评价刘备"仁义布于四海"。刘备自得诸葛亮后果然如鱼得水，迎来了他帝王生涯的转折，在曹操大军逼近樊城之际，刘备不忍丢下黎明百姓，以致贻误军机，造成重大损失，但是军事上的失败却为他赢得了政治上的成功，他携民渡汉水之举更加巩固了自己为民心所向的帝王地位。刘备与诸葛亮可谓是古来君臣相遇的典范，刘备不仅自己深得民心，诸葛亮也是深孚民望，刘备对于诸葛亮的民望是非常清楚的，因此他在白帝城托孤之时，就以"太子如不足以扶持，卿可自行代之"来激励诸葛亮的忠君感恩之心，从而实现以诸葛亮的民望巩固蜀汉帝祚的目的。

诸葛亮是千古贤相忠臣的表率，终其一生没有违背供帝王驱使兴复汉室的诺言，但是他的民望却在身后引来蜀汉后主刘禅的报复。诸葛亮为了答谢刘备的知遇之恩而继之以死，因此刘禅在明面上不敢对诸葛亮有所不敬，特别是在诸葛亮活着的时候，如果刘禅对于诸葛亮有所惩罚，很可能导致刘禅自己大失民心的结果，但是诸葛亮的民望却是萦绕在刘禅心头的幽灵，他必须寻找机会采取措施打击诸葛亮的民望。诸葛亮的过世终于为刘禅带来了机会，虽然刘禅为诸葛亮筹划了隆重的丧礼，但是刘禅却拒绝为诸葛亮建立正式的祭祀场所，对于朝臣的请奏一概置之不理，刘禅此举实际上就是以不明言的方式发泄自己对于诸葛亮深得民心的不满。直到蜀地百姓不顾朝廷禁令，常年私祭诸葛亮，刘禅才不得已在刘备的宗庙中安置诸葛亮的灵位，但是始终没有将诸葛亮放入刘备宗庙的正堂。

从领导学的角度观之，帝王始终占据着民心唯一代表者的角色，但是为了巩固自己的代表者地位，帝王必须借重士大夫来传递民心和播散帝王的仁爱之心，由此可见，士大夫在此过程中占据着中介者的角色。当然，帝王对于士大夫的借重必须掌握好两种原则，其一是士大夫忠心可鉴，其二是士大夫与民心必须保持一定距离，切不可民望过高。

三、群　臣

其实，帝王无论是在争夺天道解释权还是在垄断民心代表者的过程中，都在积极处理帝王与群臣的关系。帝王与群臣之间的关系是中国传统政治生活中的基本关系，从领导学的角度来看，帝王和群臣之间的关系实际上就是领袖与追随者之间的关系。帝王既要从群臣手中夺取对于天道的解释权和巩固自己作为民心代表者的地位，又要有效地调动群臣积极扮演好帝王与黎民百姓之间中介者的角色，因此能否处理好同群臣的关系将在很大程度上决定帝王统治的优劣。

国学中的领导力

　　优秀的帝王在处理同群臣的关系时大致遵循了以下几个方面的原则。第一，帝王要以仁德之君的形象示人，让群臣相信帝王是遵循天道、顺应民心而治的有道明君；第二，对待群臣要恩威并重，特别是将帝王的恩威建立在群臣名节的基础之上，同时也要将帝王的恩威从臣子扩展到臣子的家庭；第三，保障群臣的利益，为群臣的效忠行为提供明确的激励和预期，从而持续巩固群臣对帝王的依附关系；第四，对群臣分而治之，努力做到群臣同帝王一心，但是要防止群臣一心从而对帝王造成掣肘之势；第五，善于利用群臣之中或者群臣之外的第三种力量，对群臣进行监督。

　　刘邦是在山东群雄的帮助之下取得成功的，其中不少还是刘邦的同乡，与刘邦有着深厚的友谊，这同时也意味着刘邦在打天下的过程中很难在自己的集团之中建立等级秩序，刘邦集团尊卑秩序的缺乏在当时为刘邦赢得了忠厚长者的清誉，但是等到大汉王朝建立，尊卑秩序的建立就显得尤为重要了。在追随者队伍中建立尊卑秩序必须对追随者的功劳进行清楚的说明，问题的关键就在于不同的人往往对于功劳有着不同的看法，刘邦对此问题看得十分透彻，因此他在登基称帝之后迟迟不能对群臣进行论功行赏，不成想皇帝的迟疑态度却引发了群臣的异动。刘邦遂向张良问计，张良问"皇上最不喜欢谁？"刘邦答道："雍齿背我，且多次当众讥讽我，实在恨他！"张良就劝刘邦立刻封雍齿为侯。因为如果连雍齿都能封侯，那么其他有功之臣当然能够得到更多的封赏，所以雍齿封侯定能安抚群臣之心。张良的对策实际上就是要刘邦为群臣的利禄树立一个明确的预期。

　　唐太宗李世民总揽英雄，并据此荡平天下以成帝业。在李世民的追随者队伍中有着两个不同的来源，一个就是来自陇右地区的秦王府旧人，另一个则是来自山东地区的在李世民登基之后加入的新人。李世民知道跟随自己在马背上打天下的秦王府旧人有着骄横不法的趋势，因此他十分注重在秦王府旧人之外发掘人才，此举除了服务于他开创盛世的目的之外，还有一个重要的考虑就是用山东贤能之士制约陇右旧部。山东贤能借着李世民的赏识，地位迅速上升，引发了秦王府旧人的不满，其中的典型代表就是李世民的大舅哥长孙无忌。长孙无忌借宴饮之际，乘机向魏徵、王珪发难，事后李世民以天下情怀劝诫长孙无忌，要他团结大臣、共同效命国是。李世民的高明之处在于，他不是简单将群臣分为两派使其相互争斗，而是使其各自认识到自己的重要性，并推动不同来源的臣子们实现合作。

　　明太祖朱元璋想要效法唐太宗李世民故事，为了制衡跟随自己征战天下的淮西勋贵，朱元璋有意识地重用浙东党。其实，所谓浙东党就是指朱元璋攻占南京之后归附朱元璋的江浙一带的读书人，其中以刘伯温、宋濂为代表，这些大臣恪守"君子不党"的圣人教诲，从未结成一党，但是朱元璋出于政治上的考虑却有意识地为刘伯温等人确立了"浙东党"的形象。朱元璋不仅重用浙东党人，让刘伯温负责监督职责，而且纵容淮西勋贵攻击刘伯温等人，使淮西勋贵相信朝堂之上确实有一个同淮西党对抗的浙东党，从而实现两党纷争、相互制衡、自己高居两派之上进行仲裁的局面。朱元璋此举导致了严重的恶果，一大批开国功臣卷入党争酿成杀身之祸，君臣相互猜忌，以致形成朱元璋在晚年大开杀戒、废除中书丞相的局面。可以说，朱元璋晚年的困境已经预示了明朝政局的走势，他终于搬起石头砸了自己的脚。

明世宗朱厚熜在利用制衡之术驾驭群臣方面比自己的祖宗走得更远。嘉靖皇帝在其统治的中后期惯于重用奸臣，同时利用皇帝的家奴——太监，对当权的奸臣进行严密的监视，从而实现在皇帝二十余年不上朝理政的情况下始终控制朝堂的目的。嘉靖皇帝重用奸臣的目的很简单，就是利用权奸的凶狠控制住群臣之中的正派势力，因为嘉靖皇帝一心修道，而修道则是对天道和民心的违背，帝王此种行为自然不可能为志虑忠纯之士接受，他们会不断向皇帝发出提醒，甚至请愿，所以一心修道的嘉靖皇帝必须利用权奸钳制住群臣之中反对他修道的力量。当徐阶等人终于在嘉靖皇帝面前摆出了严嵩父子欺君罔上的铁证时，嘉靖皇帝不得不罢黜严嵩，但是嘉靖皇帝必须重新寻找一个能够为自己阻挡群臣压力的人物，这个人物就是敢于对群臣大打出手的太监头目陈洪。用嘉靖皇帝自己的话来说，赶走了严嵩就可能引发清流泛滥，清流泛滥也能够掀起洪灾，所以他需要利用忠于自己且又心狠手辣的家奴，在自己和群臣之间建筑一条坚固的防洪堤坝。陈洪果然不负所望，在群臣以为严嵩倒台再无权奸压迫的情况下纷纷上表要求嘉靖皇帝放弃修道时，陈洪在大雪纷飞的冬夜调动东厂乱棍痛打群臣于宫城门外，一时间血流满地、斯文丧尽。

制衡当然是帝王驾驭群臣的重要手段，但是行制衡之术的出发点和落脚点十分关键。从领导学的角度来讲，只有当制衡的目的是为了限制追随者队伍个别势力坐大、不法，从而能够以共同目标团结相互制衡的不同追随者时，帝王的制衡之术才具有合理性。而且，制衡之术需要帝王本身具备高超的领导艺术，否则会反受其乱。

四、纳　　言

杜甫诗云"出师一表真名世,千载谁堪伯仲间",这不仅是因为诸葛亮的《出师表》淋漓尽致地展现了自己的忠君思想,而且是因为诸葛亮在《出师表》中要言不烦地总结了帝王实现优良统治所必需的关键条件,这些条件中重要的一个就是"察纳雅言"。广开言路是历代优秀君主必行之路,纳言不仅是为有志之士提供参政议政的机会,而且也为帝王提供了多种信息来源。我们甚至可以说,但凡帝王想成就一番事业,无不将广开言路作为革新统治的先导。魏徵在《谏太宗十思疏》中也特别提到"兼听则明,偏信则暗",唐太宗李世民对于魏徵的建言深以为然,认为魏徵是可以匡正帝王过失的镜子。

言路闭塞会对帝王统治造成非常大的伤害,一般权臣当道之时,往往会导致帝王偏听偏信或者信息闭塞的局面,轻者导致国家政事废弛,重者引发帝王被权臣控制以致取而代之,因此纳言从根本上也是巩固帝王地位、监督群臣的有效手段。广开言路能够树立帝王的仁君形象,每当新皇登基发布纳言诏书时,往往会赢得朝野士大夫的普遍赞誉,新朝气象顿时一新,激发了很多读书人的报效之心。纳言也是遴选人才的重要机制,朝臣贤能如否、忠奸分辨都与广开言路有着不可分离的关系,帝王可能真的圣明烛照,但是帝王不可能全知全能到透彻地了解所有臣子,这就意味着士大夫群体内部的口碑成为帝王判断是否的重要参考。每当大臣向帝王奏对,颂扬帝王明察秋毫时,都不过是为了给自己试图影响帝王的判断披上一件衣裳罢了。当然,帝王对于其中的奥秘是一目了然的,但是越是优秀的帝王,越是要依靠广开言路来获得更为广泛的信息,从而真正达致明君的境界。

帝王纳言的方式实际上是多样化的,其中最为重要的方式有以下五种。第一种是维持正常的朝堂议事制度,从而实现帝王与群臣之间固定化的、广泛的接触,避免出现少数权臣阻塞圣听的局面;第二种是定期派大臣到各地巡查,以观察和收集民间意见,保障缺乏正式渠道表达的意见能够上达天听;第三种是群臣的上折,凡是达到一定品级的官员都可以直接向皇帝上书,借以陈述自己的意见;第四种是朝廷设置了专门的言官,以收集和整理不同来源的信息,纠正帝王可能出现的偏听偏信。第五种则是"风闻言事"制度,这就是不管是否有确凿的证据,有司官员都可以将相关信息奏报给帝王。纳言的各种方式能否发挥广开言路的作用，从根本上取决于帝王本身的素质和意愿，如果帝王有着成就伟业的雄心，并且善于从多种信息来源中对事情做出基本的分辨，那么广开言路的制度就能够发挥良好的作用。

古来有作为的帝王都将纳言作为统治过程的关键环节。唐太宗李世民可谓是践行广开言路的帝王典范，他不仅对于提出了合理建议的臣子予以赏赐和重用，而且对于试图以建言的方式邀宠的臣子也持宽容态度，李世民的态度是如果惩处了这些投机的臣子，那么很可能导致打击群臣建言的积极性，从而引发言路阻塞的可能性。隋文帝夺周立隋后为了改变士族大户垄断官位的局面，创造性的建立了科举制，科举制实际上是将平民的意见带进朝堂的制度化形式，科举制的建立拓宽了帝王的言论来源，极大地提升了帝王统治的生命力。朱元璋出身贫苦，因此他深知黎民百姓的艰难，他在南京开国建政之后就颁布了黎民百姓有权直接进京告御状的制度，从而使其能够了解天下吏治的真实情况。明太祖废除中枢丞相之后，帝王更是需要直接处理来自全国各地的奏章，大大增加了帝王的工作压力，无怪乎清世宗雍正皇帝感慨"做皇帝乃至天下第一苦差"。

广开言路是帝王统治走向兴旺的前奏，而言路阻塞往往意味着一个王朝走向毁灭的开端。广开言路给帝王带来了丰富的信息，同时也为帝王造成了繁重的工作量，因此后世之君多不愿继承开国帝王的理想与勤政风格，他们要么将奏章交给大臣处理，要么将奏章交由家奴处理，于是言路就在帝王的倦怠中渐渐闭塞。言路闭塞不仅意味着朝堂之上少数人操纵议事过程，而且意味着远在江湖的不同政见也会受到整肃，以致士大夫陷入因言或罪的困境，在严重的情况之下，持不同见解的士大夫将被打成一党。言路闭塞使帝王得不到真实的信息，幻想自己处在太平盛世，实则已经踏上穷途末路。

从领导学的角度观之，广开言路是帝王有效地调动追随者队伍的重要手段。广开言路为追随者提供了参与构建理想目标的渠道，也为追随者提供了相互评价的机会，于是帝王既可以通过广开言路激励追随者队伍勤劳王事，又能借助广开言路全面地了解追随者队伍的现状。在一定意义上可以认为，帝王广开言路的举动实际上是一种开发追随者队伍之中潜在的资源，以有效地调动追随者队伍的领导艺术。

五、治　世

在中国的政治传统中常用"人才济济"来形容一个时代的政治清明和国家强盛，帝王在其统治过程中能否获得天下英才将在很大程度上决定统治的绩效。《贞观政要》开宗明义写道："为政之要，首在得人。"当然，得人不只是指天下英才纷纷奔向朝堂效命，而且是指要把人才安置到合适的位置上去，实现各居其位、优劣得所，避免出现"冯唐易老、李广难封"的尴尬局面。几千年来，帝王若是要有所作为，奋先祖余烈、推行新政，都必须首先费心收拢人才，征集天下英才不易，而用好天下英才就更难了。在人治的时代，帝王治世无非就是集天下英才而驱使之，其中的关键自然在于实现大臣之间的团结协作，从而保持朝局的稳定与活跃。

战国时期燕国遭到南面的齐国的巨大打击，燕昭王是在国破家亡的背景下争取到王位的。燕昭王为了改变国家贫弱的局面，向老臣郭隗请教兴国之策，郭隗用千里买马骨的故事来教诲燕昭王，并建议燕昭王将自己当作千里马骨试试看。燕昭王为郭隗建造了一座高台之上的房屋，并以老师的礼数对待郭隗。燕昭王的举动向列国传开之后，天下英才纷纷争相奔赴燕国，一时间，剧辛从赵国来，邹衍从齐国来，乐毅从魏国来，屈庸从卫国来，各地贤能之士聚集燕国，使得燕国在二十年间成为强国。为何燕昭王厚待郭隗之举竟能获得如此之大的效应呢？其中的奥妙很简单，这就是既然像郭隗这般的人才都能得到燕昭王的礼遇，那么才能在郭隗之上的贤士要是去燕国，境遇自然不会差到哪里去。

唐太宗李世民为了开创盛世，在征集人才方面颇费了一般心思。玄武门之变后，太子李建成一党悉数被抓获，李世民一概开释，赞赏他们的终于旧主之心，勉励他们为新朝出力。其中，李世民与魏徵的故事可谓是脍炙人口的经典篇章。李世民来到囚车前面观看沦为囚犯的魏徵，李世民斥责魏徵道："你当年挑拨我们兄弟之时，可曾想到今日之事？"魏徵淡然地回应道："太子当年若是听了我的建议，就不可能有今日之事。"原来魏徵曾为李建成筹划，早日设计除掉还是秦王的李世民，可以说魏徵有不可饶恕之罪，但是李世民赦免了魏徵，后来重用魏徵为相，在凌烟阁论功排名中魏徵赫然在列。李世民在向故旧解释时说道，登基之前房玄龄、杜如晦功劳最大，登基之后魏徵功劳最大。正是由于李世民虚怀如谷收拢人才，才形成了"天下英雄进入我彀中"的盛大局面，也正是由于李世民善于使用英才，才开创了贞观之治的盛大气象。

贴士 7-2 开创盛唐气象的李世民

集天下英才只是治世的第一步，更为重要的一步是恰当地配置人才，实现知人善任的局面。古来贤明的帝王用人，大致形成了以下三个方面的领导艺术：第一，避免出现山头，努力实现五湖四海，在中国古代政治得失中，使用来源广泛的人才担任要职是至关重要的一条，唐宋朝时期推行的群相制度就是此种用人艺术的典型体现。第二，建立法度和规则，赏罚分明，帝王用人过程中的一大困境就在于因私废公，帝王顾忌某些因素赏罚不明，故而引发群臣不满或者群臣争斗，古代盛行的"王子犯法与庶民同罪"的戒条，就是对古代政治生活时常发生的赏罚不明、破坏法度的集中诠释。第三，根据形势需要，不拘一格地使用人才，尤其是要培养青年人才，将有着发展潜力的人才尽早储备起来，并且有意识地将其放到不同的职位上接受锻炼，以备未来担负重任。

清朝乾隆皇帝即位之初便开始调整雍正皇帝的某些政策，其中重要的一项内容就是用人。当时朝堂之上都是雍正皇帝简拔的老臣，虽然这些大臣们才具甚佳，但是多已步入暮年，精力不济，况且还在张廷玉与鄂尔泰之间出现了满汉之争，因此乾隆皇帝认为朝局久不可持。就在此时，乾隆皇帝发现了两位在其前期有着举足轻重影响的青年人才，一个是傅恒，另一个则是刘统勋。乾隆皇帝一面将傅恒派出京城，借助四处征伐以历练能力，另一方面则将刘统勋留在京城处理钱粮、刑狱等重大政务。等到张廷玉和鄂尔泰先后退出历史舞台后，傅恒和刘统勋经过多年的锻炼，早已在能力和经验上成熟起来，从而顺利地入掌中枢。尤其值得关注的是，当傅恒英年早逝，满清贵族无人可以继之的情况下，乾隆皇帝破除旧习，大胆地任用身为汉人的刘统勋出任首席军机大臣，创造了有清一代唯一的例外。

用人是领导学中最为重要的智慧。如果我们从领导学的角度反思帝王的用人过程，那么可以总结为一句话，这就是兼容并蓄、不拘一格。中国古代有所作为的帝王，无不是具有极高用人智慧的大师，然而天威难测，帝王用人的智慧对于今日的领导过程来说，最有价值的方面还是在于建立法度、赏罚分明，从而以稳定的预期引导和激励追随者。

六、后　嗣

中国传统政治生活存在一个基本的原理，这就是一个王朝的兴衰基本上取决于帝王治世，所以保持王朝持久兴盛的关键就在于从子嗣中挑选出优秀的继承者，从而保证最高统治权始终掌握在贤明的君主之手。可以说，优秀的继承者是帝业永固的决定性因素，难怪贾谊在《治安策》中写道："天子之命，悬于太子。"

然而，挑选优秀的继承者却远非是一件容易的事情。除了少数帝王具备过人的先天禀赋之外，绝大多数帝王是通过后天的培养成为优秀人才的，因此在挑选优秀的继承者之前，必须首先对子嗣进行长时间的教育和历练，并且帝王还要克制自己的偏爱，客观地判断子嗣的才能和品质。一俟册立太子，帝王就需要引导太子掌控朝局、驾驭大臣，如果太子不能很好地实现上述目的，等待老皇帝驾崩，新主登基后可能大权旁落，处处受制于朝堂之上的宗派实力。鉴于此种可能性，老皇帝要么贬斥存在威胁性的资深大臣，要么废除太子另择贤能。如果老皇帝有了废立之心，子嗣之中自然免不了一场腥风血雨，甚至可以说子嗣的明争暗斗本身就是将太子拉下马的主要推手。如果太子才德过人，迅速获得了朝臣的拥戴，那么皇帝与太子之间就很能引发冲突，因为太子毕竟是未来的皇帝，要是太子的势力坐大已成尾大不掉之势，那么皇帝就只能被迫提前让位，甚至引发萧墙之祸从而难得善终。

前不久引发国民关注的电视剧《琅琊榜》就比较深刻地诠释了帝王在挑选优秀的继承者时面临的困境。皇帝让成年的祁王参与政事，不料祁王名望很快播于朝野，使得皇帝承受着极大的压力，从而在皇帝心中铸就了"祁王要是想反随时可以反"的敌意，最终引发皇帝诬陷儿子造反的悲剧。清洗祁王的阵营之后，皇帝册立了一个平庸的太子，同时重用了一个贤能的亲王，从而保障了皇帝能够在相互争斗的两派之上掌控朝堂的局面，不过代价却是政事日弛、民心愈怨。电视剧中情节只不过是对中国政治史的概括性陈述，像此类的历史故事在中国传统政治生活中可谓是不胜枚举。

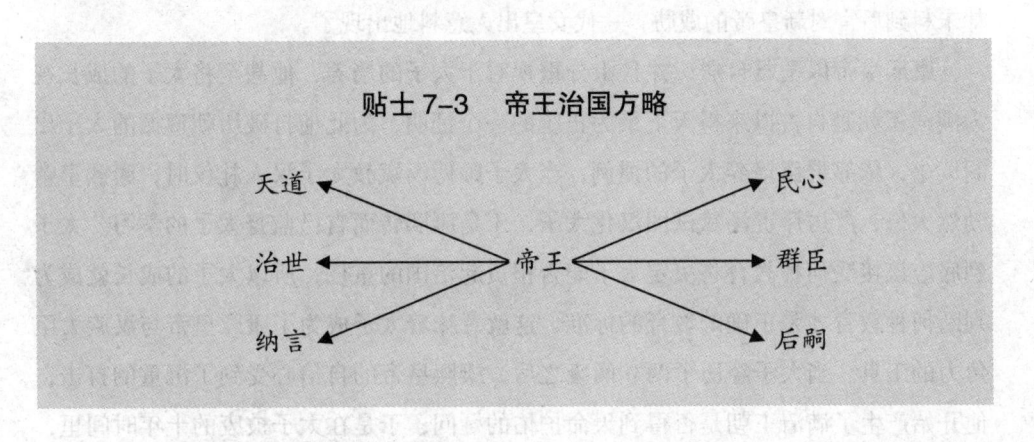

贴士 7-3　帝王治国方略

```
天道 ◀──┐              ┌──▶ 民心
         │              │
治世 ◀──┤     帝王    ├──▶ 群臣
         │              │
纳言 ◀──┘              └──▶ 后嗣
```

秦始皇本打算自己开创的基业能够万世流传，岂料竟二世而亡，其中的原因就在于他没有妥善地处理好继承人的问题，他选择的继承人扶苏因为同自己政见不和而被自己放逐到边疆，待秦始皇驾崩之后却没人阻止夺嫡阴谋的发生，扶苏遵照假传的遗命自裁。汉武帝同秦始皇有着相似的问题，只不过最后汉武帝幸运地逃脱了。汉武帝晚年迷信江充，大兴巫蛊之祸，太子刘据被迫自卫，兵败后在逃亡中自杀，晚年丧子的刘彻陷入了沉重的打击之中，他甚至连续两年不敢赴太庙祭祀祖宗。幸亏刘彻长寿，使得他有时间调整政策、选拔新太子和储备顾命大臣，从而改变常年战争导致的民生凋敝和巫蛊之祸引发的政局混乱的局面，否则汉王朝将会步秦王朝的后尘。

英明莫过于唐太宗李世民，然而就算是李世民也在挑选继承人的问题上吃尽苦头。他遵照立长的古制册立李承乾为太子，但是李世民登基恰恰是推翻立长原则而实现的，所以李世民的子嗣中不乏试图以立贤取代立长之人，魏王李泰就是其中的代表。太子和魏王之争，几乎引发了萧墙之祸，迫使李世民不得不先后清除太子和魏王。李世民属意的吴王李恪却得不到大臣的拥护，他不得不退而求其次册立晋王李治为太子，可是在李世民看来李治仁孝却软弱，将来能否控制住满朝的开国功臣实在难以令人放心。李世民在临终之际抱菩萨心肠行霹雳手段，下旨贬斥了功勋卓著的徐绩以创造太子判断徐绩衷心和对徐绩施以重恩的机会，徐绩接到诏命之后毫无犹豫立刻赴蛮荒之地就任，李治登基马上召回徐绩并任命其为宰相，于是徐绩就开始扮演起在朝堂之上制约长孙无忌和褚遂良的角色。如果没有李世民的刻意安排，李治登基之后的处境将会很艰难，不过李世民成功地消除了权贵对新皇帝的威胁，却未料到后宫对新皇帝的威胁，一代女皇出人意料地出现了。

康熙皇帝以圣君自居，并且十分重视对于太子的培养，他甚至将太子的成长视为满清王朝是自古以来得天下最为正统的一个证明，为此他打破历朝遵循的太子出阁读书、依靠群臣培养太子的惯例，当太子师傅汤斌教太子汉人礼仪时，康熙皇帝勃然大怒，严厉斥责汤斌试图汉化太子，于是康熙转而自己监督太子的学习。太子到底应该接受何种教育将决定太子能否担负起治国的重任，所以太子的成长就成为判断何种教育才是正确的教育的标准，这就意味着太子成为了康熙皇帝与汉族大臣角力的工具。当太子经历了两立两废之后，康熙皇帝的自信心受到了沉重的打击，他开始产生了满清王朝是否得到天命护佑的疑问，于是在太子被废的十年时间里，康熙皇帝一直拒绝再立太子。虽然康熙在选择继承人问题上栽了一个大跟头，但是雍正皇帝继位后匡正康熙皇帝的过失、刷新了吏治、推行了一系列新政，可谓是出人意料地为康熙皇帝赢回了颜面。

挑选优秀的继承人是最为考验帝王的领导智慧和能力的问题，要想解决好这个难题，需要帝王处理好同群臣、太子、其他子嗣、天道、民心等一系列重要因素的关系。从领导学的角度观之，挑选继承人不是培养追随者，而是实现领导者自身的更新，但是这个过程的完成却必须建立在为继承人培养追随者的同时，保持领导者对继承人和追随者的有效控制的基础之上，所以领导者需要高超的智慧和艺术才能掌控其中的矛盾关系。

（作者：秦岭）

第八章 文官与领导力

远古黄帝时期，仓颉是一名普通的文官，专门管理后勤物质。随着自己管理的牲口、食物逐渐增加，光凭脑袋记不住数量。怎么办呢？仓颉先是在绳子上打结，用各种不同颜色的绳子，表示各种不同的牲口、食物，用绳子打的结代表数目。但数目减少时，解开结比较麻烦。仓颉又想到了在绳子上打圈圈，在圈子里挂上各式各样的贝壳，来代替他所管的东西。增加就添一个贝壳，减少去掉一个贝壳。但部落不断扩大，牲口和粮食越来越多，添绳子、挂贝壳已不顶事。仓颉必须找到新的办法。这天他走到一个三岔路口，几个老人为往哪条路走争辩起来。一个老人坚持要往东，说有羚羊；一个老人要往北，说前面不远可以追到鹿群；一个老人偏要往西，说有两只老虎。仓颉打听才知道他们都是看地下野兽的脚印才认定的。仓颉心中猛然一喜：既然一个脚印代表一种野兽，我为什么不能用一种符号来表示我所管的东西呢？他高兴地拔腿奔回家，开始创造各种符号来表示事物。这些符合就是中国历史上最早的象形文字。仓颉被后世尊称为"造字圣人"。

中国古代文官开启了文字时代，更开启了中国的文明时代。上下五千年，杰出文官辈出。虽日月变化，仍不能掩盖古代杰出文官的光芒，甚至更能衬托出那时文官的坚韧、执着和勇气。古代文官作为封建统治阶级中的重要成员，一方面要维护王朝统治，尽忠卫国；另一方面要以民生为本，体恤民间疾苦。为儒家思想所浸染的古代文官们在君与民之间上下平衡，志在仁义社会。

贴士 8-1 中国古代文官和文官制度

中国古代文官和文官制度可以追溯到夏商周。夏朝已经出现了专门的文官处理公共事务。商朝文官分为内服官和外服官。春秋战国时期，中央官僚机构中的文官包括：相、御史和司寇。相是辅佐帝王的最高长官。御史主要是国王的秘书，负责国宴、祭祀等礼仪。司寇主要负责司法监察。秦统一六国之后，中国古代文官制度开始完善。中央政府主要官吏包括三公（丞相、太尉、御史大夫）九卿（奉常、郎中令、卫蔚、太仆、廷尉、典客、宗正、治粟内史和少尉）。隋唐以后，中央政府采用公开考试、

> 择优授职的科举制度，使得中国的文官制度日益完善，形成了一套完备的文官录取、任用、考核、回避、奖惩、抚恤、待遇、退休、保障以及激励的规范和制度。

古代文官一方面在波诡云谲的君臣关系中为"三斗米"左右周旋，另一方面又怀揣着"为往圣继绝学，为天下开太平"的宏大抱负。作为士大夫阶层的优秀代表，古代文官以其对天下大势的高瞻远瞩，对执政架构的战略设计，对传统文化的继承创新，展现出值得我们今天去学习借鉴的卓越领导才能。

"各领风骚数百年"。历朝各代总有杰出的文官士大夫脱颖而出。中国古代文官在大一统的中央集权和儒家思想的强烈支配下，展现出独一无二的领导过程和领导方式。

一、商鞅：志在称霸的先秦法圣

近年来，《芈月传》大热。中国历史第一个太后为众人所熟知。芈月摄政的时代正是秦国实现统一天下霸业的关键时期。真正开创这个霸业的是个卫国人，后因封地名被称为商鞅。一个普普通通的落魄士族为何能为大秦统一霸业立下赫赫功勋？这源于商鞅胸怀争强称霸的抱负和锐意变革的执着意志。

（一）博众家之学，善沟通之道，坚霸业之志

在秦国推行变法的商鞅，求学时期就博览众家之学，为自己日后登台拜相储备了充足的知识"电能"。商鞅勤奋好学，精通多家学说，身处战国乱世，能够知晓如何灵活运用各家学说实现既定目标。商鞅尤其喜好刑家学说，通读刑家经典，掌握刑家治国理政要诀。在知识储备上，商鞅做到了全面；在专业能力上，商鞅做到了专精。"全面而专业"的知识能力为商鞅开辟伟业奠定了坚实的基础。

不仅仅有如此全面专业的知识能力储备，商鞅善于帝王沟通之道。商鞅在秦国"求贤令"吸引下来到秦国意图一展抱负。在景监引见下，得见秦孝公。为真实全面了解秦孝公战略意图，商鞅先后献上帝道、王道两策，见秦孝公均不悦，遂提出

霸道之策，深得秦公欣赏，二人连续商谈三天三夜。商鞅通过此次详谈，明确了秦孝公的志向，最重要的是，通过先抑后扬式的献策式沟通，获得了秦孝公的高度重视和肯定，将秦国举国托付之。商鞅通过此次沟通明晰了秦孝公的志向，这为其日后推动变法找到了坚实的后盾。从三次会面来看，商鞅在与秦孝公进行对话的时候，采取了以退为进、不断试探、步步为营的策略。只有当孝公明确对王道和儒家礼治思想没有兴趣之后，商鞅才好抛出自己最擅长的法家治国思想。

商鞅不仅具有渊博的知识储备，巧妙的沟通技巧，而且目标明确，坚定不移，表现出士大夫立志变法、至死不渝的气概。商鞅以魏人身份入秦，推行变法，深知变法会牵涉到传统贵族利益，遭到传统贵族的打压和攻击，仍不改其志。商鞅在秦国十九年，始终致力于变法，不惜得罪贵族长老和太子储君。商鞅想必也认识到秦孝公死后自己的遭遇，仍不移志向，坚定推进变法。商鞅之所以能一以贯之地推行变法，并且在遇到传统权贵的百般阻拦之后，仍义无反顾，和其与君王定下的旷世伟业诺言有密切关系。正是因为图霸天下的宏伟蓝图，秦国才持之以恒地推行变法，没有半途而废，从而最终为秦统一六国奠定了坚实的物质基础。

（二）谋顶层规划，统变法之论

统一天下，非一朝一夕，需顶层规划，分阶段行之，将长期目标和短期目标结合起来。商鞅和秦孝公讨论天下大计时，就非常明确给秦国的未来规划为统一中原的霸业，建立万世奇功。远景目标非常明确。为此，商鞅拟下近期目标，就是富国强兵，增强国力。商鞅认为，大争之世，国家之所以能称霸，君王之所以能被尊重，靠的是国家的综合国力。商鞅就把变法的落脚点放在富国强兵，变法的主要举措——奖励耕战，极大地调动了秦国百姓的积极性，大大提高了秦国生产力，使得秦国从被山东六国鄙视，最终一跃与当时大国齐楚相当。

变法不仅需要筹谋规划，也需要良好的舆论氛围。只有统一了思想，才能团结一致落实变法，让变法结出成熟的果实。而且商鞅深知变法不是管一时，要管长远。变法关系到秦国统一天下，不得半途而废。这就更需要统一人心，规制非议。秦国变法最大的障碍是遗老贵族。反对者以甘龙、杜挚为代表。商鞅与二者展开了改革的辩论。反对者坚持应依循古法，延承古制。商鞅提出国家法制必须符合适宜。时代变化，要求法律也要跟着变化。如果仍然依循古制，秦国就没有出路。商汤、周武之所以能崛起，就是因为没有一味遵循古制。法规的制定要顺应时代变化，因时因地，绝不能呆板固守，墨守成规，必须与时俱进。与遗老贵族的朝堂辩论，为商鞅变法统一了朝野上下的思想，使得商鞅变法最终能顺利推行下去。商鞅死后尽管遗老贵族诋毁和阻挠变法，但商鞅变法已经深入人心，很难撼动。此后秦国历代国君都尊商鞅之法，即使以楚国公主身份加入秦国的芈月，也深知商鞅之法的重要性。

（三）树法治文明，创封建制度

商鞅成功塑造了秦国的法治文化，树立了法治信仰。秦孝公死后历代新君继位，均沿袭商鞅之法。尽管旧士族们一次又一次地反扑，但商鞅之法一直被贯彻下去，没有丝毫松动。这首先归于商鞅通过"徙木立信"确立的"有法必依"。第一次变法刚开始不久，为顺利落实变法，商鞅通过搬运木桩的简单行为，向普通民众昭示秦国变法决心。通过城门徙木，商鞅在百姓中树立了有法必遵的思想观念。

不仅让普通百姓树立遵法守法的观念，而且商鞅主张王公贵族也必须遵法守法。无论是卿大夫、国相，还是将军，均必须服从国法。违法者，均受法律制裁。新法实行后，太子触犯新法。商鞅认为，国家的法令必须全国上下一律遵守。要是王公贵族不遵守，普通百姓就不相信法律，不信任朝廷了。太子犯法，他的师傅应当受罚。商鞅就让太子师傅公子虔和公孙贾代为受过，一个处以刖刑（砍脚），一个处以黥刑（在脸上刻字涂墨）。商鞅有法必依，严格落实法令，在秦国树立违法必究的法治文化。这种法治文化通过商鞅变法已经深深嵌入秦国的政治体制和普通百姓的日常生活中。

贴士 8-2 商鞅之死：作法自毙还是依法治国？

秦孝公死后，秦惠文王继位。商鞅被旧贵族举报谋反。商鞅出逃至边关，欲宿客栈，客栈主人见他未带任何凭证，便告诉他说商鞅之法规定，住宿必须有凭证，留宿无凭证的客人是要被治罪的，受"连坐"之刑。商鞅顿时感叹自己制定的新法竟然害了自己。这就是成语作法自毙的来历。

改革贵在创新。商鞅变法进行了两次，创新较为突出的是，奖励耕战。商鞅崇尚国家实力，认为国家之间的竞争关键在于实力。为图谋霸业，商鞅变法以富国强兵为主要目标。奖励耕战，一方面鼓励农民多种地，多缴粮税，可以获得国家爵位；另一方面鼓励国人从军杀敌，以立功等级享受不同爵位待遇。奖励耕战，极大鼓舞了秦国老百姓耕种和参战的积极性。

废井田，开阡陌，实施土地私有制，允许土地买卖，调动老百姓开荒拓荒的积极性，增加了耕地的面积。实现郡县制，将市集乡镇合并起来成郡县两级地方组织，由中央统一委派官员直接管理，加强了中央对地方的管理，实现了权力的集中化。商鞅开启的井田制、郡县制为后代君王所继承和效仿，成为封建制度的重要组成部分。

商鞅变法取得了巨大的成功，变法推行十年之后，秦国百姓大悦，家家富足，人人奋勇杀敌，秩序井然，社会稳定，秦国从此走上统一六国的强霸道路。商鞅变法使秦国有了与山东六国抗衡的资本，而且为其进一步统一六国奠定了基础。商鞅变法不仅仅为秦国带来物质文明，更为重要的是带来法治文明。1912年毛泽东在《商鞅徙木立信论》中指出商鞅是历史上值得称道的优秀政治家。

二、包拯：刚直不阿的北宋判官

北宋年间的包拯极受民间爱戴，后世尊称为"包青天"，以包拯断案为主题的曲艺为后人不断继承发扬，为老百姓喜闻乐见。包拯以其刚直不阿、不畏权贵的形象深入人心，堪称魅力型领导的代表之一。

贴士 8-3　包拯的脸真是黑吗？

包拯在戏剧舞台上是一个头顶月牙、脸黑如炭的形象。真正的包拯五官端正，眉清目秀，是典型的白面书生。安徽合肥包公祠里供奉的包公像，是一个白面长须的清秀书生。故宫所藏的包公画像也证明包拯并不是黑脸。所谓的"黑脸"，更多是民间的演绎和传说，突出包拯的铁面无私。

（一）孝义为先，廉洁刚直

包拯自幼受到良好的家庭教育，饱读诗书，特别是儒家经典。29岁高中进士，可谓是有志有为青年，具备治国理政的专业能力。道德品质上，包拯孝义为先。高中进士之后，朝廷委派包拯担任建昌县知县。包拯考虑到双亲年迈需要照顾，恩请朝廷批准到父母身边上班，任和州监税，管理和县税收。包拯见父母仍不愿移居和州，遂辞官还乡，尽心赡养父母。直至父母离世，包拯守孝三年，仍不愿离开父母的墓地。最终在四方亲邻的规劝下，赴安徽天长任职。包拯的孝行不仅得到了百姓的称赞，也获得宋仁宗的赏识。

包拯不仅坚持孝义为先，而且极为自律廉洁。包拯走上仕途之后，依然保持和布衣时一样的俭朴生活，毫无奢侈，勤俭自律。包拯执掌端州三年期间，当地盛产贡品端砚，包拯未徇私收受一块端砚，任职届满后未带走一块端砚。后世传说，包拯离任端州，有人暗中送端砚一件。船行至羚羊峡，江山波涛汹涌，客船几乎沉没，后包拯查出船上有端砚，将砚投入西江，风浪霎时平息。包拯上京赴任之际，曾写下"清心为治本，直道是身谋。秀干终成栋，精钢不作钩。仓充鼠雀喜，草尽狐兔愁。史册有遗训，无贻来者羞"来自勉。包拯将廉洁自律的道德准则写入家训，要求后人遵照执行。违法犯罪者，非包氏子孙，不得葬于包氏墓地，不得列入包氏宗祠。

包拯性格极其刚直，不随意附和别人，不装模作样取悦别人，始终以事情的是非曲直和国家利益为根本。包拯被提拔入朝廷之际，正赶上范仲淹掀起改革——"庆历新政"。范仲淹的吏治改革集中在改变官员官僚作风、举贤用能方面，自然要触及一些既得利益者。朝廷陷入"党争"，守旧派与革新派闹得不可开交。按理说包拯该站在守旧派阵营，因为把他从地方推荐到中央任职的是守旧派大臣王拱臣，但他却并不急于表态，也不参与党派纷争。守旧派也没把这个无名小卒看上眼，更没指望他能在打击改革派上有所作为。然而，包拯却突然上折批评范仲淹人事制度改革，对监督地方官员的按察使权力过大提出质疑。此奏一出，保守派士气大振，为包拯这个生力军加入保守派阵营大喜。变法失败后，新政被废。正当保守派长呼一口气时，不料包拯突然上奏，建议皇帝保留范仲淹考试选拔人才等新政。可见，包拯完全是以国家利益为出发点，根据事情本身的是非曲直来评判，绝不趋炎附势，更不会置江山社稷于不顾。包拯的刚直性格为其赢得了美誉，但也使其门可罗雀，生平好友甚少，私信往来寥寥无几。

包拯尽管刚直，但绝不刚愎自用，从不主观武断，善于调查研究。包拯任监察御史时，转运使王逵状告陈州地方官任中师苛剥农民，多收钱粮。在当时人看来，任中师廉洁，王逵贪卑，这是否是恶人先告状？许多人都畏惧王逵的权势，不愿前往。包拯为弄清真相，毅然来到陈州，经过调查，掌握了证据，包拯回来向皇帝奏告，任意搜括农民、引起农民不满的正是王逵，要求朝廷严办。

（二）直面敢谏，举贤用才

包拯直言相谏一定程度上保证了统治阶级队伍的廉洁性，缓和了朝廷和百姓之间的紧张关系。宋仁宗专宠张贵妃，不断提拔其平庸的伯父张尧佐，让其伯父身兼财政部长、组织部长等要职。此举引起群臣不满，包拯首先站出来弹劾。不料张尧佐的职位不降反升。包拯见情势不对，三天之内又弹劾，甚至大呼"国丈"是"盛世垃圾，白昼魔鬼"，见没动静，包拯再弹，仁宗一意孤行，要再次提拔张尧佐。进谏者要求廷辩，和皇帝面对面理论。在争执到达最高潮时，包拯一激动，站在仁宗面前义愤填膺滔滔不绝，唾沫星子都快喷到皇帝脸上了。

包拯直言相谏，始终以维护江山社稷为目标，不畏权贵。包拯一生弹劾了朝廷30多位重臣。包拯一生留下185篇奏议，其中50余篇用来弹劾本朝官员。这其中有地位比他高的如宰相宋庠，也有皇亲国戚如张尧佐、杨景宗等。"包弹"成为朝廷闻之色变的流行语。这些弹劾清除了官僚队伍中的奸臣佞臣，保证了官僚对外的清正廉洁。

包拯以百姓满意作为评判人才的标准，并且积极向朝廷举荐。百姓的爱戴和信任是包拯举荐的重要标准。唐州知府赵尚宽在任期间，开垦荒地，兴修水利，大大改善了农田灌溉，提高了防灾抗灾的能力，从此唐州旱涝保收。周围好几个省的农民都奔到那里去。赵尚宽用了三年时间，将荒脊之地变成了丰产之田，人口激增三万多户，百姓生产积极性也很高。包拯大力表彰赵尚宽，在他任期将满时，向朝廷举荐担任更重要职位。

包拯举荐的重要特点是实名举荐，包拯奏折中举荐者还有孙甫、张环、吴奎、范祥、韩贽、张田、吴及等。包拯举荐官员最为突出的是王安石、司马光。包拯认为这些都是政绩卓著的人才，一定能够胜任更重要的职务。如果朝廷埋没这些人才既会影响个人发展，也是朝廷的损失，提拔擢升他们既可以为君王分忧，也可以为百姓服务。包拯举荐人才绝不拉帮结派，从个人私利出发，完全从朝廷社稷出发。包拯曾当面对仁宗皇帝说，如果举荐之人有问题，臣甘当同罪。

（三）改革司法，青史留名

当时北宋已经身受冗费、冗官、冗兵三大之害，国库空虚，财政紧张，各地暴动不断，包拯深刻认识到北宋进行整顿改革的必要性和紧迫性。

包拯在创新变革方面有许多值得称赞的地方。比较突出的就是诉讼制度改革。包拯在开封府任职时，对百姓告状做出新规定：官门大开，凡是告状的，都可以进去直接见官，直接面陈案情，任何人不得阻拦刁难。诉讼制度改革大大方便了百姓伸冤告状，杜绝了府衙官吏借百姓告状，吃拿卡要。这一举措缓解了社会矛盾，更重要的是在一定程度上杜绝了腐败。

人事制度方面，包拯提出建立官员退休制度，官员年满70周岁必须离职。军事国防方面，包拯针对宋代冗兵之害，提出了裁减"老病冗弱"的主张。同时，他还提出加强边境民间义勇的训练，战时充当正规军，闲时务农耕地。宋朝将士经常调动，以防武将专权，威胁朝廷，但造成了兵不知将、将不知兵弊病。包拯认为要改变这种现状，使将官有职有权，不要轻易调动。

贴士 8-4　包公牌洗衣粉

泰国的包公牌洗衣粉很畅销，与该公司的广告宣传不无关系："我的洗衣粉去污效果，像包公对贪官污吏一样毫不留情；我的公司经营方针，像包公审判案件一样公正廉明。"可见，包拯刚正无私、清正廉明的精神在整个华人文化圈中都非常有影响力。

包拯一生清正为民，不畏权贵，敢于为民做主，深得百姓爱戴和敬仰，尊称为"包青天"。包拯的社会影响不仅限于北宋，也影响到北宋年间其他民族的官员。包拯死后，其威名传播四方，有一个少数民族官员归顺了宋朝。这个官员对宋神宗说，听说包

拯是忠臣，我没有别的要求，请准许我改姓包。包拯的领导力主要来自其刚正不阿、为民请命的个人魅力上。这种超凡的个人魅力为其赢得了美誉，也赢得社会影响力，甚至是批评者欧阳修也赞美包拯孝敬、正直。

三、张居正：厉行变革的明朝首辅

明朝首辅张居正致力改革十年，延缓了明朝衰亡的速度。张居正虽才华出众，也懂得隐藏锋芒。担任首辅之后，张居正厉行改革，大刀阔斧，不遗余力。尽管后世对其非议不少，但张居正始终以变革为中心任务，中兴大明，是一个目标任务非常明确的领导者。

（一）才华横溢、隐藏锋芒、宽于律己

张居正学习能力超强，才华出众，是荆州远近闻名的神童。5岁识字，7岁通晓六经大义，12岁考中秀才，13岁时就参加了乡试，16岁中举人，23岁的张居正考中进士。张居正深得荆州知府和湖广总督的赏识，高中进士之后，在内阁重臣徐阶的指引下，刻苦研读明朝典章，这些为其日后革新制度奠定了坚实的基础，也是其日后开展工作积累了重要经验。处世之道上，尽管张居正才华横溢，志向远大，内心意志坚定，不同流合污，不自命不凡，不锋芒毕露，与世俗打成一片，善于进退平衡。

张居正严于律人，宽于律己。张居正被抄家后发现金银财宝无数。张居正不仅贪污受贿，侵占万顷田亩，而且生活非常奢侈，出行乘坐32人抬的大轿。这也是后世对张居正负面评价较多的原因之一。为官之道上，张居正认为如果民间饿殍遍野，你纵然餐餐喝菜汤，也算不得一个好官。如果老百姓丰衣足食，你顿顿吃肉，笙歌不绝于耳，你依然是一个好官。张居正认为衡量官员的能力，不是看其道德品质，而是看工作能力。工作能力突出的官员就是好官员，道德品质并不重要。

（二）考成官员、据能提拔

张居正实施改革的重要举措是严格考核官员。明代官员考核流于形式，贪腐成风，张居正推行"考成法"，要求六部和都察院将下属官员应办的事情定立期限，分别

登记在三本账簿上，一本由六部和都察院留作底册，另一本送六科，最后一本呈内阁；六部和都察院按账簿逐月进行检查，对下属官员承办的事情，每完成一件登记一件；六科亦可根据账簿登记，要求六部每半年上报一次执行情况；最后内阁同样亦依账簿登记，对六科的稽查工作进行查实。根据考核成绩，采取相应的奖惩措施。考成法的实施有利于革除官僚队伍懒散无为陋习，提高了行政效率。另外，通过六科考成，裁撤冗员，提拔能官，提高了官僚队伍的素质和能力。据不完全统计，仅在张居政当政期间，裁革的冗员约占官吏总数的十分之三。张居正的官员激励制度非常严密，内阁控制六科，六科督察六部，六部督察地方官，形成了从上到下层层严密的监督考核体系。另外还设立巡视机构——都察院，类似于今天的巡视组，巡视地方，督查地方政务。

张居正以官员实际才能为提拔奖励依据。官员选拔上，强调应以官员办事能力为准，不应该以官员资格等级为准。官员考核上，张居正要求吏部只考察官员政绩，不考察官员品行。如果官员在规定的时限内完成预定的任务，就可以获得奖励，反之，接受惩罚。这杜绝了论资排辈，但也助长了官员盲目的"政绩观"，以考核指标为奖励标准，忽视了官员个人道德素质的重要性。

（三）洞察时势，税制创新

张居正入朝廷之后，已经清醒认识到明朝危机四伏，内忧外患。内部流民四散，起义不断，国库空虚，财政匮乏。外部北方鞑靼进犯中原，陈兵边境，南方土司争权夺利，发动叛乱，东南倭寇骚扰沿海，民不聊生。面对如此内忧外患之困境，张居正预感大明王朝岌岌可危，唯有改革才能中兴。正是因为认识到明朝危机重重，若再不改革，将积重难返，祖宗基业丧失殆尽，张居正担任内阁首辅后，大刀阔斧推行全面改革。

张居正最为后人推崇的就是"一条鞭法"。一条鞭法的主要内容就是合并徭役赋税，将原先名目繁多的各种税收合并起来，统一征收；田赋一律折收银两。征收依据为土地和人丁，部分丁役摊入土地征收。一条鞭法可谓古代税收制度的创举，简化了赋役的项目和征收手续，使赋役合一；税以银征收，促进了货币流通的发展；以土地为征税标准，减轻了普通百姓的负担。一条鞭法改变了历代赋税和徭役平行的征收形成，统一了役法，简化了赋税制度。

张居正死后被万历皇帝封为"太师",但也正是张居正亲手培养的万历皇帝埋葬了张居正新政。后世历史学家多数认为,终结新政,算是埋下了大明王朝真正覆灭的种子。张居正被其生前死对头李贽称为"宰相之杰",被国学大师梁启超称为大明三百年历史上唯一的政治家,但依然逃脱不了人亡政息的命运。这既是这些杰出将相的悲哀,更是当时制度的悲哀。

四、李鸿章:经世致用的晚清重臣

晚清重臣李鸿章认识到清朝列强环伺,危机重重,决意洋务图强,官督商办,在多个领域开办公司企业,为大清国库挣足了银两,也促进民间实业的发展。为促进洋务发展,为公司企业培养人才,李鸿章兴办新学,学习西方实用技艺,培养技术人才。数次担任清朝全权大臣,李鸿章秉持古代士大夫的节操,内图自强,外修和睦,意图挽救垂垂老矣的大清王朝,身居总经理之位,内部发展实业,增强国力,外部卑微求和,争取非战,艰难时世中苦苦支撑濒临破产的大清集团。

(一)勤学经学、广交朋友、志向远大

李鸿章少年聪慧,在合肥名士徐子苓指点下,认真研读经史,学问非常扎实。初次会试落榜,拜曾国藩门下,跟随曾国藩学习经世致用之学,深得曾国藩赏识,曾国藩不仅磨炼李鸿章的惰性和虚妄浮夸,还组织手下得意门生与李鸿章辩论,亲授李鸿章编练湘军心得。为革除李鸿章爱睡懒觉的习惯,曾国藩每次早上必等所有幕僚到齐后方肯用餐,逼迫李鸿章早起。针对李鸿章好浮夸,曾国藩常常教导要待人以诚。曾国藩手下名士战将众多,曾国藩鼓励李鸿章参与军机大事讨论,与手下能臣辩论,挫其锐气,增其本领。经过在曾府的一番历练,李鸿章真正做到独当一面,成为晚清重臣,甚至"青出于蓝而胜于蓝"。

经过曾府多番历练,特别是经过曾国藩的特别培养,李鸿章能力倍增,具有担当晚清肱股大臣的能力。李鸿章广交朋友,建构自己的朋友圈。李鸿章入京前就写下"遍交海内知名士,去访京师有道人"。李鸿章受父命赴京参加顺天府乡试之时,拜访京城安徽籍官员,得到安徽籍官员的赏识和器重。同时,李鸿章与同科参加考试的知识分子联系紧密。这些知识分子不少才华出众,成为日后清朝干臣。李鸿章

积极联络沟通，与这些同科进士们保持紧密而特殊的联系。李鸿章不仅与当下朝廷官员以及未来朝廷官员相处甚好，而且与江南乡绅关系不错，得到江南乡绅的支持。这为其日后率淮军在江南抗击太平军、连战连捷埋下伏笔。

李鸿章为人处世融通，朋友众多，志向远大。赴京之际，李鸿章写下《入都》组诗十首，借诗抒怀，言明志向。最为著名的是第一首"丈夫只手把吴钩，意气高于百尺楼。一万年来谁著史，三千里外欲封侯。定将捷足随途骥，那有闲情逐水鸥。笑指泸沟桥畔月，几人从此到瀛洲？"李鸿章此诗表达了自己的远大志向，建功立业，朝堂高中，青史留名。大有天下公爵舍我其谁。李鸿章此行赴京为自己立下了为国效力的明确目标"即今馆阁需才日，是我文章报国年"。传统士大夫为国尽忠、光宗耀祖的思想在李鸿章身上体现得淋漓尽致。

（二）组建淮军，枪炮革新

李鸿章充分利用在当地的熟人关系，以及团练的帮助，迅速组建起淮军。淮军效仿湘军编制，实行营制，营官以上即为统领，每个统领辖军少则数营，多则十数营以至数十营不等，没有统一规定，全视该统领地位、实力而定。营一般都是由统领亲自募集训练。与统领本人有着密不可分的关系。不是统领或者由统领指定的亲信，所辖部队往往拒绝服从命令。淮军最早的部队为树（张树声）、铭（刘铭传）、鼎（潘鼎新）、庆（吴长庆）四营，和统领长官关系密切。这种裙带式的关系是淮军的重要特点。

李鸿章率淮军抵达上海不到一年，遂改变淮军旧制，学习西方军队组织方式。但这次学习更多还是购买洋枪洋炮，并没有改变军队已有编制，从而对军队作战方式和指挥方式影响不大，这也间接导致了甲午战败。淮军编制容易造成"山头主义"，各营各自为战，协同作战不够。李鸿章亲领淮军时，各营将领对其俯首听从，相互协作，共同迎敌。但后来李鸿章位居中央统领全局事务，不再具体负责淮军时，淮军各部相互倾轧，互不听从。

甲午战争时，淮军统领直隶提督叶志超奉旨总领朝鲜前敌诸军。他清楚其他各军不会听自己的，于是再三请求让李鸿章的儿子李经方接替自己。李鸿章最终没有同意他的请求，结果在平壤之战中，诸将皆不遵从叶志超调度。平壤清军总共有35营之多，但叶志超能指挥的只有本部6营而已。接替叶志超统帅诸军的宋庆也遇到了同样的问题,甚至更加严重,因为他属湘军,淮军诸将自然更加不服调遣。最终平壤溃败。中国军队的近代化不彻底。

(三)洞察危机、洋务变革、兴办新学

李鸿章作为晚清重臣,多次得慈禧太后赏识,被授予全权大臣,统筹负责内政外交事务,对晚清局势认识比一般人更为深刻,甚至高过曾国藩。平定太平天国运动之后,曾国藩力主裁撤湘军。曾国藩担心功高盖主,从而重蹈他人覆辙。李鸿章不愿裁撤淮军,认为虽然目前清朝内患刚刚平息,但未来真正的敌人是西方列强。李鸿章因此主张保留淮军,不单单平定内乱,更在于长远抵御外侵。对清朝整个大局的认识上,李鸿章明显比曾国藩看得更远、更全面。这可能得益于李鸿章在沪御敌期间,亲身了解了西方的船坚炮利,对西方的战略意图更为知晓。

李鸿章不仅认识到晚清未来最大的敌人是西方列强,而且对晚清自身弊端也有一定的认识。李鸿章认为相对于西方列强,清朝国穷民弱,经济不振,因此在内政上,李鸿章主张先富后强,开办实业,开展洋务运动,外交上修睦列强,主张通过外交手段周旋谈判,为洋务运动深入开展下去赢得和平时间。所以李鸿章反对中法开战。八国联军侵华时,慈禧数次电令身处广州的李鸿章北上勤王,李鸿章多次以各种理由拖延。个中原因在于李鸿章认为敌强我弱,目前朝廷上下最为要紧的变法自强,实业兴国,不要与西方列强发生正面冲突。

李鸿章领导的洋务运动开启中国近代化,开创中国近代军事工业,设立三大军事企业——江南制造局、金陵机械局、天津机械局。李鸿章认为不能仅仅依靠购买洋枪洋炮,必须自己有生产枪炮的能力,大力兴办军事工业,这些设立的军事企业成为日后中国极为重要的军工企业。兴办新式军事学校,1880年创办天津水师学堂,即中国近代海军学院,培养炮艇、快船和铁甲舰所需的技术人才。此后,李鸿章在天津、威海卫等地还办了船政学堂、水师学堂、武备学堂、鱼雷学堂等一批新式军校。中国近代一些有名的人物——段祺瑞、徐世昌、冯国璋、黎元洪等,都出自这些学堂。

李鸿章开创中国近代军事工业,也大力发展实业。李鸿章督办创立了中国第一家民营轮船公司"轮船招商局",也是中国近代最大的民营企业。19世纪七八十年代,李鸿章先后创办了河北磁州煤铁矿、江西兴国煤矿、湖北广济煤矿、开平矿务局、上海机器织布局、山东峄县煤矿、天津电报总局、唐胥铁路、上海电报总局、津沽铁路、

漠河金矿、热河四道沟铜矿、三山铅银矿、上海华盛纺织总厂等一系列民营企业，这些企业涉及铁路、煤炭、纺织、电报、矿业等多个领域，启动了中国向机器工业化迈进的步伐，推动了中国近代化发展。

不仅仅在器物层面的革新，李鸿章在教育方面也有创新，积极促成海外留学。李鸿章兴办洋务之时，就充分体会到人才的重要性。当时朝内顽固派坚决反对，李鸿章多次奏请朝廷恩准留学，并在外交、经费、师生管理上做了细致筹划。1872年第一批30名幼童被送往美国，随后三年又有三批被送到美国，到1875年共达到120人。1877年李鸿章和沈葆桢联名上奏，要求把船政学堂30名优秀的学生送到欧洲深造，得到了朝廷的批准，包括严复在内的六名学员进入了格林威治皇家海军学院。为促使留学教育事业的进一步发展，李鸿章屡次上奏朝廷要求给予师生官阶顶戴。可以说，正是在李鸿章的鼎力支持下，中国才开始海外留学，真正有更多国人去了解世界。

不仅派人留学学习西方技艺，李鸿章1863年创立"上海同文馆"，1867年改为"上海广方言馆"，教授西学，培养翻译人才。广方言馆前后历时42年，总共培养了14期560名学生。毕业学生一部分被选送到京师同文馆深造，另一部分则进入各种新式机构工作。广方言馆培养的学生中9人担任公使，2人升任外交总长，2人代理过国务总理。李鸿章还在江南制造局招收工业学徒，培养生产技术人才。李鸿章开办的新式教育，注重培养实用人才，这契合当时如火如荼的洋务运动，虽不免有个人私利考虑，但确实培养了一批精通西学之才。唯一可惜的是，李鸿章只注重学习西方技艺，甚少关注西方制度文明。认为大清王朝依然值得倾尽毕生心血捍卫。

五、总　　结

古代文官是封建社会官僚阶层的重要组成部分，就自我领导来说，大多勤奋好学，饱读经书，特别是儒家经典；道德品行要求较高，自律廉洁；目标明确，志向远大。团队领导方面，古代文官非常重视人才建设，包括察人、用人、升人等多方面。古代文官讲究多方观察，全面察人。在人才选拔方面，主要依据两个标准——德和能。多数以德为先，根据官员实干才能提拔。社会领导方面，不少古代文官建章立制，创新实践，引领社会变革，甚至建构了国家政治文化。

古代文官治国理政大多亲力亲为，鞠躬尽瘁，不为个人私利名誉所左右，身体管理较差，大多早逝。处理团队内部关系和团队外部关系上，古代文官沟通激励能力不足，容易为自己制造敌人，在团队内部官员任命上，容易受裙带关系影响，在团队外部关系上，容易打击异己，激化矛盾。古代文官虽变革创新，开制度先河，奈何皇权桎梏，深陷封建窠臼。

（一）中国古代文官始终坚持和秉承儒家思想

儒家思想是中国古代文官的深层核心信仰，深刻影响古代文官的领导方式和领导过程。儒家思想影响中国古代文官首先就表现在科举制上。古代科举考试的主要内容不是实用性的专业知识和行政管理技能，而以儒家经典为考试内容。儒家思想通过科举考试将自己的价值观念灌输给古代官僚。科举制度以儒家思想为标准来选拔文官，官员考核制度同样以儒家思想来考核官员的品行和才能。品行的核心就是儒家反复强调的核心价值。

儒家思想对古代文官的深刻影响塑造了文官的领导方式。文官以儒家思想为行为标准，将儒家的道德要求作为标准时刻要求自己，反省自己。这种强烈的道德自律使得古代文官在领导方式上更为强调上行下效。文官不仅要求君王能依循仁义之法，自己也时刻以儒家礼法要求自己。自己在道德品行的良好表现来赢得下属的尊重和政策的落实。对儒家提倡的道德品行的关注使得中国古代的领导人治盛行。依靠君主和各级官吏个人的品格、能力、在民众中的威信、以身作则的影响来治理国家，管理人民，不重视法制建设，从而把国家、民族的兴亡和个人的命运寄托在明君贤臣等领导者个人或少数人身上。所以古代文官担任领导职务时，都一再强调要选贤任能，将统治的希望寄托在明君贤臣上。

儒家思想影响古代文官的领导思想。古代文官注重休养生息，以民为本。古代文官认识到"水能载舟，亦能覆舟"，对人民群众力量的朴素认识使得他们对百姓疾苦非常关心，希望维持好皇家统治和普遍百姓之间的平衡。在赋税徭役方面，不主张征收重税。这种思想在一定程度上缓解了君王和百姓之间的矛盾。

（二）中国古代文官勤勉有余，情商不足

古代文官大多自信、谦虚、诚实、顽强、果断。但缺少幽默感，处理人际关系相对较差。情绪上容易走极端，被提拔后妄自尊大，不容易听进其他意见，被罢黜后，

甚少涉及政事，多著书立说，游历讲学，传播思想。这和儒家"穷则独善其身，达则兼济天下"的处世哲学不无关系。古代文官普遍强调自省，甚少重视交流和沟通，不善于与人沟通，再加上权力角逐，政见的不同很容易演变为权力上的争斗。

多数文官都意志坚定，勇气可嘉，但缺少变通，弹性和适应性不够。古代文官在领导过程中，情绪控制能力较差，特别是在人际关系管理上。文官励精图治，发奋变革，但没有处理好与非改革派的关系，致使朝堂之上的政策争议演变为政治权力斗争。历代王朝演绎的宫廷权斗充分表明了文官在关系管理上的孱弱。以王安石为例，当时朝堂上下主张改革者占主流，大家争议的只是改革的内容和方式。但王安石为推进改革，大肆打击异己，客观上为改革制造了更多的反对派。尽管古代文官有胸怀天下苍生的抱负，志在开创万世的伟业，但在具体执行落实过程中，缺乏弹性，以及关系管理上的欠缺导致宏图伟业要么只是一纸空文，要么中途夭折，或者最终以失败而终。

（三）中国古代文官强烈的成就抱负

古代文官以事业为导向，大多带有强烈的成就动机，希望能"为天地立心，为生民立命，为往圣继绝学，为万世开太平"。古代文官始终以天下为己任，忧天下之苍生，这种强烈的道德责任感驱使文官努力工作。当然，也不排除部分文官带有强烈的权力动机。

古代文官强烈的事业心使得文官对公务尽心尽力，不遗余力。这种"鞠躬尽瘁，死而后已"的心态表明古代文官不仅重视自己的功业，更重视后世对自己的评价。古代文官只要认准了自己的事业，必然终其一生，矢志不渝。对事业成就的强烈追求，使得他们宁愿牺牲个人或家庭，也要服务于自己所追求的事业。当然，由于历史的局限性，他们所追求的事业主要危害王朝统治。

（四）中国古代文官领导风格多偏向"吩咐式"

古代文官的领导风格多为"吩咐式"。"吩咐式"领导风格始终以任务和目标为中心，领导工作围绕的中心就是完成既定的任务。古代文官深受儒家"修身齐家治国平天下"思想的影响，通过科举考试进入士官阶层，就是要建功立业，报效朝廷。这种强烈的道德责任感使得古代文官一旦走上仕途，多数立志成就一番伟业，为社稷立业，为百姓安居。纵览历史长河中的古代文官，这种强烈的历史使命感促使他们始终以工作任务为导向，再加上严格封建等级制度，使得这些文官们的宏图伟业能够通过直接命令得以落实和执行。封建中央集权制度使得古代文官无须多关注与下属和追随者的沟通协商，自下而上的命令就可以保证任务的执行。

（作者：花勇）

第九章　武将与领导力

国学中的领导力

"夫将材有九：道之以德，齐之以礼，而知其饥寒，察其劳苦，此之谓仁将；事无苟免，不为利挠，有死之荣，无生之辱，此之谓义将；贵而不骄，胜而不恃，贤而能下，刚而能忍，此之谓礼将；奇变莫测，动应多端，转祸为福，临危制胜，此之谓智将；进有厚赏，退有严刑，赏不逾时，刑不择贵，此之谓信将；足轻戎马，气盖千夫，善固疆场，长于剑戟，此之谓步将；登高履险，驰射如飞，进则先行，退则后殿，此之谓骑将；气凌三军，志轻强虏，怯于小战，勇于大敌，此之谓猛将；见贤若不及，从谏如顺流，宽而能刚，勇而多计，此之谓大将"。

这段话出自《将苑》，这是一本专门讨论"怎么样做好将领"的书，据说是由诸葛亮所著。但是后人——比如纪晓岚——经过考证认为，这本书其实是本伪书，是别人假托诸葛亮的名义写的。从今天的角度来看，即使这是本伪书，但其内容仍有可观之处。譬如前文这段论述，就颇有道理。它的中心思想其实就是论述如何培养一个将领的领导力。按照这段话来理解，只要做到仁、义、礼、智、信，能步战、精骑射、善勇猛，一个将领的领导力就不会差到哪里。

一、武将的领导力：学好政治学

那么，什么是将领的领导力？简单说来，就是武将能够利用各种资源，带领部下实现目标。对武将来说，最重要的目标当然就是打仗赢得胜利。但是，在打仗之前，还要确定这仗是不是该打？孙子说："兵者，国之大事也。死生之地，存亡之道，不可不察也。"而且，在政军分开的情况下，只有将领才能知道国家是否具备了打赢战争的能力。

一旦确定可以打仗，那么问题就是该如何赢得这场战争。在这时候，《将苑》提到的八项素质的重要性就体现出来了。这八项素质涉及领导力的三个方面：一是目标，也就是将领的战术素养和对战场情势的把握；二是团队，就是将领影响部下的能力；三是领袖，就是将领的个体素质。

根据战争形式的发展和战场情势的变化，这三项要素对战争胜利的贡献各不相同。譬如说，虽然演义小说中的武将单挑多是经过艺术夸张的，但单挑并不是完全不存在。五代时期，晋王李克用手下大将周德威就是一个单挑好手。根据《五代史》的记载："德威遇于龙头岗。初，廷珪谓左右曰：'今日擒周阳五。'既临阵，见德威，廷珪单骑持枪躬追德威，垂及，德威侧身避之，廷珪少退，德威奋楇南坠其马，生获廷珪，贼党大败，斩首三千级，获大将李山海等五十二人。"显然，武将的单兵素质在这种时候作用最大。

不过，在大规模作战过程中，武将单兵素质的作用就会大为降低。一般说来，武将只需要在后方运筹帷幄，然后大喊一声"给我上"就行。因此，在这种时候，武将的战术素养、战场观察以及团队领导将会发挥更大的作用。当然，根据战场情势的不同，这三项因素的作用也会有所不同。譬如，遭遇战考验更多的是将领对部队的平时训练和临时指挥；而歼灭战则更注重将领的战略安排和调整能力。

最后，构成武将领导力还有一项通常被人忽视的素质，那就是政治洞察力。虽然像曹操、赵匡胤这样集军事权力和政治权力于一身的武将，可能不会遭遇这样的问题。但是大多数的武将却必须依靠政治能力，来获取足够多的资源，比如说钱、人，或者是政治支持，来打赢战争，并为下一场战争做好准备。所以，武将不仅需要学会兵法，还要学好政治学。

正是从这个角度出发，本章选取了戚继光和岳飞这两个武将。从纯军事领导能力来看，两个人都是十分出色的武将，不仅个人有着出色的单兵素质和战术素养，并且还都训练了一支战功卓著的、以其姓氏命名的军队。要知道，尽管人们如今能够随意看得到朱氏企业、王氏集团之类的招牌，但要寻找一支以某人姓氏命名的军队，从古至今，恐怕也不会超过十支。而且，这两位将军在他们的主要业务领域，即反抗外敌势力方面，都取得了巨大的成果，两人因此获得了"民族英雄"的最高奖章。尽管从今天的角度来看，岳飞的这个奖章存在争议，但这并不妨碍他崇高的历史地位。

然而，戚继光的愿望——"封侯非我意，但愿海波平"大致实现了，并且还顺带教训了一下蒙古人，巩固了北疆防御；而岳飞的愿望——"直抵黄龙府，与诸君痛饮尔"则终究是失败了，他本人也因"莫须有"的罪名而遇害。两个人的结局之所以存在如此巨大的不同，并不是因为两人在军事素质上存在多大差距，关键还是在于政治素养上的差别。换句话说，有没有学好政治学，决定了一个将领究竟能够达到什么高度。

二、戚继光：世界并不完美

戚继光，明朝著名的抗倭英雄，根据统计，在戚继光指挥抗倭作战的那几年，80%左右的倭寇都会面临"玉碎"的结局。戚继光的单兵作战能力相当出色，如果放在游戏中，他的武力值起码能达到90。不少大臣在推荐他时都夸他"壮志而骑射优长"，"勇略独冠群英"，"才猷出众、骑射兼人"。在著名的龙山战役中，戚继光曾经拈弓搭箭，连射三个倭寇小头目，从而成功扭转了战局。

从出身来看，戚继光实际上是个官二代，但由于父亲比较清廉，因此家境并不殷实。在这种情况下，戚继光从小就知道"好好学习、天天向上"的道理。十五岁时，他就以深通经学而在家乡小有名气。即便是在戎马倥偬的岁月里，他也没有放弃过读书。在巡边蓟门时，无论走到哪里，戚继光都会带着一本《孙子兵法》，日夜专研。当他最终离职时，"家无余田，惟集书数千卷而已"。

当然，戚继光最令人印象深刻的还是他的练兵能力。尽管龙山战役胜利了，但问题是，明军只是把倭寇赶跑了，而并没有全部歼灭。龙山战役使戚继光展现了出色的单兵能力，却也使他意识到了重练新军的重要性。

不过，在提交了练军方案之后，当时的直浙总督胡宗宪却回了一句："浙江人要是能训练出来，我早就去练了，还用等你来？"但是，戚继光并没有因此而放弃，最后还是练出了戚家军。幸运的戚继光，机缘巧合地发现了民风剽悍的义乌乡勇——当时的义乌还没有搞小商品市场，但却因为争夺矿产而发生了械斗。这场械斗恰好被戚继光遇到，由此他敏锐地发现了优质的"义乌兵"。经过征召，他组建起了一支初具战斗力的部队，获得了练兵的基础。

那么，戚继光是如何练兵的呢？通常说来，在练新兵之前，戚继光会先来一番思想教育，大致意思就是"今天多流一滴汗，明天少流一点血"。接下来则是队伍行进转向、号令训练，就和今天的军训差不多。只是戚大将军能够名正言顺地对你体罚，而且不会让你去医务室。随后就是武艺练习，它的方式很简单，就是在跟教官学习一番之后进行对打。经过这样的魔鬼训练，浙江人终于还是练出来了，这就是戚家军。

养兵千日，用兵一时。嘉靖四十年四月，考验戚家军的时候终于到了。两万多名倭寇大举进犯浙江。在得知敌情后，戚继光率领戚家军前往宁海迎敌。刚上岸的倭寇们见到明军，以为他们还是会像以前那样一触即溃。然而，这次他们看到的却是明军分成了一个个由 12 人组成的神秘队列——这就是传说中的鸳鸯阵。

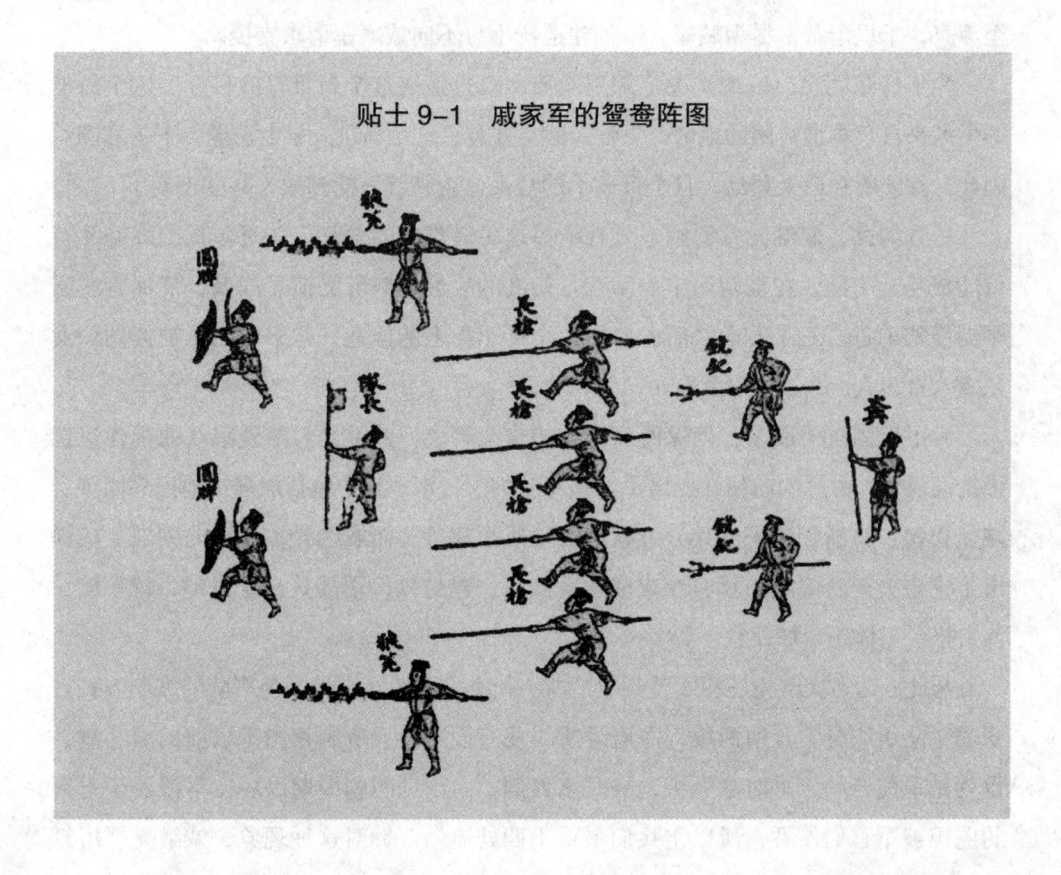

贴士 9-1 戚家军的鸳鸯阵图

作为中国古代最著名的阵列之一，鸳鸯阵既可攻，又可守。既可长距离攻击，也可短距离进攻。在阵中，两名盾牌兵负责防守，兼投标枪以进行远距离攻击。此外，负责远距离攻击的还有两名狼筅兵和四名长矛兵。两名短刀手则负责近距离攻击和防守。最后还有一位来负责指挥。

根据地形和作战的需要，鸳鸯阵还可以进行多番变化。它可以按照左右或是左中右分成两阵或是三阵。两阵又称"两才阵"，左右盾牌手分随左右狼筅手、长枪手和短刀手，护卫其进攻；三阵可称"三才阵"，狼筅手、长枪手和短刀手居中。盾牌手在左右两侧护卫。

借助鸳鸯阵的威力，戚家军获得了台州大捷。戚继光也开始功成名就，从此被人称为抗倭名将。失业的倭寇只好另择他处。浙江肯定是没法去了，他们选择了临近的福建。从嘉靖四十年起，倭寇们转而大举进攻福建。"北自福建福宁沿海，南至漳泉，千里萧条，尽为贼窟。"福建巡抚不得不向戚家军请求支援。

为了清除匪患，戚继光决定杀鸡儆猴，攻打横屿这个最难打的目标。这个岛上的倭寇来自日本最贫困的地区，秉性凶残。并且，这个岛每天早上退潮，下午涨潮。因此，除非能在白天登岛，且全歼岛上的敌人，否则就只能和敌人共度夜晚了。

尽管如此，戚继光意识到，只有啃掉这块最难啃的骨头，杀鸡儆猴的战略才有可能成功。为此，在嘉靖四十一年八月初九的凌晨，戚继光擂着战鼓，催促着戚家军向横屿前进。三个时辰之后，戚家军全歼了岛上的倭寇，并解救出了被掳的妇女儿童八百多人，而戚家军仅有十三人伤亡。

为了巩固抗倭成果，确保倭患问题的永久解决，戚继光与酷爱唱戏的福建巡抚谭纶商议后，由谭纶向朝廷提出了加强海防的十二事，其中包括加强当地民兵团练、减免租税、将浙江调来的兵分春秋两班轮戍福建等。而戚继光本人又向朝廷上疏提出了十条措施："定庙算、专责成、设监军、置将领、用部兵、复舟师、议军储、议赏格、正体统、加便宜。"

与此同时，戚继光还切实整顿了卫所。什么是卫所？它是明朝军队的编制方式。明朝军队组织分卫、所两级，一府设所，几府设卫。卫所制相当于以前的府兵制，也就是军民合一，平时拿锄头，战时拿刀剑。由于到明朝中期以后，本该属于士兵的屯田被军官们侵吞，所以士兵们不得不四处流散。针对这种现象，戚继光严厉打击圈地军官，召回外逃的士兵，保证了卫所兵力的充足。

此外，他还制定了墩侯报警制度。这个制度规定每墩配备五人，常年驻守。每墩都会派人到海边进行巡哨，一旦遇到敌情，就会迅速报告给墩上。墩上再通过点燃报警用的草屋来提醒其他墩上，直到指挥所知道敌情，并做好准备。

最后，戚继光明确了各级部门的职能。水军按照不同的水域各司其职，卫所军则负责守护城池，戚家军将会相机而动。通过制度建设，戚继光确保了抗倭事业不会仅仅依靠戚家军一支军队，且胜利不会仅限于这场战争，它还将延续至下场战争。自此之后，倭寇"始知泛华不利状，于是乎倭寇不敢复窥八闽矣"。

而要做到这些，光是靠武将的个人素质、练兵能力和战术素养是无法实现的。

他还需要良好的政治能力来获得政治支持。他深知，要想在文官占据主导地位的政治制度中游刃有余，并且实现"海波平"的愿望，唯一的方法就是赢得文官集团首脑的支持。

自从朱元璋打下了大明江山，明朝就一直具有重文轻武的倾向。到了嘉靖年间，武将的社会地位已经下降到了历史的最低点。其中的一个表现就是将领要在各自防区内接受地方官的指挥，而这也是为什么像戚继光、俞大猷等人总是愿意亲自上阵杀敌的原因之一，因为要坐在指挥营里，听一个根本没有业务能力的上司瞎指挥，还不如出去带领部下和敌人厮杀一番。

幸亏得到了谭纶、张居正的大力支持，戚继光才能在抗倭期间总揽防区部队的指挥调度权。后来，张居正为了赋予他在防区统筹全局的权力，还特意设立了"总理蓟州军务"这个职务。只是这一计划多遭非议，最终无奈作罢。为此，张居正又换了另外一种办法，就是把蓟州境内的其他高级将领调往别的地方，吩咐辖区内的文官不得干预，而且还规定戚继光在练兵期间可以不受监察官的批评。

戚继光的政治洞察力还体现为对政治形势的整体把握。他和俞大猷都曾发现：倭寇虽然是从海上来的，但他们的水战技术反而低劣。因此，如果能够建立一支庞大的水师，并配备强大的火炮，在海上就开始对倭寇进行攻击，那么击退倭寇的成功几率就会大增。然而，问题在于，庞大的水师加上先进的装备，将会带来巨大的后勤保障问题。对此，黄仁宇曾经解释道：这样一支庞大、先进的军队"如果成为事实，有关各省的财政就要从原来小单位之间的收支而被集中管理。与之相应，这些后勤机构的人员必须增加，而且必须一扫苟且拖沓的办事作风，保证规格和数字的准确，才能取得预期的行政效率以与现代化的军事技术相配合。而且和他们往来的各个机构，也必须同样地注重实际"。这不仅是落后的社会组织所无法承受的负担，并且一旦成功，将只会引起文官集团的恐惧。

贴士 9-2 俞大猷：戚继光比我强？

与戚继光并称为"俞龙戚虎"的俞大猷，同为抗倭名将。他也能文善武，练兵能力出色。无论从单兵素质来看，还是就团队领导来说，俞大猷都并不比戚继光差。而且，就总体来说，他参加的战役比戚继光更多，杀伤的倭寇也更多，尽管失败的次数同样更多。

然而，无论在当时，还是后世，他的名望始终不如戚继光。这在很大程度上是因为俞大猷为人正派，不会讨好上司。没有"靠山"的结果就是有功未必得赏，有过必会严惩。"重戚轻俞"的现象也自然在所难免。

相比之下，戚继光的方案就脚踏实地得多。除了扩充兵源、重练新军外，他并未要求建立一支庞大的水师，或者争取多么先进的装备，更没有试图设立一个专门的后勤处。"他部队中的装备和武器，来源于各府县的分散供应。"因此，即使他建立了一支较为庞大的部队，但依然会受到文官集团的制约。再加上谭纶、张居正等人对戚继光的支持，使得戚继光没有像俞大猷那样赍恨以殁。

而且，正是因为这种支持，才赋予了戚继光充分发挥其军事才能的机会，确保其能够镇守东南，守护蓟北。百姓因此得以平安，国家也因此得以安定。尽管从道德的角度来看，戚继光这个人大有问题。但他实现了"海波平"，成为了一个好的、伟大的将领。

三、岳飞：水至清则无鱼

相较于戚继光，岳飞因为他的悲剧性结局而名声更大。但是，导致这种悲剧性结局的主要原因，恰恰是因为岳飞缺乏像戚继光那样的政治素养。而就军事素质来看，岳飞事实上一点都不比戚继光差，甚至可能比他还厉害。

同戚继光一样，岳飞也是一个文武全才。他的《满江红》可以说是不朽名篇，而《武穆遗书》更是引发了金庸笔下的武林的血雨腥风。尽管《武穆遗书》的真实性是令人质疑的，但在《宋史》的记载中，岳飞确实是"天资敏悟，强记书传，尤好《左氏春秋》及孙吴兵法……家贫，拾薪为烛，诵习达旦，不寐"。所以，岳飞能够写出一本出色的兵书是毫不奇怪的。

而且，根据金庸的描述，《武穆遗书》不仅是本兵书，并且还是本武功秘籍。这同样具有一定的合理性，因为岳飞本人我武艺就十分高强。还是依照《宋史》的记载，岳飞"少负气节，沉厚寡言……生有神力，未冠，能挽弓三百斤。学射于周同。同射三矢，皆中的，以示飞。飞引弓一发，破其筈；再发，又中。同大惊，以所爱良弓赠之。飞由是益自练习，尽得同术"。由此可见，岳飞的个人武力值同样十分出色。

当然，如果按照《说岳全传》的说法，岳飞的武艺可能比不了高宠、陆文龙等人，但是，毕竟这两些人是虚构的，而岳飞则是真实存在的。并且，由于出身寒微，岳飞只能依仗自己的武艺冲锋陷阵，因为只有这样才能获得赏识，得到提拔。岳飞二十岁从军，"以列校拔起，累立显功"，终于从普通士兵成长为统帅一方的将领。

同戚继光一样，岳飞也是练兵好手。从南宋建炎四年开始，岳飞独立成军，此后，他的岳家军就一直为人称颂。南宋的史官吕午曾专门为此赋诗："当年谁说岳家军，纪律森严孰与邻。师过家家皆按堵，功成处处可镌珉。威名千古更无敌，词论数行俱绝尘。拟取中原报明主，亦劳余刃到黄巾。"类似的史评不胜枚举，总之一句话，岳家军就是厉害。

就像吕午所说的，岳家军最令人印象深刻就是它的严明军纪。与戚家军练新军不同，岳家军练的则是旧军。它的成分非常复杂，里面既有八字军的队伍，也有招降的农民起义军，还有收编的地方武装力量。所以，岳家军的训练重点就不是练单兵素质，而是如何把他们捏合成一个整体。

为此，岳飞提出了他的"三大纪律、八项注意"版本，即"冻死不拆屋，饿死不打掳"。需要注意的是，当时放纵军队劫掠百姓，已经是一种常态。由于南宋初年国家财政比较拮据，所以士兵们经常会遭遇欠薪问题。人们听到抱怨最多的一句话就是："老子在前面冲锋陷阵，回到家里却连口饭都没得吃。"为了安抚士兵们的情绪，南宋军官通常会默许士兵进行抢劫。

为了保证他所设立的两大纪律不会被违犯，岳飞采取了相应的措施。一方面，他尽量争取政府支持，而政府因为岳家军劳苦功高，也确实给予了岳家军大量的援助，以至于在某种程度上给百姓带来了严重负担。根据《伪齐录》的记载，"岳飞一行军马饭食，并是江南筠、袁、处、虔、吉、洪六州应副，官军中缺粮，各于民间探借了税赋……民甚难之"。

另一方面，岳家军又开始扮演起大地主的角色。绍兴四年，岳飞在光复襄阳等六郡后，上奏朝廷建议："襄阳、随、郢地皆膏腴，民力不支，苟行营田之法，其利为厚。然即今将已七月,未能耕垦,来年入春,即可措画。"通过鼓励农民耕种营田,然后进行收租,岳家军的稻谷收成能够多达十八万石。这就相当于两个半月左右的军粮,而且,这还没有包括以货币形式收取的地租。

软的措施有了,硬的措施当然也不能缺。为此,岳飞积极严整岳家军的军纪。根据岳飞的孙子岳珂写的《鄂国金佗粹编》,有一次,岳家军的一名士兵在一个卖柴人那里买柴,卖柴人因为敬重岳家军,"爱其不扰",表示要给岳家军打个折,少收两文钱。不料,那个士兵不仅没有接受好意,反而怒了:"吾岂可以二钱易吾首领耶?"按照现在的话来说:"为了两文钱,我就得掉脑袋,不值当。"由此可见岳飞治军之严,而如此一来的结果就是百姓的支持。根据《三朝北盟会编》的记载:"飞治军严整,将士畏之,禁止军中骚扰,百姓室家安堵,尤得民情。"

除了争取资源、严格军纪外,岳飞还善于以身作则。与道德有瑕疵的戚继光不同,岳飞的道德品质堪称完美。事实上,岳飞也是个有钱人。在江州庐山,他曾先后购置了七宋顷八十八宋亩的田,十一宋顷九十六宋亩的地,以及五所水磨。另外,他还盖了草屋、瓦屋等四百九十八间。不过,不同于戚继光通过贪污受贿而"发家致富",岳飞的财富积累主要依靠的是:高工资。

宋朝自太祖"杯酒释兵权"之后,对武将向来是采取"薪资优厚、包吃包住"政策。官做得越大,工资就越高。再加上岳飞战功累累,朝廷自有其他"年终奖金",所以,按照岳飞的正常工资,京城中心地段的房子都买得起,更别说江州城的田地、房产了。事实上,南宋中兴四将中,除了岳飞的生活相对简朴之外,韩世忠、张俊和刘光世三人过的都是穷奢极欲的生活。只有岳飞,虽然"年终奖金"发了不少,但这些钱大部分都分给了将士。按照《金佗续编》的说法:"虽上赐累巨万,毫发不以为己私。"

不仅如此,岳飞对自己的家人也极为严格。他向来要求自己的儿子能够"自立勋劳",并且,他还主张对儿子要"小过严惩,大功不报"。岳飞的大儿子岳云骁勇善战,在《说岳全传》中的武力值还排在岳飞之上,可说是青出于蓝而胜于蓝。岳云在战斗中屡立战功,将士们给他起了个绰号,叫"赢官人",意思就是屡战屡胜的常胜将军。

南宋皇帝看到岳飞的儿子也这么厉害,自然要大加奖赏。为此,皇帝特别下旨要将岳云连升三级。岳云是靠他的真本事才得来的这一奖赏,可是,岳飞却说:"岳云还是个小屁孩子('尚存乳臭'),还没立什么功呢,不要急急忙忙地给他颁奖。

等到他什么时候建了大功，再来给他一个大大的奖赏吧。"对此，他的部下张浚说他："你这样做，廉洁是廉洁了，但对你儿子是不公平的。"而岳飞则回答道："父亲教育儿子，怎么可以让孩子有急功近利的思想呢？"而且，他还说："如果你不能正己，不对自己人严一点，还怎么率领部队？"

不过，岳飞虽然对儿子是像严冬一样严酷无情，但对手下士兵和部将却是如春天般的温暖。"卒有疾，亲为调药。诸将远戍，飞妻问劳其家，死事者，哭之而育其孤。有颁犒，均给军吏，秋毫无犯。"而这样做的结果，就是"士卒用命，而所至无扰"。

对待部将，岳飞还会在每次出战前召开民主研讨会。按照民主集中制原则，大家共同商量打仗方案，然后再统一采取行动。有一次，朝廷命令岳家军搬家。在大家"皆以为可"的情况下，岳飞的一位部下任士安却一句话也没说。本来这也没什么，决定也就决定了。可是岳飞不嫌麻烦，非得问一下任士安到底有什么意见，结果，任士安回答说："大将所以移镇江陵，若是时，某安敢不说。某为见移镇不是，所以不敢言。据某看，这里已自成规摹，已自好了。此地可以阻险而守，若往江陵，则失长江之利，非某之所敢知。"任世安的意见提醒了岳飞，使他意识到这一方案的弊端，并由此放弃了搬家的梦想，"留军鄂渚"。

正是依靠他的以身作则，以及对部下的爱护和尊重，岳飞才会使得他的部下接受他所制定的严格军纪。也正是因为如此，岳家军才能一次又一次地打赢仗。在他打过的那么多胜仗中，郾城之战是最令人印象深刻的。

郾城之战发生在南宋绍兴十年。当时金分兵两路，大举进攻中原，岳飞的死敌金兀术亲率精锐部队，向岳家军的指挥中心所在地郾城发动进攻。此时，驻扎在郾城城中的兵力不到2万，因为大部分的军队被派出去支援另一支部队了。面对这种危急情势，岳飞再次严格要求儿子，命令岳云出阵对敌。并且，他还威胁儿子说："必胜而后返，如不用命，吾先斩汝矣！"岳云也确实不辱使命，拼死挡住了金兀术的猛攻。

眼见不能取胜，金兀术也祭出了他的王牌部队：铁浮屠。按照当时担任通判的汪若海的描述，铁浮屠"又曰铁塔兵，被两重铁兜鍪，周匝皆缀长檐，其下乃有毡枕。三人为伍，以皮索相连"。铁浮屠的特点就是冲击力极强，步兵根本抵挡不住。再加上防护做得比较好，似乎是无懈可击。

但岳飞还是发现了它的弱点，那就是"露出了马腿"，换言之，虽然铁浮屠周身披甲，但马腿却没有防护。为了攻击这些没有防护的马腿，岳飞又专门找人挖了壕沟。一旦遇到那些难以跨越的壕沟，铁浮屠自然会勒马减缓速度，冲击力也会因此大大减弱。此时，埋伏在壕沟附近的岳家军抓住时机迅速出击，专砍马腿。只要砍倒一匹马，其他连着的马都会相继倒下。通常说来，铁浮屠那一身盔甲就有好几十斤，再加上马本身还有好几百斤，所以只要铁浮屠一倒，就能砸死大半金兵。岳家军再乘机"落井下石"一番，金兀术的王牌部队在郾城之战中几乎全军覆没。

金军不败的神话就这样被打破了。

岳飞趁热打铁，又连续打了几个胜仗。他想着这样就能直捣黄龙，收复江山，迎回二圣。可惜，天不遂人愿，宋高宗连发十二道金牌将其召回。退兵之前，岳飞仰天长叹："十年之功，废于一旦！所得诸郡，一朝全休。社稷江山，难以中兴！乾坤世界，无由再复！"

那么，岳飞为什么没有像戚继光一样成功？

是因为岳飞的个人素养不行吗？当然不是。如果单从道德上来讲，岳飞远比戚继光出色。那么，是他的军事素质不行吗？显然也不是。即使岳飞的军事能力不比戚继光更强，但至少也不会比他差。就这两个人来说，岳飞比戚继光差的只有一个地方，那就是政治素养。

戚继光深知，要想在一个以文官为主导的政治体制内办成事、办好事，必须赢得文官集团的支持。然而，岳飞却对宋朝的政治体制缺乏根本的认识。他没有意识到宋朝由文官主导的体制，并没有因为战乱频繁而发生改变。恰恰相反，正是在这个武将掌握着强大军事权力的情况下，朝廷对武将的怀疑和担忧也日益严重。

事实上，当时确实有大臣上书宋高宗："陛下在九重之中，又岂知诸将帅臣所统军马，曾无一言以念及陛下乎？且如泗州之兵，事无大小，则知有张俊；楚州一军，则知有韩世忠；襄阳一军，则知有岳飞……一旦缓急之际，人皆各为其主，谁复知有陛下乎？"换句话说，岳家军真的成了岳家的了。这样一来，军队的私有化倾向使得朝廷担心会不会出现第二出"黄袍加身、陈桥兵变"的戏码。

因此，有人建议："应诸路兵马，各置都督一员，使诸路帅臣副之。如淮西一路，愿陛下除吕颐浩为都督，张俊副之……如淮东一路，愿陛下除孟庾为都督，以韩世忠副之……如襄阳一路，愿秦桧为都督，以岳飞副之……"这是让高宗皇帝给武将们带上一副紧箍圈，从而防止武将专权。

而高宗皇帝也确实对几支部队心怀疑虑。有一次，他对大臣说道："上流地诚阔远，宁与减地分，不可添兵。今日诸将之兵，已患难於分合。末大必折，尾大不掉，古人所戒。今之事势虽未至此，然与其添与大将，不若别置数项军马，庶几缓急之际，易为分合也。"

无论是文官，还是皇帝，都开始担心势力越来越大的武将"尾大不掉"。

武将们当然也不乏精明之人。他们也知道朝廷对武将的担心，所以，很多人要么巴结掌权文官和皇帝，要么陷入骄奢淫逸的生活中，以此向朝廷表明：自己胸无大志，只想快快乐乐地生活。譬如，作为中兴四将之一的张俊很早就发现苗头不对，因此主动把军权交还朝廷，并且千方百计地巴结秦桧和宋高宗。

然而，岳飞却几乎完全没有意识到自己所处的危险情势。尽管当时的岳家军已经是南宋兵力最强大的一支部队，但他还是要求不断增兵。当高宗皇帝拒绝了曾经许诺过的对他北伐中原的支持，岳飞怒不可遏，直接就辞职不干了。本来，按照当时的规矩，臣子要想不干了，得先写辞职信，然后等皇帝同意了，他才能真正离职。岳飞倒是写了辞职信，可没等高宗同意，他就直接回家给亡母守孝去了。这种大逆不道的行为显然只会让高宗更增怀疑。而且，更为致命的是，岳飞一走，他的部下张宪也干脆带头称病不理军务，此举导致其他将领纷纷效仿。这不仅影响了岳家军的战斗力，而且使得朝廷发现，岳家军真的只是岳家的部队，而不再是朝廷的部队。

虽然岳飞最终还是回来了，并向皇帝道了歉，但高宗皇帝的回答却是："卿前日奏陈轻率，朕实不怒卿。若怒卿，则必有行遣，太祖所谓犯吾法者，惟有剑耳！所以复令卿典军，任卿以恢复之事者，可以知朕无怒卿之意也。"表面上，皇帝似乎是原谅了岳飞的"犯上"，但这段话的重点却是"若怒卿，则必有行遣，太祖所谓犯吾法者，惟有剑耳！"也就是说：这次我不怪你，但下次再犯的话，那就要刀剑伺候了。

除此，岳飞忘记了家国一体的道理。对岳飞来说，他的目的除了直捣黄龙府外，还有一个目标是"迎还二圣"，也就是在靖康之耻中被俘的宋徽宗赵佶和宋钦宗赵桓。迎回赵佶可能还不要紧，他还可以继续回来当他的太上皇，但是迎回赵桓就麻烦了，因为他被俘的时候还是当朝皇帝，那么赵桓一旦还朝，那么他究竟应不应该继续当皇帝呢？

显然，对现在的皇帝宋高宗赵构来说，"迎还二圣"是个吃力不讨好的事情。所以，虽然在登基之初，他也曾提出过要"迎还二圣"，但最终还是故意将这个口号淡化了。

因此，对当时的宋朝来说，"直捣黄龙"是可接受的，但"迎还二圣"显然不能成为国家目标。而岳飞却言必称"迎还二圣"，无疑是忘记了现在的当家人是谁。

因此，归根结底，由于缺乏基本的政治判断能力，岳飞无法为他的抗金大业获取政治支持，从而导致了岳家军抗金的最终失败。

贴士 9-2　愣头青韩世忠为什么能活？

韩世忠，与岳飞同为南宋"中兴四将"。他出身贫寒，从军后屡立战功，最终成为一方统帅。由其指挥的大仪镇大捷是南宋十三处战功之一，当时有人认为"此举为中兴武功第一"。

和岳飞一样，韩世忠力主抗金，反对"和议"。秦桧对他也恨之入骨。而且，他也没有什么政治洞察力，人际关系更是不行。但他之所以能够善终，主要是因为当年曾有"劝进"之功，且曾多次勤王救驾，因此深得宋高宗信任。再加上韩世忠晚年急流勇退，甘愿陪着梁红玉骑驴游西湖，终究使他免于秦桧毒手。

四、结　语

对武将来说，他们的领导力体现在如何获取资源，以带领部下赢得战争胜利。其中，政治支持是其中极为重要的一种资源。戚继光深知这一道理，即使这在某种程度上违背了他的道德底线，但相对于他的抗倭大业，个人名誉是可以牺牲的。但是岳飞却没有争取政治支持的政治智慧，相反，他还一步步摧毁了他原本拥有的支持。结果不仅次要目标没有达成，并且还导致了首要目标即抗金大业的失败。

事实上，无论是南宋，还是明朝，重文轻武的倾向一直存在。尽管因为时局的动荡、外敌的入侵，武将的地位可能会陡然上升，但文官占据主导地位的政治体制并未改变。而且，一旦一位武将统领一支军队的时间过长，便有可能出现军队私人化的现象，这是文官集团及最高统治者都无法接受的。然而，保持军队一定程度的组织化和独立性——意味着武将需要确保对部队的统帅卓有成效，即某种程度的"私人化"——又是打赢战争所必需的。所以，对武将来说，如何赢得文官集团以及最高统治者的信任就显得至关重要。因为唯有如此，他才能在统帅部队时具有一定的独立性，才有可能充分发挥自身的军事素养。而这也是我们为何会说：武将首先应该学好的一门课目其实是政治学。

（作者：朱剑）

第十章　商贾与领导力

第十章 商贾与领导力

商业文化就是想一个东西出来、做你想的那个东西、在互相交换大家做出来的东西中所产生的文化。若从这个定义出发看待商业文化，中国古代商业文化的产生可谓源远流长。古代中国以农立国，说白了就是大家种田，务实。东亚大陆老天赐予的自然条件和地理环境，孕育了中华民族以种田为主体的经济形态。农业经济起源于原始采集狩猎经济，经历了从"捡米吃"向"种米吃"发展的过程。伏羲处渔猎时代，有无商品交换，尚无记载。

> **贴士 10-1 伏羲人物简介**
>
> 职业：天帝
>
> 国籍：中国
>
> 老家：有争议，山东济宁或甘肃天水等地
>
> 成就：中华民族人文始祖之一

古书说，伏羲拿着两张加工过的鹿皮作为讨老婆的聘礼，这已经是文化创造了。但它只是说作为婚嫁的聘礼使用的，并没有说拿到市场去交换。因此，还不能断定它是商品文化。但这发展到神农时代就不一样了。后来伏羲死了，神农氏兴起了，教别人砍削树木做成犁头，曲转木材为犁柄，以便耕种和除草，创造许多耕作器具方便种田，使田里的粮食产量增加。随着农业的发展，存下了的没被用光吃光的东西就被拿去搞商品交换了。

> **贴士 10-2 神农氏时期的午市**
>
> 《易传》中有写，以中午作为集市的时间，招致民众，聚集货物，开个午市，相互交易后回家，各自获得所需要的物品，这大概取象于"噬（shì）嗑(hé)卦"，就是指当时的市场商品交换。噬嗑，即市场经纪管理者的吆喝声。"噬嗑"是《易经》六十四卦中的第二十一卦，是

147

> 上上卦。就是说，在父系氏族社会的神农氏时代，人们就认为在市场上交换商品，互通有无，是大吉大利的好事，有利于发展生产改善生活。

随着商业文化的创造、生产及商品经济发展，社会人员构成复杂化，就发生了社会分工，产生了士、农、工、商四个不同阶层，产生了商业文化的主体——商人。有人以为商人只知道追名逐利而已，他们眼里看的只是金钱，腹中装的也只是金钱。其实，这只是小商小贩的形象。《史记》中的富商大贾不但具有卓越的才识，而且具有非凡的经营管理手段。中国人经商的历史源远流长，其商业文化博大精深，在漫长的商业活动中逐渐培育出中国商人"秘而不宣"的领导才华。

> **贴士 10-3　神农氏时期的午市**
>
> 　　这种管理伦理的"人本"思想与儒家伦理的"仁者爱人"思想不谋而合。我们在进行商业管理的构建过程中，完全可以把"仁道"思想嫁接到现代领导思维中来。现代市场经济仍应提倡企业和企业家"仁者爱人"的人道主义伦理思想。现代商品经济、市场经济是人（买者和卖者）、财（货币）、物（商品）的运动，其中核心是人。应当尊重人、理解人，人是经济活动的核心，也就是儒家所说的"仁者爱人"。

一、范蠡：忠以为国，智以保身，商以致富

范蠡（公元前536—公元前448年），字少伯，后世称"陶朱公"，春秋末期楚国宛县人（今属河南南阳）。他不仅是我国古代著名的政治家和军事家，也是一位高山景行的富商巨贾。范蠡出身贫贱，但博学多才。因不满当时楚国政治黑暗而投奔越国，辅佐越王勾践，助勾践兴越灭吴，功成名就后隐退经商。之后，范蠡三次经商成巨富，又三散家财，乃中国儒商之鼻祖。

陶朱公有三个儿子，其次子在楚国犯了杀人罪，将要被处决。陶朱公想为他奔走打点下，于是就叫他的小儿子带着黄金千镒（每镒二十四两）准备出发去楚国救人了。陶朱公的大公子知道后，力争由他去，陶朱公开始不同意，后来在老大的坚持下也只好答应了，临行前交给老大一封信，说："到了就把信和钱交给一个叫庄生的人，然后一切就由他安排，绝对不可以说长问短。"大公子到了楚国找到庄生，却发现庄生家境原来寒伧不堪，不过他还是照父亲吩咐把信和钱都交给了庄生。庄生收下后吩咐大公子赶紧回家去，但大公子并没就此回家，而是留在楚国，并用他自己带来的私房钱找楚国的要人打点奔走。说回庄生，找空去求见楚王，告诉楚王，他发现最近的天象对楚国很不利。楚王忙问对策，庄生就说："要多做善事积德了。"楚王说："好的，寡人会依照先生的话去做的。"庄生走后，楚王就让人准备实行大赦。很快，老大就从楚国要人那收到了将要大赦的消息，想到弟弟是恰逢大赦而获救的，那千镒黄金实在送得有些冤枉，于是老大就去见庄生并提到将要大赦的事。庄生知道他是来要回钱的，就让老大把钱拿回了。庄生感觉受到了莫大的侮辱，于是就去面见楚王："臣之前说到王要行善积德来免灾，可是现在外面满街都是谣言说富豪陶朱公的儿子杀了人，在王的左右送了很多贿赂，所以王要大赦，并非是为老百姓，只是要赦免陶朱公的儿子罢了。"楚王听后大怒，于是马上叫人将陶朱公的次子正法，第二天才下令大赦。结果，大公子只好带着棺材回家了。谁知陶朱公却突然大笑起来："我早料到有这结果的了。老大不是不爱弟弟，只是因为他是跟着我一同惨淡经营白手起家的，知道钱得来不易，一定舍不得乱花。而老三一生下来就过得是锦衣玉食的富贵日子，素来是拿钱不当钱的，这样的作风，才救得了他的二哥。老大舍不得花钱，最后害死了弟弟，这个道理很浅显，不值得悲伤。我可是日盼夜盼着老二的棺材回家的啊！"

故事用悲剧结尾印证了陶朱公的睿智，结局虽然令人唏嘘，但细细品味，却能发现许多对领导力开发的有益启示。

（一）知人善用

《史记》中对陶朱公经商致富的经验总结之一就是"择人任时"，即选择对的人在合适的时机做合适的事。当然，对今天的管理者来说，要根据手下人才的特点来安排工作的例子俯拾即是，要说明这道理似乎无须去翻两千多年前古人的账。只是本故事中值得我们留意的是陶朱公"知人"的高明之处在于他把人的"性格"特点也列入分派工作的考虑范围。确实，许多工作上决定成败的关键往往是做这事的人的"性格"而不是他（她）的"才能"。论才能，自小娇生惯养的老三肯定比不上自小跟着老爸拼杀商场的老大，但故事中救人的任务虽重，操作却很简单——带着钱和信交给打点人，回家等消息；但对办事人的性格要求却很高——不会心痛钱（这放在今天社会也难找出几个啊）！这方面老三具有天生优势。今天的管理者，在安排任务时，您有把办事人的性格因素作为一项重要参考条件吗？虽然这道理可能很多管理者也懂，但知易行难。您能否对该任务适合哪些性格的人先做分析呢？更为关键的是，身处高节奏变化的社会，您对属下的职员的性格都能把握透了吗？譬如，要推销某个产品（或某种服务），你可能派个能说会道、给人精明能干印象的人去做。但有没考虑过，有时派一个外表木讷，但给人踏实诚恳印象的人去做可能更易博得客户的好感。

（二）要懂得"两害相衡取其轻"

也许很多人在最后陶朱公的一番分析中觉得老三的人才指数盖过了老大，老大应为害死二弟而终生悔咎。这就误读了故事。其实在整个事件中，陶朱公最在乎的人是老大，老大才是他心目中的接班人。后人在总结陶朱公的经营哲学时得出十六字真言——"随时逐利"、"择人任时"、"富好行德"、"老而听子"。其中"老而听子"指的就是到晚年他又把整个生意摊子交给了儿子，自己退休颐养天年。也就是说，陶朱公的晚年幸福可是早早地着落在老大肩上的了，总不成他会指望老三这个纨绔子弟吧？在开始陶朱公准备派三子去救人时是按着他"择人任时"的作风去做的，但后来不得以派老大去时，其实他已估计到了事情的结局。夫人的话提示了他要做抉择：要救出二子就要先牺牲大子，两害相衡取其轻，他是在丢车保帅啊！最后那番分析二子必死的话用现代心理学来解读其实是为了安抚老大，以防他会做出不智之举。那番话其实是在透露几个信息：第一，用人不对责任首先在我，要追究的话老爸负主要责任。第二，二弟的死不是你能力不足、办事不力，更不是你故意害死他，而是在于你的性格特点，甚至还是你性格中的优点——懂得珍惜财富绝对是商人的美德。第三，既然一切发展合乎情理，老大你也无须自责了。当初派你去就是尊重你对身为家中长子的使命感，现在你更应负起持家重责，收拾心情做好后面的工作了。我们在处理工作中的人事纠纷时通常会说:"对事不对人。"其实,从有利于企业发展这最终目的看,我们更应该"对人不对事"(或者准确点说"在乎人多于在乎事")。在一项工作任务失败、丢失一笔大买卖后,我们是急于"对事不对人"地找人负责任呢?还是想办法振奋士气、挽留人心?当工作上的失利无可挽回时,你在意的是一时利益的得失(有时是脸面的得失)还是人才这潜力无限的无形资产的得失呢?这是现代管理者值得深思的问题。

二、子贡:贫而无谄,富而无骄

子贡,复姓端木,名赐,孔子门下最得意的弟子之一,最能说会道的学生,最擅长交际的外向型人才,又是最务实、学问之外最会变通敛财的儒商。面对这个活跃分子,老师孔夫子很会讲话,不说他"杂",称端木赐像"瑚琏"——貌似不褒不贬,其实想说的是:你就是个杂货铺子。我们今天无意去说子贡这个人的全面成就,单以他的一领导力才能,来认识一下他。

(一)重内修外

子贡对于自己的想法非常得意,并且自信自己就是这样做的。有一次,他就自己的想法向孔子请教:"请问老师,贫而不谄,富而无骄,怎么样啊?"子曰:"可也!未若贫而乐道,富而好礼者也。""贫而不谄,富而无骄",所强调的是人的一种外在行为,是人对于别人的态度;而"贫而乐道,富而好礼",强调的则是人的内在修养。人的内在修养,是要靠不断学习而得到提升的。而如果缺乏内在的修养做基础,"贫而不谄,富而无骄",就有可能只是作秀、装样子。因为,它不是发自内心的一种自觉的行动,反而会成为非常痛苦的,甚至是虚假的东西。

听了老师的话,子贡豁然开朗,懂得了内在修养更加重要、更加根本,德行的修养是没有止境的,一个人对于修养,应该不断地追求进步。他说:"老师啊,《诗经》说的'如切如磋,如琢如磨',就是道德修养必须不断精雕细刻吧。"

(二)勤于学习

其实,作为一个成功的大富豪,子贡曾经是很自命不凡的,甚至刚开始的时候,并不把孔子的学问放在眼里，也不把孔子的学问当回事。他对孔子的敬仰经历了一个过程。东汉王充《论衡·讲瑞》说："事孔子一年，自谓过孔子；二年，自谓与孔子同；三年，自知不及孔子。"子贡跟着孔子学习不到一年的时候，自认为学问已经超过孔子。学到第二年的时候，虽然不再自以为超过孔子，但也觉着自己与孔子差不多。等到学到第三年的时候，子贡才真正认识到了自己比孔子差得远。越学习，越感受到了孔子思想的博大精深。他曾经对别人说："夫子之不可及也，犹天下不可阶而升也。"（《论语·子张》）孔子的水平是不可能达到的，就仿佛登天无路一样。子贡的变化，反映的是一个有知识又爱好学习的商人的进步。

经过多年的学习，子贡不仅在道德、学识、能力上都有了脱胎换骨的长进，很好地做到了富而不骄，富而好礼。而且，顶着孔门高徒的招牌，他在商业竞争中的软实力和无形资产，也是一般的土财主商人没有办法比的。子贡，这位史上最正宗的儒商，靠着他的良好修养，不仅在他的时代受到了人们的广泛尊重，而且，也被后来历朝历代的商人奉为楷模。

贴士 10-4　子贡：出身名门慷慨多金堪称钻石男

出身名门：卫国贵族之后，几世先祖都是士大夫，自己的外祖父还是卫国的大臣。父亲是个商人，家里很有钱。

慷慨多金：除了家里有钱，他自己也非常会赚钱，一生不断聚财，终至富可敌国。追随孔子后，不仅孔子一行都靠他资助，而且到后来各国国君都不敢以君臣之礼对待他，而是行宾主之礼。自己有钱还不忘别人，总是资助穷人、赎买奴隶、偷偷给同门兄弟送礼物救穷还不留名，基督山伯爵也没做到他这份儿上。

名校毕业：虽说孔子在当时不招人待见，但毕竟也名动一时且流传千古了，因此子贡怎么也算是名校毕业。而且他在孔子的三千弟子里排名靠前，被认为得了孔子真传，以至于当世后世很多人都曾经认为他"贤于孔子"。《论语》里有30多篇都跟他有关，《史记》里他占了一章里 1/3 的篇幅，在另一章里也有所体现。真是"功"、"利"，物质文明与精神文明双丰收了。

追求进步：就这样一个奇才兼奇财，却能几十年如一日地伴随在老师身边，不断追求进步，完善自己，总是用高标准严格要求自己，只有更好没有最好。出门给老师驾车，在家给老师打理外务，老师临死之前，他是守床多日送终的那个；老师死后，别人守孝3年，他守孝6年，还主持整理了老师的作品，建了老师的庙。这位钻石男是多么的低调啊。

唯一的缺憾是不知道子贡是否帅气，这一点史书里没有提及，只是说他很会穿衣服。

三、白圭：人弃我取，人取我与

白圭是我国战国初期大商人，出身于当时繁盛的商业城市洛阳。魏惠王时为魏相，以后曾仕于秦。他"乐观时变"，擅长经营致富，主要经营农产品和农村手工业品及其原料的大宗贸易，并以个体小农为交易对象，堪称为范蠡以后自由商人的杰出代表，被历朝历代的商人尊称为"祖师爷"。不仅仅是因为他生意做得成功，还因为他堪称我国先秦时期商业理论的集大成者。白圭的经营原则大致体现在以下几个方面。

（一）掌握市场情况

白圭提出，"夫岁熟取谷，予之丝漆，茧出取帛絮，予之食"（《史记·货殖列传》）。就是说，在丰收年或粮食大量上市季节，农民要把多余的粮食脱手，粮价下跌，白圭就适时收购进来，这就是"人弃我取"。到了歉年或青黄不接之际，农民亟需购粮维持生活，粮价上涨，白圭又适时供应粮食，这就是"人取我与"。歉年在粮价上涨时，往往手工业产品和原料落价，白圭就及时加以收购，这也是"人弃我取"。这种做法就是把某些尚未形成社会迫切需要，一时供过于求，价格下跌的商品，预先大量存购，等待社会急切需要并求过于供，价格上涨时再出售。用现代的语言来形容，就是避开长线产品，经营紧俏商品。

善于掌握时机、注意商情预测。白圭善于掌握时机，人们称他"趋时，若猛兽鸷鸟之发"。当机立断，及时掌握，绝不坐失良机。掌握时机从大的、长远方面说，就是掌握年份丰歉变化规律。所谓"乐观时变"就是这个意思。白圭根据古代岁星纪年和五行思想，认为农业收成和气候有关，天时有循环，丰歉也有循环，每十二年形成一个周期，从短期看是三年有一个较小的变动，他遵循这个规律进行交易，丰年贮粮歉年出售。在十多年的时间里，通常每年都增加一倍左右的利益。

讲求成本和效益。他的原则是薄利多销。"欲长钱，取下谷"，经营"下谷"之类的生活必需品，利润虽不高，但消费弹性小，成交量大，以多取胜，不高抬价格，也可获得大利。为了增加粮食货源，他主张"长石斗、取上种"。即选择优良品种，作为种子供应，以增加谷物的收获量。战国时农业生产技术大为提高，已知选择良种提高单产。白圭适应了这一形势，并运用于商业经营之中，这样既获得了利润又促进了农业生产。

（二）良好的经营作风

白圭自奉俭约，忍嗜节欲，与雇佣的伙计们同甘共苦，为当时一般商人所不及。他善于掌握时机，丰年收谷不抑价，收购价格即使比当时的市场价格高一点，相对于歉年价格也属于比较便宜的。这就是"时贱而买，虽贵已贱"，歉年售粮不抬价，销售价格即使比当时市场价格低一点，相对于丰年价格也是贵的了。这就叫作"时贵而卖，虽贱已贵"。由于他能在丰年谷价下跌时，予以购存而不抑价，可以缓解谷价过分跌的趋势，对从事生产的农民是有利的。而在荒年谷价上涨时，能予抛售而不居奇，也可缓解谷价的过分上涨，对包括小手业者在内的消费者都是有利的。从客观效果来看，他可以算作是诚贾良商。

（三）精明的管理之道

白圭经商速战速决，不误时机。他把经商的理论，概括为四个字：智、勇、仁、强。他说，经商发财致富，就要像伊尹、吕尚那样筹划谋略，像孙子、吴起那样用兵打仗，像商鞅推行法令那样决断。如果智能不能权变，勇不足以决断，仁不善于取舍，强不会守业，就无资格去谈论经商之术了。

一个企业领导者如果缺乏这些才干，在复杂多变的市场环境中，就无法胜任经商之事。白圭所说的"虽欲学吾术，终不告之矣"，就是这个道理。白圭的经营方法和经营思想，记载于《史记·货殖列传》之中。他从丰歉差价、季节差价中取得合理利润，这套做法与人弃我不取，而待更贱取之，人取我不与，而待更贵与之的投机商人的生意经相比，有着很大的区别。以他代表的经商之道颇成体系，其中如注意时机，预测市场行情，强调薄利多销，经营大路商品，供应优良种子，支持农业生产，讲求取与之道，不搞投机居奇，上下同甘共苦，不事挥霍浪费等，在发展市场经济的今天仍具有一定的借鉴意义。

贴士10-5 白圭"与用事童仆同苦乐"的情感管理

用事童仆即受雇于白圭的普通劳动者。白圭能放下架子与自己的雇员打成一片，"与用事童仆同苦乐"及时了解员工工作上的困难、生活上的疾苦，加强双方的情感交流，注意协调上下级关系，通过感情纽带和榜样力量来调动员工的积极性，齐心协力完成经营目标，最终达到"不治而治"的效果。日本松下公司的杯茶精神就是运用了情感管理的方式，白圭能在两千多年前就提出情感管理是令人震撼的。

四、乔致庸：一信、二义、三利

乔致庸（1818—1907年），字仲登，号晓池，山西祁县（今山西祁县）人，乔家第四位当家人，著名晋商，人称"亮财主"。乔致庸是清朝末年山西晋商的代表商人，在家族生意生死存亡的关键时刻，弃文从商接手生意。在他的不断努力下，生意日渐兴隆，至清末，乔氏家族已经在中国各地有票号、钱庄、当铺、粮店200多处，资产达到数千万两白银。在国弱民贫的清朝，晋商能够走向全国，实属不易。成功的企业家一定要具有思想家、哲学家的洞察力与思维能力。正如有句话说的：一种思想可以改变一个时代。同样，一种新的经营管理思想可以改变一个企业的命运。

（一）用人机制

因包头复字号（商号名字）长期经营不善，乔致庸对其进行了大刀阔斧的改革。人才是企业成败的关键，员工积极性是企业制胜的法宝。乔致庸在留住人才、提高员工积极性方面采取了两项重要举措。

1. 任人唯贤，大胆启用新人

乔致庸到包头后，发现从总号到分号都有不称职的掌柜，仗着年老资深，怠慢经营，假公济私，又毫无创意。他发现小伙计马荀，虽然年仅28岁，却为人正直，又有经商的敏捷思维，于是顶住业内不轻易更换老掌柜的习俗压力，大胆任命马荀为包头复字号大掌柜，把整个包头生意交于他负责。宣布任命的当天，乔东家亲自代表祖上给马荀行大礼，以示尊重和权力的授予。马荀不负众望，很快打下了蒙古草原市场，为乔家生意扩张做出了巨大贡献。

乔致庸的用人思想让人佩服，任人唯贤，用现在话说，就是不受学历与资历的限制，大胆任用人才，并且用人不疑，值得现代企业的领导者学习。

2．独立经营

给分店管理者更大空间晋商之所以能引领商业潮流，不能说不是源于其先进的经营理念。乔家和其他票号商铺早已采取了掌柜负责制，类似于现在的经理负责制。东家为出资人，相当于董事长，还有众多小额参股人，可以看作董事会成员。整个家族产业年底根据经营情况按股份发放红利。东家出钱雇佣掌柜为其管理不同店铺、商号，每年发给身股银（相当于年薪）。

乔家商号众多。仅在包头有十余家。设一总号（相当于地区总公司），下设众多分号（相当于分公司）。以前，总号大掌柜权力太大，限制了分号掌柜的积极性，并且助长了腐败的滋生。根据分号掌柜的提议，乔致庸规定给予分号更大的自由空间，只要保证每年向总号缴纳固定数量的供赋，可以独立经营，独立核算，多挣多得。这样一来，分号的掌柜与伙计的积极性被调动起来，有利于整个复字号的生意兴隆。在现代管理中，总公司与分公司之间，工厂与分厂之间，甚至大学与各学院之间，都可以酌情应用这个管理方法。由此可见，乔致庸管理思想具有先进性。

（二）员工保障

留住人才，不仅看工资水平，还要看员工保障做得怎么样。现代企业大多给员工上三险一金，给予其他福利待遇，都属于员工保障的范畴。员工生活得到保障，甚至看到自己的将来也得到保障，就能够安心工作，并且长久地在一个公司工作。良好的员工保障也是企业留住人才的一种方式。在保障方面，乔致庸主要采取了两方面措施。

1．伙计身股随工作年限而增加

既然身股随工作年限而逐年增加，伙计就愿意长久地待在一家商号里，这样就能为商号留住有经验的伙计。

众所周知，日本企业为鼓励员工长久地在一家公司工作，实行年功序列制。他们尊重老员工，工资待遇也体现出工作年限的区别。日本很多员工终身效力于一家企业。虽然市场经济人才可以随意流动，但是一个企业总是铁打的营盘流水的兵，也不利于企业发展，并且增加了企业培训成本。

2．老掌柜辞号后仍保留身股

一些老掌柜由于年事已高，不再适合担任掌柜的职位，但鉴于他们多年为乔家管理店铺，乔致庸也不亏待他们。老掌柜辞号（相当于退休）后的养老问题如果处理不当，会凉了其他员工的心。乔致庸规定凡干满30年以上的老掌柜辞号后仍可以保留身股，每年继续取得红利。这一政策给年纪大的员工解除了后顾之忧，也使年轻的员工能够安心工作。这一制度类似于现在的养老金制度，可见乔致庸高瞻远瞩的人性化管理理念。

（三）公共关系

1．与竞争者的关系

除了在商号内部笼络人心外，乔致庸在与同行相处时也有高瞻远瞩的战略眼光。他主张晋商之间应该公平竞争，互相扶持，有钱大家赚。这类似于我们现在提倡的"双赢"思想。他反对商家争霸盘（即挤垮对手，进而垄断行业）。在他打败对手后也没有以牙还牙，治对方于死地，而是在行业中树立相互扶持之风气。乔致庸认为恶意倾轧只会导致恶性循环，事实上打击了整个行业，最后每家都是败者。而互利互惠的同行关系对每个商家都有利，而且有利于形成良好的市场秩序。

如果我国的外贸企业能够这么想，就不会出现低价倾销、互相倾轧的情况。中国企业要想壮大，想要在外企抢滩的形势下立住脚，在海外市场打开局面，必须学习乔东家追求共赢的行业观念。

2. 与顾客的关系

乔家自乔贵发创业始，即留下一条祖训："义、信、利"，认为商人应该诚信经营，把利益放在最后。乔致庸严格遵循祖父的遗训，当他发现包头一家分号出售掺假胡麻油的情况后，立即公告全城，所有买到掺假胡麻油的顾客都可以来退货、退钱，并换取真货。这一举动虽然在当时给商号带来较大的损失，但结果是重新赢得了顾客对老字号的信赖，从长远看是对生意有利的。乔致庸还曾教导新入号的伙计说："你给乔家挣了钱，我不一定夸你，你给乔家店铺赢得了好声誉，我重重赏你！"有了这样的东家，这样的伙计，乔家店铺的招牌才能挂稳，才能拥有长久的生意。

现代的商家，如果想赢得长久的利益，一定要学习乔致庸的风范，诚信经营，视顾客为上帝。偷工减料，以次充好，也许能在短期获得收益，但作为想在市场上成长壮大的企业一定要珍视自己的名声。凡是国内外著名的大公司，没有一家不是诚信经营诚心待客的。

五、胡雪岩：天为先天之智，经商之本

（一）地为后天修为，靠诚信立身

中国人常说，君子之泽，五世而斩，又说穷不到百年，富不过三代。而胡雪岩而立之年发达，花甲之岁败亡，花开花谢三十年，不过弹指一挥间，其兴也勃，其亡也暴，历史在他身上开了一个天大的玩笑，他成功的经验和败亡的教训一样都是一笔宝贵的财富，都值得我们深思，都值得我们探讨。笔者认为胡雪岩之所以能够从一个钱庄的小学徒一跃而至晚清首富，在官在商，处处得意，事事顺手，主要原因如下：

（二）宅心仁厚，忠诚守信

胡雪岩是商人，但商而不奸，既富且仁，诚实守信，厚德载物。从他发家的第一桶金就能看出他为人的品行。当年杭州城下，一家小茶馆内，他初遇怀才不遇的王有龄，对王有龄的遭遇深感同情，果断相赠500两纹银，资助其进京打点。最后，王有龄谋官成功，分配到浙江湖州府，从此二人联袂合作，王有龄宦海披风斩浪，胡雪岩商场如鱼得水，双双由此发迹。胡雪岩当时一个月的工资只有二三两银子，这500两是他替老板要回了一笔根本收不回的坏账，才赠给王有龄的，而胡雪岩也因此丢掉了饭碗。胡雪岩当时出手相助，完全是出于道义，出于习惯性的助人为乐，而不是出于投资目的。胡雪岩败家之后，召集十二房姨太太，执手相看泪眼，挥泪散尽家财，让她们另谋出路，也是其忠厚仁义的体现。可见，天下之至诚必胜天下之至伪，天下之至愚必胜天下之至巧，胡雪岩赠银之举，看似愚蠢，实则高明，所谓富贵险中求，好人有好报，成为一代巨富正是源于一颗忠厚之心。大手笔成就大事业、大心胸决定大格局，胡雪岩怎能例外。

（三）看透人情，顺势而为

胡雪岩对中国几千年的人情冷暖、世态炎凉、民间万象、官场百态，都熟烂于胸，了如指掌。他做事的原则，损人利己的事不做，损人不利己的事不做；前半夜想想自己，后半夜想想别人；真诚合作，利益共享；不仅致力于个人致富，也热心于社会公益事业。所以，胡雪岩在委曲求全的同时，打出了自己的招牌，赢得了朋友的信任，获得了社会的认可，最终使自己的事业扶摇直上、一帆风顺。

（四）官商结合，公私兼顾

胡雪岩非常重视上层建筑对经济基础的重要意义，要做生意，先找靠山，他先是依靠王有龄，后又投奔左宗棠，长袖善舞，多财善贾，政界商界，他都能要风得风，要雨得雨。不过，胡雪岩只是利用政界的关系来减少从商过程中的障碍，他从不利用官场势力打击竞争对手，或者欺压弱小，更不做鱼肉百姓的事情。与之相反，他经常为公家筹粮筹饷、义务赈灾、修路架桥，在各处设育婴堂、慈善会，大灾之后，为乡里赠茶送药，种种善举，不一而足。他不像是个商人，而像个侠客，这大概正是他到如今还为人们所称道的原因吧。

（五）用人之长，不求完人

在胡雪岩身边，有许多能干的人都是别人眼中的"败家子"，但他们到了胡的手下，一个个都成了具有特殊用处的不可多得的人才，这正是胡雪岩"用人之长，容人之短，不求完人，但求能人"的用人观的最好体现。陈世龙原是混迹于赌场街头，吃喝玩赌无所不精的"混混"，然而胡雪岩却把他带在身边，胡雪岩看到了他的长处在于：一是这小伙子灵活，与人结交从不露怯，打得开场面；二是这小伙子不吃里扒外，不出卖朋友；三是这小伙子说话算数，有血性。由于胡雪岩从这个人称"乱渣"的小伙身上发现了这些优点，终于将他改造成了自己跑江湖、泡官场的得力助手。而另一个特殊的人才刘不才，本名刘三才，其祖上开药号积蓄了不少家产。然而，刘不才从小就是一个纨绔子弟，嗜赌如命。药号到了他的手上，不到一年工夫就经营不下去了，只好盘给人家，找回了三千两银子。而这三千两银子也在不到一年的时间里，被他花了个精光。刘不才只得以典当家具什物为生。后来无物可当，就只得四处告贷。最后告贷都没有门子，因而落了个"刘不才"的绰号。但胡雪岩却慧眼识才，看到了刘不才的另一面：第一，他赌得再狠，输得再惨，但手上的几张祖传秘方却坚决不当赌注押上，说明他心里还存有一些振兴家业的念头。第二，他吃喝嫖赌样样来，但绝不吸大烟，说明他还没有堕落到自贱自裁的地步。就凭别人不注意的这两条，胡雪岩看到了他还有可救之处。胡雪岩收服了他，克服他的毛病，用他会玩的"长处"，很快为自己做成了几件大事。

贴士10-6　胡雪岩：不愿抢同行饭碗

当时的军火生意包括洋枪和洋炮，但终其胡雪岩的一生，他都只做洋枪生意，没有做炮生意。胡雪岩认为，如果他买进西洋炮，由于西洋炮威力大，质量好，必然要顶掉浙江炮局制造的土炮，因而也势必侵害炮局的利益，引起炮局的妒忌。正是基于这种考虑，胡雪岩才决定只做

> 洋枪生意而不做洋炮生意，这样就能避免损害浙江跑局的利益，他们和浙江跑局尽管是同行了，但是由于没有利益的冲突，所以他们之间也就能和平相处。胡雪岩这样做看起来是缩小了自己的市场，但实际上，他这样做不会遭到同行的妒忌和反对，也没有竞争，从而为自己的生意营造出良好的经营空间，赢得了更大的利润。

六、吕不韦：慧眼识人，奇货可居

吕不韦本是阳翟（今河南禹州）商人。他性格坚定，目光独到，业务纯熟，早年往来各地，贱买贵卖，富甲一方。如此这般的活着本也不错，赚钱在任何时代都是快乐的。但他没有这样做。公元前257年，他以秦国的一位落魄公子为标的，经过一番运作，成功实现了经营目标，由此脱胎换骨，步入政界，当上了秦王朝的丞相，被封文信侯，食邑十万户，后又被尊为仲父。

（一）人有多大"胆"，"胆"有多大产

一个是利益使然。商人重利，官场利益非寻常可比，吕不韦当然心向往之。事实上，爬上高位也让他获得了超额利润，洛阳有十万户老百姓为他消费买单，家中有上万仆人为他服务。如果仅是个商人，哪怕是全球首富，你也摆不起这么大的谱儿。另一个是改变身份的渴望。秦代社会，等级森严，仅平民百姓，就有士农工商四个档次，商排在最后，商人也许有钱，但地位不高，就连种地砍柴的也可能对你施以白眼，吕不韦很要面子，哪受得了这个！此外，自商鞅变法以来，秦王朝实行奖励军功政策，军功可改变命运，但商人远离战场，无缘军功，这让吕不韦十分不爽。思来想去，他只能另辟蹊径，用一种匪夷所思的方式去改变身份。

（二）抓住机会，大力投资

吕不韦善于抓住对方弱点，诱使他们积极合作。吕不韦的运作堪称典范，其方法手段代代相传，被人反复借鉴，也屡有成功个案。他的运作方式可分四步，即：抓住商机，谋求共赢，倾力投入，悉心包装。

生活中不缺商机，缺的是发现商机的目光。公元前257年某一天，吕不韦来到赵国首都邯郸，认识了异人。异人是秦王的孙子，太子的儿子。此时的异人居住赵国，身份是人质。秦国倚仗自身的强大，常常对赵国施以老拳，赵国人无力还手，只能迁怒人质。异人境况凄惨，危机四伏。吕不韦反复盘算，认定这是一个天大商机，结论是"此奇货可居"！

生意人遵循"有钱大家挣"的规则，老吕的境界显然要高出许多。他善于抓住对方弱点，诱使他们积极合作，从而顺利完成交易。他对异人说：皇帝老了，太子早晚要继位，凭你的条件和目前处境，不可能当太子的接班人。异人凄惶地问，那该怎么办？吕不韦胸有成竹地说："你爹的大老婆华阳夫人没儿子，最好的办法是把你过继给她，我替你跑一趟，保证马到成功。"异人大喜过望，当下立誓："必如君策，请得分秦国与君共之！"搞定了异人，吕不韦马不停蹄，跑到秦国找到华阳夫人，献上奇珍异宝，吹嘘异人贤能和对她的思念。之后，吕不韦又让夫人的妹妹做说客，深化工作效果。妹妹对华阳夫人说："子楚无国而有国，夫人无子而有子，不如现在把异人要来当亲儿子，也了却了你的后顾之忧！"华阳夫人一听有理，马上找机会说服太子，如此这般，异人就成了太子法定的继承人。

运作如此规模的生意，各种投入也是巨大的。吕不韦显然早有准备，做到了倾尽所有。先期见到异人的时候，他拿出五百金，给异人作生活费、接待费和宣传费，让他广交诸侯宾客，扩大政治影响。然后吕不韦又拿出五百金，作为面见华阳夫人的费用。让两个女人芳心大悦，自愿当了他的助手。不久后，秦军再度攻到邯郸城下，赵国岌岌可危，赵国人急了，要杀异人。危急关头，又是吕不韦出马，打通关节，帮助异人成功逃离邯郸。以上开支只说到大项，还有诸如差旅费、招待费等杂费并未列入。单凭经营运作，不足以让吕不韦立于不败，包装是为了提高产品知名度，以便卖个好价钱。吕不韦深知内中奥秘，先是宣传异人，制造名人效应，后又包装自己，打造高官形象。公元前250年，异人（已改名子楚）入主王位，称庄襄王，作为回报，他直接提升老吕为丞相、封文信侯。三年后，异人死，嬴政继任秦王。小家伙才13岁，少不更事，故此国家大事暂由吕不韦负责处理。这期间，他模仿孟尝、春申、信陵和平原四位公子，广招门客，供养了三千余人。每天进进出出，成群结队，颇有声威。不仅如此，他还组织门客各记所见所闻，编成一书，题为《吕氏春秋》，并把书挂在城门口，声称天下人有谁能增减一个字，便可受赏千金。这本书连同这件事一并流传至今，既显示着他自我包装的成就，也为后人留下了"一字千金"的典故。

异人死后，夫人成了太后，寡居期间，和吕不韦手下的一个门客有染，事情败露后兴兵作乱，吕不韦因此受到牵连，被撤销领导职务，离京去了自己的封地。在洛阳一年，吕不韦不改商人习性，活得滋润甚至有点嚣张，诸侯宾客使者都去慰问探视，车马结队，相望于道。但是，这样的局面显然不是已经大权在握的秦王嬴政所能长期容忍的。诚然，吕不韦是个商业天才，他的经营理念、策略和方法无与伦比。正所谓成也萧何，败也萧何，他的最大败笔也在于此。他没有治国理政经验，不通诸子百家，单凭经营运作，不足以让他立于不败。嬴政曾给他写过一封亲笔信，质问："你有什么功劳，竟受那么多封赏？你和皇家有什么亲缘，竟号称仲父？"最终，嬴政终于动了杀机，彻底结束了这位运作大师的生命。

七、结　　语

中国古代商人将致富作为目标时，以"仁"为核心的商业文化精神行事，不忘责任，不失初心，追逐使命的同时运用自己的运作方法才能、经验理念想法在管辖的范围内充分地利用人力和客观条件，在以最小的成本办成所需的事来提高整个团体的办事效率。

（一）儒商群体推崇的"仁义"买卖，把"死的"做成"活的"

富有个人魅力的儒商群体，将会通过以"仁"为核心的商业文化精神行事、示范、传播以展现出其领导他人的软实力。无论是在经营思想、经营方法上，还是在经营之外的人生目标追求、为人处世方面，儒商都有其独特之处。中国古代经商不叫经商，不叫作买卖，而是叫"做生意"，它的意思是：把没有生意的地方，干枯死寂的地方，焕发出生机，做出生意来。

（二）古代商人要"仁"不要钱，要"名"淡化"利"，弃"恶"扬"善"

古代商人阶层在获致地位平衡的努力过程和结果中显示了怀抱儒家价值关怀和伦理观念的领导人格特质。中国文化精神，中国商业文化的精神，不是一切向钱看，单纯追求功利，追求利润最大化，而是立于天地之大仁，仁爱天下，唤起国家民族的生命精神；不是凯恩斯所讲的"恶有用"，利用"恶"从事一切经济活动，而是以仁德为根本，居天下之广居，立天下之正位，行天下之大道，兼济天下苍生；不是不管人民死活，横征暴敛，以满足自我的淫乐，而是经天下之大经，立天下之大本，以诚明之心，德合内外，至诚不息，成己成物；不是二三其德，好货好色，巧取豪夺，而是以天德王道，仁爱百姓，兼济天下。

（三）古代商人把经商作为实现自我价值的手段，赚钱不是仅有的目标。

古代商人在道义上的自尊自信会推动其社会领导力的提升。人生目标具有双重性，他们在以盈利、致富作为人生目标的同时，没有放弃对政治理想的追求。如前所述中国知识分子在春秋战国时期便有一种责任感、使命感，虽然他们"下海经商"了，但是这种责任感并没有因此而消失。孔子周游列国如果没有子贡的资助是难以想象的，故有"夫使孔子名布扬于天下者，子贡先后之也"。范蠡身为私商却能从国家经济利益出发，提出运用经济干预手段，控制粮食价格涨跌幅度，使农商俱利。并且他曾经"三致千金"，每次都将钱分发给贫苦人，无愧于"富好行其德者"的赞语。

（作者：阙天舒）

第十一章　女性与领导力

国学中的领导力

有这么一种人，曾经驻足在许多文人骚客的脑海之中：

帝王：待我君临天下，许"你"四海为家；

国臣：待我了无牵挂，许"你"浪迹天涯；

将军：待我半生戎马，许"你"共话桑麻；

书生：待我功成名达，许"你"花前月下；

侠客：待我名满华夏，许"你"放歌纵马；

琴师：待我弦断音垮，许"你"青丝白发；

面首：待我不再有她，许"你"淡饭粗茶；

情郎：待我高头大马，许"你"嫁衣红霞；

农夫：待我富贵荣华，许"你"十里桃花；

僧人：待我一袭袈裟，许"你"相思放下。

这里的"你"，正是那些被后人渲染得倾国倾城的美颜女子。她们怀揣着许多陈酿往事，曾演绎了一场场旷世的绝恋，也曾导演出一幕幕刀光剑影的后宫风云。一个个女子，一代代佳人，她们或遗世独立，或花事玲珑，或婀娜多姿，或学富五车。在那个属于男人的政治舞台里，她们尽情地书写着自己的人生，有婉约，有豪放，不管她们用怎样的方式生活，她们的点点滴滴，只言片语，都被后人所记录下来，或史书，或传说，或诗词。

俗话有云，"三个女人一台戏，两个女人连续剧"。一时间，《金枝欲孽》《宫》《美人心计》《甄嬛传》《芈月传》等宫斗大戏纷纷占据了荧屏，你方唱罢我登台，甄嬛走了来芈月。诸如"臣妾做不到啊"、"贱人就是矫情"之类的经典台词迅速走红并被不断模仿。

在五千年的历史长河中，男尊女卑的思想贯穿于史书和人们的思想中。中国古代女子受男子的主宰是全方位的，由体态心理到伦理道德、意识形态，乃至整个历史，无不渗透着男人将女人贬义为他者的历史隐迹。即便是在漫长的男权社会中，中国女性几乎被推至历史的幕后，成为了历史的盲点，但是纵观历史进程，还是有不少女子登上了权力的巅峰，历史的辉煌画卷在她们手中熠熠生辉，向天下昭示了女性领导力的独特魅力。

"女性领导力"作为领导学的一个概念，是指从自然生理差异角度来关注性别对领导力的影响。女性领导力已经成为一个受关注的研究热点。领导与男性似乎一直以来都有着千丝万缕的联系：皇帝、诸侯、父亲都被刻板地认为是领导者的形象。特别是在中国的古代，中国女子的社会地位和家庭地位相对较低，不仅要受到政权、族权和神权的权力支配，而且还要受到男子（夫权）的支配。因此，中国女子与领导力看似很难挂钩。她们更多是家庭和婚姻的附属品，被要求"嫁鸡随鸡，嫁狗随狗"，没有独立的人格，只能服从"三从"、"四德"。

一、中国传统女性的地位

《诗经》中曾描写道："乃生男子，载弄之璋。乃生女子，载弄之瓦。"男女从出生时便被定义为"璋""瓦"之别，可看出男女社会地位的不同。女子生来就注定无法与男子享同等的权力，也没有同等的期望和责任。自进入文明社会以来，女人们就一直为争得自身的权利而不断抗争，虽声音弱小，又势单力薄，终究还是有所表现的。《汉书》记载了"桑间濮上"之现象：卫地有桑间濮上之阻，男女亦亟聚会，声色生焉。向封建礼教进行抗争、要求重视女权的例子在中国古代史上出现过很多：如西晋曾有绿珠为报石崇知遇之恩，不惜坠楼明志的佳话；梁祝化蝶的传说；杜十娘怒沉百宝箱，等等。

中国古代女子被剥夺了参政的权利，《大雅·荡之什·瞻卬》有句非常直白的话语"哲夫成城，哲妇倾城"，这句话的意思是有智能、善言辞的女性，都具有危险性，只有男子才能建国，女子参政只会亡国，"夏亡以妹喜，商亡以妲己，周亡以褒姒"，这句话直接将朝代的灭亡归咎于女子，于是也有了"红颜祸水"这种带有偏见的说法。虽然治国古代政治舞台的主角大多都是男性，但历朝都有为数不少的闪光的女子出现在舞台上。

在西汉中前期，人们对女子社会权利的认识还保留着较大的宽容。早在春秋战国时代，秦宣太后（芈月）即以太后之位主政，拉开了日后太后专权的煌煌大幕。汉高祖的吕后，首次由女子隐居幕后执掌实权，司马迁为之立《吕后本纪》，对其政绩诸多赞美。到了西汉中后期，女子的社会权利特别是政治权利受到质疑，汉儒明确提出，"后妃当国，未有不乱者"，女子应从事家庭事务，而不是从事社会事务。

汉宣帝时的王吉和汉哀帝时的李寻都曾经上书皇帝反对女子专权。东汉汉和帝的皇后邓绥是一位贤后，在和帝病故后执掌大权，本有治理天下的才华，却深信女子不能干政的言论，最终导致昏庸之辈即位，国衰家破。可见儒家对女子的约束思想害人不浅。

唐朝是女子社会权利最多的时期。尤其是出现了中国历史上唯一的女皇帝以后，由于武则天重视女权，当时还出现了著名的才女上官婉儿。唐朝是文化繁荣中外交流的鼎盛时期，对外族人限制都少，相应来说对女子权利有了更多的认同，减少了各种束缚。

到了宋朝之后，对女子贞节观的强烈推行，同时娼妓业的繁荣却把对妇女的玩弄合法化，使妇女地位陷入万劫不复的境地，也使娼妓业的发展到了登峰造极的地步。商朝时就有娼妓的产生，当时名为女巫。但当时妓女地位并不低，权利也有，屈原还为之写过诸如"疏缓节兮安歌，陈竽瑟兮皓娼"之类的诗。秦始皇的母亲赵姬就是歌妓出身。到宋朝时，娼妓已严重危害到女子的人格和生命，就谈不上什么社会权利了。自明清起，中国女子的地位陷入了最低谷，女性领导者的数量也不比前几个朝代，比如孝庄太后和慈禧太后，后人对她们的评价也更多地掺杂了叫骂声或猜疑声。

二、执掌中兴的朱颜们：凤舞九天倾四野，美人心计主天下

（一）秦宣太后（芈月）：不羁型领导

《史记》里对于她的记载仅寥寥数笔。"（秦武王）弟立，为昭王。王母宣太后，楚女也。"据此可知：她姓芈，楚王族出身。后嫁与秦惠文王为妃，号芈八子。公元前306年秦武王嬴荡举鼎意外身亡，因秦武王无子，秦迎质于燕的秦武王弟稷（为芈八子之子）继位，是为秦昭王（一作秦昭襄王），芈八子被尊为太后，史称宣太后。公元前265年，宣太后病逝，按有关典籍推算，宣太后是千古第一帝——秦始皇嬴政的爷爷的奶奶，俗称高祖母。

1. 隐忍、霸气不羁

秦宣太后最突出的自我领导方面的特征是隐忍。宣太后本是楚国人，后成为秦

惠文王的滕妾，称芈八子。据记载，秦国后宫分八级：皇后、夫人、美人、良人、八子、七子、长使、少使。"八子"是其中地位较低的等级。历史上，芈月长期不受待见，她进入秦后宫，生了三个儿子，但是直到秦惠文王去世时，她也始终位居人下。秦惠文王在位时，芈月虽有政治才能，但是一直隐而不发，甚至在秦惠文王死后，芈月的儿子稷被迫去燕国当人质。但是到了公元前306年，秦武王竟然因为一个令人无语的原因——举鼎而死。因秦武王无子，他的弟弟们争夺王位。在"诸弟争立"的混乱局面下，芈月施展政治才华的机会终于来了。虽然史书上没有记载这段史实，但很神奇的是，芈月不但从燕国顺利接回了儿子稷，而且还让儿子一举登上国君宝座，成了国君秦昭襄王。芈月也华丽转身成为"宣太后"，亲政近四十年。芈月从一个失势的妾到亲政太后的巨大转变，说明了她近二十年在领导力和政治才能方面的深厚积累。

秦宣太后在自我领导方面的另一大特征是霸气不羁。据《战国策·韩策》里记载：韩国被楚国包围，韩国派使者尚靳去秦国求救，尚靳抛出了唇亡齿寒的观点。宣太后听了尚靳的话就让他单独觐见，于是就引出了她的这番话："妾事先王也，先王以其髀加妾之身，妾困不疲也；尽置其身妾之上，而妾弗重也，何也？以其少有利焉。"这句话的大意是："当先王把大腿压在我身上时，我就承受不了；可把整个身子都压在我身上的时候我却一点也不嫌重，你知道为什么吗？因为对我有好处啊。"她的意思是，现在你让我秦国救韩国，花费我那么多兵员粮草，日费千金，又能给我什么好处呢？韩国无奈，最后只能用"割地"的方式换取秦国的援助。中国历史上第一位太后就是这么霸气。

2．识人辨才　不拘一格

秦宣太后在构建团队上可谓是识人辨才，手腕独到。秦昭襄王即位后，秦宣太后马上驱逐了当时丞相甘茂。旋即，杀惠文后、诸公子、若干支持这些公子的大臣，将秦武王时期的官僚队伍拆得七零八落。接着，秦宣太后开始重任外戚，将两个弟弟送上了文官和武将两个系统的顶层，奠定了秦昭襄王领导班子的基本构建。起初，在楚怀王的推荐下，秦宣太后让自己母族的寿担任秦国的宰相。不久之后，秦宣太后让自己同父异母的弟弟魏冉出任宰相，并封其为穰侯，封地即穰（今河南邓县），后来又加上陶邑（山东定陶）。另外，秦宣太后的同父弟弟芈戎担任将军，被封华阳君，

169

封地先是陕西高陵，又改封新城君，封地也变成了河南密县。秦宣太后的另两个儿子，公子市被封为泾阳君，封地在今陕西泾阳，后来又换了一块封地是宛（河南南阳）；公子悝被封为高陵君，封地在陕西高陵，后来又换封地为邓（河南郾城）。看到此，可能后世读者会认为秦宣太后任人唯亲。但是，这些人实现了秦国的对外扩张。这些外戚的封地，其实都不在秦国的疆域之内，很明显是掠夺来的。穰、宛、邓三地，是公元前310年和前291年从韩国抢来的，而新城是公元前300年从楚国掠来的，山东定陶则是原本属于齐国的土地。

此外，秦宣太后更为厉害的是她对人才的重视，比如后来的武安侯白起就是魏冉发掘出来的人才，其实如果当时没有秦宣太后的认可，恐怕白起也只能在魏冉那里做个马前卒。秦宣太后也继承了秦国先辈爱引入外援的特点，很想在外国引入更多的人才，她率先看重的就是齐宣王的庶弟孟尝君。她甚至命令自己的儿子泾阳君去齐国当人质，换孟尝君过来。

3．辨明时势　以国为重

秦宣太后在社会领导力上的突出特征是构建网络。公元前306年，秦武王因举鼎而死后的"诸弟争立"事件中，秦宣太后组建了一个庞大的利益相关方，与以秦武王的妻子和母亲为首的对抗力量进行博弈。以秦武王的妻子和母亲为首的一方试图充分发挥后宫势力的影响力，很快推举了公子壮为王。但是，秦宣太后同样做了精心准备，在秦国内部，她信任并依靠同母异父弟弟魏冉的力量。在秦国之外，她私下联系了燕国和赵国，让他们在外围造势，推举在燕国的公子嬴稷回国即位。这种一内一外的做法，直接将以秦武王妻子和母亲为首的后宫势力打得毫无还手之力。在秦宣太后的外交造势下，赵武灵王派代郡郡相赵固将在燕国作为人质的公子稷送回秦国。在宣太后异父弟魏冉的帮助下，公子稷继位，即秦昭襄王。魏冉随后平定了王室内部争夺君位的动乱，诛杀惠文后及公子壮、公子雍，将悼武王后驱逐至魏国，肃清了与秦昭襄王不和的诸公子。因秦昭襄王年幼，由宣太后以太后之位主政，魏冉辅政。

秦宣太后在社会领导力上的另外一个突出特征是辨明时势、以国为重。《史记·匈奴列传》记载了秦宣太后诱灭义渠的故事。义渠是东周时期活跃于泾水北部至河套地区的一支古代民族，长期与秦国发生战争。公元前319年，秦国攻打义渠，夺取了郁郅（今甘肃省庆阳市东）。作为报复，次年义渠参与了公孙衍合纵楚、韩、赵、魏、燕的五国攻秦之战。义渠趁秦军主力与五国交战之机，大败秦军于李帛（今甘肃省天水市东）。公元前314年，秦惠文王再次派兵攻打义渠，攻取了徒泾（位于今山西、陕西两省间黄河南段以西地区境内）等二十五座城池，匈奴义渠王归附秦国。但是秦昭襄王继位后，前来朝贺的义渠王桀骜不驯，对秦昭襄王非常不屑，大有反叛之意。在这种情况下，外有六国，内政不稳，如果北方的匈奴再给秦国添点乱，那么刚换君王的秦国面临后院起火、三面围攻的困境。在此情形下，秦宣太后做出了一个让后人诟病很久的决定，私通义渠王。这是长久意义上的牺牲，因为秦宣太后还为这位义渠王生了两个孩子。这种关系维持了很久，当秦国再次强大的时候，秦宣太后开始对这位"情夫"下黑手了。秦昭襄王与宣太后日夜密谋攻灭义渠之策。公元前272年，宣太后引诱义渠王入秦，杀义渠王及其两子于甘泉宫。秦国趁机发兵攻灭义渠，在义渠的故地设立陇西、北地、上郡三郡。自此秦国最后一个忧患被铲除，秦国把对匈奴的防线推到了长城一线，这下秦国可以腾下手来，把目标瞄准在统一中国上了。

总的来说，秦宣太后的一生可谓波澜壮阔，她成为太后，把持朝政近40年，而中国历史上太后专权自她而始，"太后"称谓亦始见于她。同时，她也让秦国走出内乱，把没有资格参加会盟的弱小秦国变成虎踞六国的强秦。史学界对这位"女政治家"在秦国历史上的作用评价颇高，著名历史学家马非百曾这样评价秦宣太后："宣太后以母后之尊的地位，牺牲色相与义渠王私通，然后设计将之杀害，一举灭亡了秦国的西部大患义渠，使秦国可以一心东向，再无后顾之忧，她的功劳不逊于张仪、司马错攻取巴蜀。"

（二）吕雉：坚毅善断型领导

吕雉（公元前241年—公元前180年），字娥姁，通称吕后，或称汉高后、吕太后等等。单父（今山东单县）人。汉高祖刘邦的皇后（公元前202年—公元前195年在位），高祖死后，被尊为皇太后（公元前195年—公元前180年），是中国历史上有记载的第一位皇后和皇太后。同时吕雉也是秦始皇统一中国，实行皇帝制度之后，第一个临朝称制的女性，被司马迁列入记录皇帝政事的本纪，后来班固作汉书仍然沿用。她开汉代外戚专权的先河。

1．刚毅、狠辣

吕雉早年称得上是贤惠的女人，初嫁给刘邦时，生活并不富裕，吕雉便亲率子女从事农桑针织，孝顺父母及养育儿女，过着自食其力的生活，具有中国劳动女性的本色。刘邦率众起义后，吕雉所累被官府关进大牢，历经磨难，性格更加坚毅果敢。后由萧何多方周旋才得以出狱，出狱后跟随刘邦转战军中，颠沛流离，经历战争风云，增长了文韬武略。吕雉被项羽扣为人质两年多，她为成就刘邦的大业，忍辱负重。但他也受尽了折磨和凌辱，挣扎在生死边缘，使其心理和精神受到了严重打击，也造成了以后多疑与缺乏安全感的后遗症，变成心地狭隘，紧张恐怖，阴狠毒辣，以及凡事先下手为强的性情和办事手段。

2．不拘小节　知人善任

在刘邦欲废立太子一事上，吕后不拘小节寻人才的特征展现得淋漓尽致。刘邦宠爱戚姬所生的儿子赵王如意，他想废掉吕后所生的太子刘盈，改立赵王如意。刘邦废长立幼的想法十分坚决，大臣们也难以劝阻。作为此事的最大受害者吕后十分害怕，她认为张良能够给她出主意，但是张良避而不见。吕后为了达成目的，居然让他的哥哥吕泽劫持张良，逼着张良献计。张良被迫出了一个请"商山四皓"辅佐太子的绝顶好主意，这个计划成功后，刘邦再也不提废立太子之事。

刘邦称帝八年间，吕后协助刘邦，镇压叛逆、打击割据势力，对巩固汉朝统一政权起了重要作用，并为她日后掌权做了充分准备。吕后当政时期内，创自刘邦的休养生息的黄老政治进一步得到推行。刘邦临终前，吕后问刘邦身后的安排。她问萧何相国后谁可继任，刘邦嘱曹参可继任，曹参后有王陵、陈平，但不能独任，周勃忠诚老实，文化不高，刘家天下如有危机，安刘氏天下的必是周勃，可任太尉。吕后虽实际掌握大权，但她是遵守刘邦临终前所做的重要人事安排遗嘱的，相继重用萧何、曹参、王陵、陈平、周勃等开国功臣。而这些大臣们都主张无为而治，从民之欲，从不劳民。在经济上，实行轻赋税。对工商实行自由政策。在吕后统治时期，从政治、法制、经济和思想文化各个领域，为"文景之治"奠定了坚实的基础。

3．忍辱负重　无为而治

吕后作为一个临朝称制的太后，在当政之后，并未因自己在与戚夫人斗争过程中产生的变态心理影响其主持朝政。相反，她表现出以治国安邦为己任的胸襟和气魄。在其执政期间，吕后遵循刘邦的政策，未对匈奴兴兵，而是采用了和亲的政策。惠帝三年（公元前192年），刚死去阏氏的冒顿单于遣使者送来一封言词极为不敬的国书给吕后，上面写道："孤偾之君……愿游中国。陛下独立，孤偾独居。两主不乐，无以自虞，愿以所有，易其所无。"冒顿单于用流氓语言写就的这封国书实在是一件很羞辱人的事。曾经多次进犯过中国边境匈奴单于，所谓"愿游中国"隐藏着要打进中国的威胁。"愿以所有，易其所无"则是以流氓口吻发出的必定战胜中国并且俘虏吕后充玩物的狂妄叫嚣。吕后认为受到了奇耻大辱，震怒异常，欲出击匈奴。朝臣几乎众口一词，同意出兵攻打匈奴。然唯有中郎将季布指出，刘邦当年在与匈奴之战中最终未占得便宜，不得已采纳刘敬的和亲建议，来换取汉初社会经济的恢复与发展；"今歌唫之声未绝，伤痍者甫起"，季布认为如今的汉朝军事势力依然不及匈奴，宜继续和亲为上。最终，经过了再三权衡，吕后听从了中郎将季布的意见，赠单于车马作为礼物之外，继续"以宗室女为公主，嫁匈奴单于"以和亲。单于笑纳之，致歉，并"因献马，遂和亲"。这样，汉匈之间及时避免了一场兵燹之灾。

此外，为完成刘邦遗愿，维护皇室，使自己功名垂世，吕后克制住自己，不做自行宣布为女皇的安排。她的目的还是要安定天下，避免动荡所带来的灾难。吕后继续执行刘邦在位时期的政策，保持了汉初政策的一贯性，并沿袭了"与民休息"之国策，行"无为而治"。吕雉统治期间实行黄老之术与民休息的政策，废除挟书律，下令鼓励民间藏书、献书，恢复旧典。这一系列的执政措施，为后来的文景之治打下了很好的基础。

总的来说，后人对吕后的评价较高。自《史记》以来，为历史人物立本纪，乃是帝王的专利；而司马迁和班固却各自在他们所写的《史记》《汉书》中破例为吕后立本纪，以反映其执政期间真实的历史过程，亦足见其二人对吕后执政功绩的高度肯定。在他们看来，吕后的功绩几乎等同帝王之伟业。司马迁在《史记·吕后本纪》中给予吕后施政极大的肯定："政不出户，天下晏然；刑罚罕用，罪人是希；民务稼穑，衣食滋殖。"

（三）武则天：明察善断的魅力型领导

武则天（624—705年），名武曌，并州文水（今山西文水县东）人。中国历史上唯一的正统的女皇帝,也是即位年龄最大(67岁即位)、寿命最长的皇帝之一(终年82岁)。为唐朝功臣武士彟次女,母亲杨氏。十四岁入后宫为唐太宗的才人,唐太宗赐号"武媚",唐高宗时初为昭仪,后为皇后,尊号为天后,与唐高宗李治并称二圣。后自立为皇帝,定洛阳为都,改称神都,建立武周王朝。

1. 坚毅 胆识超人

武则天自小就体现出性格上的坚毅,这也是其自我领导的最大特点。贞观十一年(637年)十一月,武则天年十四岁时,唐太宗听说她仪容举止美,召她入宫。武则天入宫之前向寡居的母亲杨氏告别时说:"侍奉的圣明天子,岂知非福?为何还要哭哭啼啼、作儿女之态呢?"好一个不作儿女之态!一个十四岁的女子竟然能说出如此慷慨的话语,实在令人刮目相看。

另外,武则天在唐太宗时期宫中生活的另一桩轶事,则充分说明她的果敢。太宗有马名叫狮子骢,肥壮任性,没有人能驯服它。唐太宗无可奈何,只能望马兴叹。娇滴滴的武则天当时侍奉在侧,对唐太宗说:"我能制服它,但需要有三件东西:一是铁鞭,二是铁棍,三是匕首。用铁鞭抽打它,不服,则用铁棍敲击它的脑袋,又不服,则用匕首割断它的喉管。"这番话语,直接体现了武则天的胆识和自我领导力,这也支撑了她日后成为女皇帝。

2. 知人善任

在用人方面,武则天有"当代谓知人之明,累朝赖多士之用"的声誉。她在知人善任方面确有其过人之处,譬如,武则天当政时期有一县尉郭元振,此人为朋友两肋插刀,即使肝脑涂地也在所不惜。一天,他的朋友说家里缺少奴仆。郭元振听后立马带人到田野里,看到有正在干活的年轻人,对手下说:"把他绑了,给我朋友。"郭元振的无法无天引起了民众的公愤,一时间民愤沸腾、议论纷纷。御史就把这件事报告给了武则天。武则天不但没杀横行无忌的郭元振,反而让他去镇守边关,后又授予金吾将军,成为皇帝身边的卫队长。武则天之知人善任和用人之长可见一斑。

此外,武则天在调节团队内部关系上也有独到之处。狄仁杰与娄师德同朝为相,可狄仁杰总是瞧不起娄师德,他排斥娄师德也不止一天了。为促使他们精诚团结,武则天找来狄仁杰谈话。武则天问,我能重用你,你知道为什么吗?狄仁杰回答说,我靠的是文采和品行进身,并非碌碌无为而靠别人。武则天又问,娄师德这人贤能吗?

狄仁杰答，作为将军能恪尽职守，贤能与否我就不知道了。武则天再问，娄师德知人吗？狄仁杰答，我曾与他共事，没听说过他知人。过了一会，武则天说，我原先并不了解你，你所以能有机遇成为朝廷重臣，其实是娄师德力荐的。于是令侍从拿来文件箱，取出约十件推荐狄仁杰的奏本，交给狄仁杰。狄仁杰读后，惶恐地认错，武则天没有责备他。狄仁杰出宫后说，我没想到自己一直被娄公所包容，而娄公却从未有过夸耀的神色。从这件事上可以看出武则天诱导臣僚和谐共事的高明做法。正如毛泽东的评价那样，武则天确实是个治国人才，她既有容人之量，又有识人之智，还有用人之术。

3．引领时代变革　维持边疆和平

武则天执政期间，打破了多项旧习。首先，武则天终结了魏晋以来士族门阀地主控制中央政权四个半世纪的历史，打破"上品无寒门，下品无士族"的门阀专制。取代以门第授官的科举考试制度在武则天时也有重要发展。每年取士的人数比贞观年间扩大一倍，而且更加重视以文章取士，唐玄宗开元之治的名相姚崇、宋璟、张九龄和文坛巨擘陈子昂、刘知几等，都是这时通过科举制度选拔出来的杰出人才。

在构建网络方面，武则天还成功地缓和了和周边民族国家全面紧张的局面。对叛唐复立的东突厥，她以极大的耐心和宽容争取和解，积极展开外交活动，最后在对契丹作战时得到突厥默啜可汗的配合，使骚扰河北的战火很快平息下来，武则天授予默啜"立功报国可汗"的称号；西突厥继往绝可汗斛瑟罗率领余众六七万人入居内地，武则天改封他为"竭忠事主可汗"，后来用他镇守碎叶（今吉尔吉斯斯坦托克马克附近）；吐蕃自松赞干布和禄东赞死后，在西边为患三十年，武则天很有战略眼光地派军队同吐蕃反复争夺安西四镇，终于在长寿元年（692年）由王孝杰最后收复了四镇，派三万汉兵镇守，以拱卫西北边防，维护东西方间丝绸之路的畅通。这些与其他国家势力的远交近攻，使得唐朝作为文明中心的地位日渐稳固，为万国来朝的盛大局面奠定了有利的基石。

国学中的领导力

> **贴士 11-1 针对女性的"玻璃天花板"**
>
> 玻璃天花板基本上的含义为,女性或是少数族群没办法晋升到企业或组织高层并非是因为他们的能力或经验不够,或是不想要其职位,而是一些针对女性和少数族群在升迁方面,组织似乎设下一层障碍,这层障碍甚至有时看不到其存在。因此,如果组织中的女性或少数族群想顺着职涯发展阶梯慢慢往上攀升,当快要接近顶端时,自然而然就会感觉到一层看不见的障碍阻隔在他们上面,所以他们的职位往往只能爬到某一阶段就不可能再继续上去了。这样的情况就是所谓的玻璃天花板的障碍。

三、辅国朱颜:巾帼虽无须眉身,安邦计出辅天下

(一)东汉邓皇后:恭谦型领导

邓绥(81—121年),南阳新野人,东汉王朝著名的女政治家,东汉王朝第四代皇帝汉和帝的皇后。邓绥15岁入宫,22岁被册封为皇后。东汉延平元年(106年),年仅27岁的汉和帝突然驾崩,面对着"主幼国危"的局面,25岁的邓绥临朝称制。邓绥执政期间,对内帮助东汉王朝度过了"水旱十年"的艰难局面,对外则坚决派兵镇压了西羌之乱,使得危机四伏的东汉王朝转危为安,被誉为"兴灭国,继绝世"。但另一方面,邓绥亦有专权之嫌,其废长立幼,临朝称制达十六年而不愿还政于刘氏,朝中多有非议。

1. 自省 恭谦

邓绥入掖庭为贵人,时年十六。恭谦肃穆,小心谨慎,一举一动,有规有矩。奉侍阴皇后日夜战战兢兢。与同列的妃嫔应接慰藉,常常克己体下,即使是宫人仆役,都加恩施惠。每有宴会,众妃嫔贵人争着打扮修饰,金钗簪珥光彩夺目,裳衣罗绮鲜明照人,而邓绥独着素装,没有修饰,朴质无华。如果哪天她穿的衣服有与阴皇

后同颜色的，即刻变易他装。假使与阴皇后同时进见汉和帝，则不敢正坐而离位站立，走的时候也是弓着身躯以示卑微。汉和帝每有所垂问，常表现迟疑而后对答，不敢在阴皇后之前争着发言。汉和帝了解邓绥用心良苦而曲体人情，于是感叹地说："修身进德之费心劳力，竟是这样的艰难吗？"后来汉和帝对阴皇后日渐疏远，每当邓绥被召，往往称疾不应。由于这个时候汉和帝多次失去皇子，邓绥担心继嗣无人，常垂泪叹息，并主动选进众多美女进献给和帝，以应帝之爱心并企获得子嗣。

邓绥的恭谨谦让的精神甚至在后位之争中也体现得十分明显。永元十四年（102年）夏，阴皇后因搞巫蛊活动而废除，邓绥请求挽救没有成功，汉和帝便更属意于邓绥。邓绥却说自己的病十分严重，深居闭户以绝和帝之召幸。这时管事人奏请重立皇后，汉和帝说："皇后之尊，与我皇帝位同一体，同等贵重，承祀宗庙社稷，为天下母，不容易啊！只有邓绥品德为后宫之首，才可以当得起。"到冬天，立邓绥为皇后。再三推辞谦让，然后登皇后位。亲手写好谢恩的奏书，深深陈述自己德行菲薄，不足以充当君王妻室的人选。这时，四方诸侯之国，贡献方物，争求得珍贵华丽之物，自邓绥入主中宫，一律禁绝，岁时季节只要供给纸墨就行了。

2．恩智并重以身作则

邓绥在团队领导中体现出智慧与恩情并重的特点。譬如，有一天，后宫中丢失了一篚珍珠，邓绥想来，如果加以拷问，必定伤及无辜。于是亲自检阅所有宫人。她冷静地对所有宫人仔细地察言观色，偷窃者在这种气势的威压之下，很快就心虚自首服罪。另外，汉和帝当年的宠臣吉成被人告发行巫蛊之术。吉成被押往掖庭拷讯后，供认不讳，案定待决。邓绥感觉事情存在许多疑点，她认为吉成乃先帝左右，待之有恩，平日尚无恶言，先帝作古，吉成怎会行此法术？看起来不合情理，其中必有缘故。于是，邓绥亲自复审。果然，吉成是被众御者冤枉。邓绥为吉成主持了正义，众人莫不为之叹服，皆称道邓绥的圣明。

邓绥认为鬼神难于征信，太多的祭祀没有好处，于是诏令管事人罢去不合典礼的诸祠官，此外，又身体力行，减少饮食、刀剑、帷帐等一切服御珍膳靡丽难成的物件，如非供祀陵庙，稻粱米不得选择，早晚一肉饭就行了。郡国所贡纳的物品，也都减去半数以上。而原本饲养在上林苑的鹰犬和珍奇动物，一律卖掉从而节省开支。蜀郡、广汉郡供进的金银缘器以及九带佩刀，一并不再上调。

3．抚慰天下　平息变乱

邓绥临朝称制的十几年间，国家治理的环境并不安稳。国内时常发生各种灾害，水旱蝗灾接连不断，各地"盗贼"蜂起。国外则面临周边少数民族不断挑衅和内侵的状况。天灾人祸，对于邓绥来说，无疑是严峻的考验。面对挑战，邓绥以她的智慧和才识，采取了有力措施，集思广益，有针对性、有条不紊地处理每一件事情。比如，每当听到有人忍饥挨饿，她都通宵不寐，并且亲自减撤饮食，还分派官吏巡视四方，赈灾济民，劝课农桑，抚慰天下百姓。在她的勤勉之下，东汉社会经济在严重的自然灾害之下仍能获得复苏，史称"天下复平，岁还丰穰"。对于各边地民族的暴动，她采取虞诩等人的建议，转守为攻，伐抚并重，先将西羌暴动平息，又转而安抚，逐渐平息了各地边衅，保持了边境的相对安定。

（二）文德皇后（长孙皇后）：温情型领导

文德皇后长孙氏（601—636年），小字观音婢，河南洛阳人，隋朝右骁卫将军长孙晟之女，母亲高氏为汉族，唐朝宰相长孙无忌同母妹，唐太宗（李世民）的皇后。长孙氏13岁嫁李世民，武德末年，她竭力争取李渊后宫对李世民的支持，玄武门之变当天，她亲自勉慰诸将士。之后拜太子妃。李世民即位后册封为皇后。在后位时，善于借古喻今，匡正李世民为政的失误，并保护忠正得力的大臣。她以女性特有的力量在男权至上的封建社会发挥着独特的作用，辅佐皇帝丈夫，使得初唐出现了有利的政治局面。君明后贤臣直，文治武功，春风和睦，亲切包容。

1．注重学习　谦恭节俭

长孙皇后喜爱看书籍图传，即便是梳妆打扮时也手不释卷，成为皇后以后依然如此，经常与丈夫一起共执书卷，谈古论今，从容以对，发表独特见解，对丈夫与朝政大有裨益。此外，长孙皇后生性简约，不喜欢浪费，所需的东西，够用就可以。对于皇子要求也很严格。她经常训诫诸位皇子，要求他们以谦恭节俭为先，即便对于自己的亲生子女也不例外。长孙皇后的长子李承乾，自幼便被立为太子，由他的乳母遂安夫人总管东宫的日常用度。遂安夫人对于太子十分上心，觉得东宫之内器物还不够，于是在长孙皇后面前屡次要求增加费用。长孙皇后虽然爱护儿子，但并不想助长东宫的奢侈之风。她对遂安夫人说："身为储君，所患者德不立而名不扬，何患器物之短缺与用度之不足啊！"于是驳回了遂安夫人的请求。贞观的风气从此处也有所体现。

2．调和直谏　护佑贤良

长孙皇后御下平和，从不无故令人有冤。太宗长年行军打仗，脾气难免急躁。后廷之人常因小事触怒太宗。长孙皇后深谙太宗脾性，总能让在气头上的丈夫熄灭雷霆之怒。有一次唐太宗一匹心爱的骏马突然无病死掉了，唐太宗迁怒于养马的宫人，"将杀之"，长孙皇后并没有直接为宫人求情，而是对丈夫谈起了两人曾经共同读过的一个故事："过去齐景公因为马死了要杀人，晏子就请求列举养马人的罪过，说：'你养的马死了，这是你的第一条罪；让国君因马死而杀人，老百姓知道了，必定埋怨我们的国君，这是你的第二条罪；诸侯听到这个消息，必定轻视我们的国家，这是你的第三条罪。'齐景公听后便赦免了养马人的罪。陛下曾经在读书时看到过这件事，难道忘了吗？"唐太宗听了妻子的这番话后自然会意，养马宫人也因此得以免罪。养马人这样的宫人只是皇宫内苑里极其卑微的人物，但长孙皇后仍然以她的仁慈智慧照拂着他们，不因他们地位卑微而轻视他们的安危，正是因为有这样一个宽和明理的女主人，才能使得宫内没有任何冤屈。

长孙皇后虽然不主动出面干涉朝政，但她对于贤良却从来看重。唐太宗是一个性情中人，手下谏臣众多，尽管太宗善于调整心态，听取意见，但难免有被冲撞的时候。盛怒之下，也会出现过失。这个时候，身为妻子的长孙皇后就会发挥她的柔性力量，安抚丈夫，护佑贤良。其中最著名莫过于"朝服进谏"。一次李世民下朝回宫后，十分气愤地对妻子说："我以后找机会一定要杀了那个乡巴佬！"长孙皇后问道"是谁惹怒了陛下？"李世民回答说："魏徵经常在朝堂上羞辱我。"长孙皇后面对盛怒中的丈夫。既没有顺水推舟出言煽动，也没有唯唯诺诺，默不敢言。她做了一个奇特的举动，暂时不理会丈夫，退到里间，换上了正式的朝服。然后走到丈夫面前表示祝贺。李世民十分惊奇，询问妻子的用意。长孙皇后则笑着答道："我听说君主开明则臣下正直，如今魏徵正直敢言，是因为陛下的开明，我怎能不祝贺呢！"太宗听了转怒为喜，之后更加重视魏徵。

同样受惠于长孙皇后的还有房玄龄，当时房玄龄因过错被遣回家，长孙皇后便对唐太宗说："玄龄侍奉陛下时间最久，为人小心谨慎，颇有奇谋秘计，他知道的事情从无泄露，如果不是有大的过错，希望陛下不要放弃这么一位大臣。"太宗听了妻子的意见，觉得有理，之后便再次重用了他。详观上面两件事情，长孙皇后对于太宗的影响力自是不用多说。自古国家将兴，必有明君临朝，而又有哲后作配。关雎美后德，长孙皇后维护中正之臣，实不负关雎之美。

3. 低调处事 温情政治

李世民尊重长孙皇后的看法，即使朝政大事也毫不避讳。经常向长孙皇后询问朝中赏罚之事，长孙皇后不想回答时以"牝鸡之晨，惟家之索"为由拒绝干涉朝政。李世民却一定要和她讨论，再三询问，长孙皇后无奈之下决定不理睬丈夫，以沉默应对，对此李世民对妻子也毫无办法。长孙皇后不光自己对政治低调，对家里人也持此种态度。他的哥哥长孙无忌和李世民是故交，李世民没当皇帝之前俩人就很要好。坐了江山之后，李世民念及旧情，想提拔重用长孙无忌，于是和长孙皇后商量。这次长孙皇后没有保持沉默，而是坚定地说"妾托体紫宫，尊贵已极，不愿私亲更据权于朝"，明确表示不想让自家的亲人执掌大权。不过李世民这次没听她的，依旧任用长孙无忌为尚书仆射。长孙皇后没办法，就秘密派人告诉长孙无忌，让他向李世民辞职。李世民无奈，只得收回任命，让长孙无忌改任散官。但是长孙皇后对于外臣，例如魏征，态度则大不相同。长孙皇后的女儿长乐公主在出嫁时，李世民所赐的嫁妆要高出长公主一倍，此举遭到魏徵的极力阻止。太宗后来和长孙皇后说起，长孙皇后反而派宦官赐魏徵厚礼，并对魏徵说"我今日才知陛下为何看中先生"，并希望魏徵继续进谏。

面对曾经对自己做过错事的人，长孙皇后还能做到襟怀若谷，高调处理。长孙皇后有个同父异母的哥哥长孙安业，为人品质恶劣。父亲死后，长孙安业便将长孙无忌兄妹俩逐出家门。长孙家族飞黄腾达后，长孙安业也当上了将军。后来长孙安业与李孝常等人一起谋反，犯下死罪，李世民要杀他，长孙皇后听说后，急忙赶到现场，为其叩头求情。长孙皇后说，长孙安业谋反，罪不容诛，但人人都知道他和我们有矛盾，你如果杀了他，天下人都会认为我是在打击报复，是我向你吹的枕边风，大家也会说你不好。李世民这才免其死罪，改为流放。此举也再次证明，长孙皇后的温情和睿智。而在后宫，长孙皇后则表现得更加老道。长孙皇后很仁慈，有不小心犯错的，她不是用权力恐吓处罚，而是以批评教育为主。她喜欢用人格魅力去感染她们。利用业余时间,她还专门著写了《女则》十卷,"撰古妇人善事",教导后宫之众,共同构建和谐后宫。这让长孙皇后的形象变得十分高大,人格魅力持续升高。

(三)明太祖马皇后:识大体的辅助型领导

明太祖孝慈高皇后马氏(1332—1382年),本名不详,是归德府宿州人,滁阳王郭子兴的养女,明太祖朱元璋的原配妻子。在朱元璋平定天下、创建帝业的岁月里,马氏和他患难与共。朱元璋对马皇后一直非常尊重和感激,对她的建议也往往能认真听取和采纳。朱元璋几次要寻访她的亲族封官加赏,都被马皇后劝止。对于朱元璋屠戮功臣宿将,马皇后总是婉言规劝,使朱元璋有所节制。马氏保持节俭朴实的生活作风,册后以后,仍亲自带领公主、嫔妃刺绣和纺织。她自己也是以身作则,平时粗茶淡饭,缝补旧衣。嫔妃皆敬服,都将她比拟为东汉时的明德皇后。

1. 简朴 克制 勤奋

马皇后十分律己,生活简朴。朱元璋每御膳,她"皆躬自省视"。自己平时不喜奢丽,衣裳破旧了,缝补洗净再穿。左右有人说:皇后享天下至贵至富,何必这样吝啬?她回答说:"盖奢侈之心易萌,崇高之位难处,不可忘者勤俭,不可恃者富贵也。勤俭之心一移,祸福之应响至。每念及此,自不敢有忽易之心耳。"这句话出自一个皇后的嘴里,实在令人难以想象。

马皇后听说元世祖皇后察必曾率宫女收集旧弓弦洗净煮熟,织成衾绸,缝制衣服穿用,于是她也让宫女效法,织成衾绸赐给无依无靠的孤寡老人。此外,她还用裁剩下的零碎布帛、粗丝制成衣裳,赐给诸王、后妃,让她们懂得民间蚕桑之艰难。马皇后对子女仁爱,勉励他们学习,要求他们生活简朴,凡有比穿衣服、用物的,加以教诲,又把宫中利用旧料织成的被褥送给他们,并解释说,你们生长在富贵家庭,不知纺织的难处,要爱惜财物。

朱元璋登基称帝后,封马夫人为皇后,并把她比作唐太宗的长孙皇后,说:"家有良妻,犹国之良相。"她回答说:"陛下既不忘妾于贫贱,愿无忘群臣百姓于艰难。且妾安敢比长孙皇后,但愿陛下以尧舜为法耳!"马皇后这番话,十分真诚地道出了其为人的自省和谦卑。

2．处事灵活　以身作则

马皇后善于处理复杂人际关系。当朱元璋在甥馆时，与义父母及其家人相处和睦；独立成家后，与义子及丈夫的子女相处融洽；做皇后以后，则同样能够协调好与妃嫔、宫人、命妇、朝臣、亲戚等人的种种复杂关系。她能做到这种程度，重要的在于她按"待人以宽，责己以严"的原则去办事，与他人的矛盾就易于解决。

此外，马皇后不徇私谋利。她不仅自己不干涉朝政，还教育其他妃子爱妾不得干涉政事，甚至不私亲族，不让娘家人做官，以免外戚干政。洪武元年正月，朱元璋派人找到马皇后的亲族，打算赐予官职。但马皇后却制止说："国家官爵当与贤能之士，妾家亲属未必有可用之才。且闻前世外戚之家多骄淫奢纵，不守法度，有致覆败者。陛下加恩妾族，厚其赐予，使得保守足矣。"朱元璋只好作罢，仅赐予丰厚的爵禄，而不使任职预政。有明一朝得以避免后妃干政、外戚专权的祸乱，马皇后以身作则的榜样作用不可忽视。

3．母仪天下　慈德昭彰

朱元璋为强化封建专制统治，惯用锦衣卫和酷刑震慑臣僚和儒士，诛除异己。仁慈的马皇后对此很是不满，屡加劝谏："陛下于人才固能各随其短长而用之，然犹宜赦小过以全其人。"据《明史·马皇后传》记载，朱元璋在前殿因朝政发火震怒回宫后，马皇后经常加以规劝，"虽帝性严，然为缓刑戮者数矣"。史载明太祖的确佩服马皇后，所以经常在退朝后，还跟马皇后说，你看，今天我在前面又夸了一遍你的好。结果马皇后闷头就给了一棍，她说："妾闻夫妇相保易，君臣相保难。陛下不忘妾同贫贱，愿无忘群臣同艰难。且妾何敢比长孙皇后也。"这句话意有所指，潜台词是说"我也不敢自比长孙皇后。你对我有多好，我心中有数；但我更希望你能对那帮患难兄弟也能做到共富贵"。联系到明太祖对功臣的滥杀，马皇后用心也算良苦。

洪武十三年，大臣宋濂因胡惟庸党而获罪，明太祖要处他极刑。宋濂是明朝开国"文学之首臣"，又是太子的师傅。马皇后这时觉得实在看不过去，于是出面说："老百姓请一位先生，还知道终生不忘尊师的礼节，何况是太子的师傅；再说他致仕回籍，京中的事必定不知道，可别冤枉了他。"但这几句话还是不奏效，明太祖没听她的。按说这种事,一般媳妇觉得劝不了就算了,但这不是马皇后的风格。过一会,俩人一起吃饭,她不喝酒也不吃肉,太祖见了,就问为什么不吃不饮呢?这时她又旁敲侧击地说到"妾为宋先生作福事也"。太祖一听,看来这事还没完,索性第二天赦免了宋濂的死罪。

马皇后的言行举止,是贤妻良母的典范,更是"母仪天下"者中的佼佼者。她帮助丈夫成就帝业,谏止丈夫的弊政,料理好家中、宫中事务,营造家庭和睦的局面,构建政界宽松的环境,她引领天下女性形成了一种"贤内助"的风气。

四、结　　语

女性领导力是伴随着越来越多的女性领导者登上历史舞台而出现的一个概念,它特指领导力的载体和领导活动的主体是女性,这一主体的变化源于社会生活的发展和变化。随着社会的发展,人们对女性的认识不再限于生理特征和家庭角色,研究者开始从管理和领导的角度深刻思考女性所起的作用,以及如何更好地发挥作用的问题。这种思考路径一方面打破了传统领导学研究沿着"父权制"单一思路发展的局面,为揭示领导本质提供了另一种相异的研究样本;另一方面,女性领导力作为女性自我觉醒、自我解放的产物,更为女性参与社会变革,更好地实现自我寻求了一种理论指导和社会认同。女性领导力的研究,在政治学、领导学和心理学等学科的交叉中,开辟了一条独特的道路。

在中国古代的这些奇女子中,大致可以简单分为掌国红颜和辅国朱颜两大类。按照著者的领导力模型来分析,这两类女子体现出的领导力类型截然不同。掌国红颜能够登上权力的顶峰,她们的自我领导力都具有一些共通的地方,即坚毅、决断、善谋,甚至狠辣。这些都是成为一代女皇(王)所必备的特质。在男性为主的封建社会,地位低下的女性想要崭露头角,无疑需要比普通男性更强大、更具侵略性的自我领导才能。而辅国朱颜作为男性皇帝的内助,则无须特别突出的外向性自我领导特质,反而一些贤良淑德、恭谨谦让的中国传统女性特性成为了这类女性的优势。辅国朱颜利用这种隐形领导力,以助皇帝安邦治天下。

在团队领导方面,掌国红颜们需要构建一个优秀、忠心的人才队伍来为国家服务。因此,她们在愿景认同、识人辨才和知人善用等方面都体现出来相当的能力,从而成功地进行国家治理。而辅国朱颜们能发挥力量的场所是后宫，她们最重要的功能是维持好后宫妃子的稳定，并进行儿女的良好教育。因此，她们在团队领导上更多注重以身作则的说教，传递简朴和仁慈的风气。

在社会领导方面，掌国红颜们不输那些千古帝王。她们在处理外交、边境安全、治国理政等方面都取得了卓有成效的历史功绩。而那些辅国朱颜们充分发挥了柔性的女性力量，对丈夫施加了潜移默化的影响，最终也形成了良好的政治和社会风气，为丈夫的统治风格增添了女性的多姿色彩。

（作者：游腾飞）

第三部分　文学篇

第十二章 《三国演义》中的领导力

曹操和刘备有一次广为人知的对话，就是"青梅煮酒论英雄"。当时刘备尚未建立功业，暂留在曹操帐下。一日，曹操在后园小亭盘置青梅，一樽煮酒，邀刘备评论当世英雄。刘备故作糊涂地向曹操推介了袁术、袁绍、刘表、孙策、刘璋、张绣、张鲁、韩遂等豪强英雄，曹操统统都不放在眼里。操鼓掌大笑曰："此等碌碌小人，何足挂齿！"玄德曰："舍此之外，备实不知。"操曰："夫英雄者，胸怀大志，腹有良谋，有包藏宇宙之机，吞吐天地之志者也。"玄德曰："谁能当之？"操以手指玄德，后自指，曰："今天下英雄，惟使君与操耳！"

三国是一个各地诸侯雄踞一方、战火漫天的年代。自汉灵帝驾崩后，东汉王朝已经处于风雨飘摇之中，在权力斗争漩涡中，宦官集团、外戚汉室以及士族集团成为最重要的三股势力。由于统治者的压迫，底层农民的生活状况日益恶化，不满情绪日益高涨。官逼民反，张角领导了大规模的黄巾军农民起义。朝廷为了镇压农民起义，把军政权力进一步下放给各州牧、太守，甚至默许人们组织私人武装。这为曹魏、孙吴、刘蜀三国的开创者们提供了机会，曹操、孙坚父子以及刘备都是在早年讨伐黄巾军的过程中成长起来的。在后来讨伐董卓的战争中，各州牧、太守拥兵自重，各路豪杰蓄势待发，纷纷备战，以待逐鹿中原。乱世之中，必出枭雄，也必然磨炼出具有卓越领导艺术的英雄人物。在三国争霸的过程中，出现了不少具有优秀领导才能的人物，其中曹操、刘备和孙权可称得上是风流人物。

一、三国的四个时期

（一）东汉大厦将倾，天下诸侯纷争

东汉末年，从汉桓帝到汉献帝，皇帝的权威一直处于衰落之中。世家豪族逐渐成长，从各州到郡县，从田产税赋到军政事务，地方势力越来越独立于朝廷之外，不受中央控制。而在朝廷高层，皇帝也逐渐丧失掌控全局的权威。皇权衰落的结果是，形成一个外戚集团、宦官集团和士族集团倾轧斗争的局面。

自汉桓帝、汉灵帝以来，国法朝纲已经遭到破坏，无以为继。由于大家士族和外戚集团始终居于权力的核心地位，对于皇权是一个巨大的威胁。桓帝、灵帝感到难以控制，转而重点培育近臣，以对抗其他两大集团的威胁。皇帝"禁锢善类，崇信宦官"，宦官集团的权力越来越大。汉灵帝在位时，大将军窦武、太傅陈蕃曾密

谋诛杀宦官曹节，结果是"机事不密，反为所害"。朝政被奸佞小人所控制，以至不可收拾。宦官集团最终形成了一个强大的势力，被人们称为"十常侍"，即由张让、赵忠、封谞、段珪、曹节、侯览、蹇硕、程旷、夏恽、郭胜等人组成的集团。其中，张让更是攻于心机，重于算计，以至于汉灵帝竟然称张让为"阿父"。更具破坏性的是，十常侍连带自己的亲属，到处横征暴敛，卖官鬻爵，横行乡里，祸害百姓。哪里有压迫，哪里就有反抗。各地群众不堪压迫，纷纷起来反抗，大规模农民起义一触即发。

在巨鹿郡，张角、张宝和张梁三兄弟兴兵作乱，乘机造反。黄巾军以"太平道"传教为工具，聚合了青、徐、幽、冀、荆、扬、兖、豫八州的信众，四五十万黄巾军，图谋"乘势取天下"。同时，张角还让手下马元义暗中结交常侍封谞，意图里应外合。对于处于腐败不堪的朝廷，黄巾军形成了巨大的威胁。更为致命的是，黄巾起义为天下英雄人物提供了用武之地。在征剿黄巾军叛乱的战斗中，各路英雄豪杰，纷纷粉墨登场。朝廷命令官军对黄巾军进行剿杀，重用了地方实力派人物如董卓等人，也包括具有军事才能的青年才俊参加平叛，如袁绍、曹操和孙坚父子等人。在诛灭黄巾军及其他地方反叛势力后，朝廷论功行赏。这些有功的将领，都被委以重任，如董卓虽战斗失利，仍可占据西凉，拥兵二十万；曹操剿灭青州黄巾军后，被授予镇东将军；孙坚在讨伐曲星后被授予乌程侯；刘备在公孙瓒的推荐下，荐为别部司马，守平原县令。这些前期的军功以及官职，他们成为以后逐鹿中原的原始资本。在征剿黄巾军的过程中，为调动地方势力的积极性，朝廷又把刺史改为州牧，由宗室或重臣担任，让其拥有地方军、政之权，以便更有效地进剿叛军。结果是地方军拥兵自重，各自心怀鬼胎，形成一个个独立于皇帝权威之外的势力。这样，黄巾军起义不仅打击了汉室的威信，客观上也助养了一群具有野心的地方实力派诸侯。东汉社稷江山摇摇欲坠，地方军阀并立，由此进入到了群雄争霸的局面。

在朝廷内部，也发生了非常复杂的变动。汉灵帝体弱多病，围绕皇帝继承的问题，各个集团展开了明争暗斗。皇子刘辩和刘协都有机会承继大统，刘辩背后的支持者包括何皇后、大将军何进等外戚集团，以及袁绍等人组成的士人集团。而刘协的支持者包括董太后、汉灵帝以及以蹇硕等人组成的宦官集团。宦官集团、外戚集团和士人集团之间的矛盾一触即发，不可缓解。中平六年夏四月，由于汉灵帝突然病逝，刘辩登上皇帝宝座的机会大大增加了。在何进的策划下，司隶校尉袁绍率领五千御林军，扶立太子刘辩继承帝位。刘辩年幼，何皇后和大将军何进把持朝政。此时，宦官集团并未就此束手就擒，张让等人仍受到何皇后的信任和保护。对于袁绍提出的诛杀阉宦官的建议，何进软弱无能，不能决断。袁绍又提出了一个祸国殃民的建议，即"可召四方英雄之士，勒兵来京，尽诛阉竖"，昏头昏脑的何进立即采纳了这一计划。何进等人原本是想借西凉董卓之势力，恐吓何皇后，以达到压制和铲除宦官集团，独揽大权的目的。何进等人以为一切尽在掌控之中，没想到他的引狼入室，成为压垮东汉政权的最后一根稻草。

对于何进的邀请，老谋深算的董卓审时度势，抓住时机，引兵入京。此时，面对外来强兵，宦官集团已经陷入慌乱。为了扭转局势，张让等人率先发难，设计捕杀了何进，皇宫内外一片混乱，张让、段珪等人劫持皇帝外逃。这时，狼子野心的董卓来的时机正好，宦官集团、外戚集团和士人集团处于乱斗状态。董卓带来了勇武好斗的西凉兵，立即成为了各方势力的调停者和裁决者。董卓从一方诸侯，一跃成为有能力控制皇帝的枭雄。然而，在士人集团看来，董卓既是一个乱臣贼子，也是一个足以威胁他们自身利益的权臣，所以他们既不相信也不配合董卓。在董卓提出换帝的计划后，士人集团和董卓之间的冲突在所难免。

在公开反抗董卓之后，曹操和袁绍等人先后逃出京城。曹操草拟矫诏，发布了讨伐董卓的檄文，各地诸侯纷纷响应，组成了十七镇诸侯联盟，包括后将军南阳太守袁术、冀州刺史韩馥、豫州刺史孔伷、兖州刺史刘岱、河内郡太守王匡、陈留太守张邈、东郡太守乔瑁、山阳太守袁遗、济北相鲍信、北海太守孔融、广陵太守张超、徐州刺史陶谦、西凉太守马腾、北平太守公孙瓒、上党太守张杨、乌程侯长沙太守孙坚、祁乡侯渤海太守袁绍。曹操是召集者和组织者，而资历更高的袁绍做了十七镇讨董联军的盟主。曹操、孙坚父子以及刘备等人表现出了高出众人、敢于担当、能够建功立业的特征。然而，联军在虎牢关获胜之后，并没有再接再厉，一举荡平董卓的势力。讨董的战斗虎头蛇尾，无疾而终。究其原因，最重要的是，此时皇帝的权威已经衰落为一个有名无实的符号，各方诸侯心怀鬼胎，并没有匡扶汉室的胸怀和魄力。此时，联军中只有曹操和孙坚父子是勇于进取的。令人遗憾的是，由于董卓手下大将吕布的强力狙击，曹操的讨伐战斗失利。孙坚父子在攻入洛阳，意外获得传国玉玺之后，将其私藏，心生异念，寻找借口打算撤兵回江东，另图大事。在王朗密谋，貂蝉吕布诛杀董卓之后，董卓部下李傕等人及皇帝被挟持，汉献帝威严全无。联军之间的关系不再牢固，诸侯要么回到属地，要么侵吞他人属地，磨刀霍霍，诸侯之间陷入大混战的乱局。

（二）曹操尊汉献帝，一统北方群雄

在讨董联军解散后，各诸侯心怀异心，曹操心灰意冷，引军进入扬州休整。在董卓死后，李傕与郭汜继续裹挟汉献帝，为非作歹。后来李与郭相互猜忌，杨奉先是帮助李傕对抗郭汜，在脱离李傕之后，他把汉献帝刘协从长安护送到洛阳。此时，时任兖州牧的曹操以许昌为中心，苦心经营。谋士董昭向曹操建议，应该兴义兵以除暴乱，辅佐天子，把汉献帝移驾到许都，才是上策。荀彧也向曹操建议："昔晋文公纳周襄王，而诸侯服从，天下归心。"他认为曹操应该首倡义兵，奉天子以从众望，这才是关乎天下大局的战略。曹操采纳了迎尊汉献帝的战略，乘李傕和杨奉争得你死我活之时，迎汉献帝到许昌。"挟天子以令诸侯"，曹操获得最大的政治资本。在曹操讨伐对手时，都搬出了"汉献帝"这张王牌。

在曹魏政权的创建过程中，官渡之战是决定命运的最关键一战。此时，从实力上来看，袁绍是实力最强大的诸侯。袁绍四世三公，门多故吏。在拥立汉少帝刘辩的过程中，时任司隶校尉的袁绍起到了重要作用。董卓废刘辩立刘协为帝，袁绍和董卓公开发生了争执之后，逃离京城。后来董卓为讨好袁绍，收买人心，授予袁绍渤海太守一职。在组织讨东联军后，袁绍成为了当之无愧的盟主。后来，袁绍又巧夺了冀州牧韩馥的地盘，豪夺了公孙瓒的幽州，坐拥冀、燕、幽、并四州。这几个州人口众多，田产丰富，历来是争霸天下的根基。袁绍帐下人才济济，文武人才辈出。武有颜良、文丑，堪称"万人敌"，张郃、高览、韩猛等人皆名将，更拥有雄兵百万，战将千员；文有著名谋士田丰、沮授、逢纪、审配、辛评、郭图、许枚，皆足智多谋，实力实居群雄之首。但是，袁绍有大志却没有雄才，又刚愎自用，不善用人。

值得一提的是，在与袁绍决战之前，为了解除后顾之忧，曹操先征服了占据徐州的刘备。在受到汉献帝"衣带诏"事件牵连之后，刘备脱离曹操。起兵反叛曹操，杀了徐州刺史车胄，占据下邳，屯兵沛县，并积极与袁绍联络。为了全力对付袁绍，曹操采纳了手下谋士程昱的意见，即除马腾征刘备。把屯军西凉的马腾诱入京师，并寻机斩杀。郭嘉认为，"绍性迟而多疑，其谋士各相妒忌，不足忧也"，反而徐州的刘备是一个重要威胁。曹操兵分五路，东征刘备，一举占领沛县，收复徐州，转攻下邳，并迫降了关羽。曹操获胜后，还军官渡，以迎战袁绍。

在官渡之战尚未开始，袁绍内部阵营已经产生了重大矛盾。对于谋士田丰提出的迎汉献帝，并徐徐图之的战略，袁绍并不接受，后来竟然找借口把田丰送进大狱。袁绍讨伐曹操的战斗进展并不顺利，起兵白马之后，先锋颜良、文丑先后被暂时寄居在曹操帐下的关羽斩杀。此后，袁绍亲率大军出战官渡，以多攻少，但并没有什么进展，反而变成了旷日持久的阵地战。双方相峙月余，曹军粮草将尽，士卒疲乏，曹操一方已经感受到了强大的压力。在这一关键时刻，袁绍手下谋士许攸因愤恨而反叛，投奔曹操。许攸初见曹操，曹操在帐内来不及穿鞋就跑出去迎接故友，这就是著名的"跣足迎许攸"的故事。许攸给曹操献计奇袭乌巢，烧毁袁绍的军粮。这一计正合曹操寻求决战、一举击败袁绍的心意。于是曹操当机立断，亲率步骑五千人，连夜出发，快速行军达到乌巢。到达乌巢后，尽烧袁绍粮屯，并活捉守将淳于琼。袁军前线闻得乌巢被破，导致军心动摇，内部分裂。在随后的决战中，曹操乘势挥军掩杀，袁军一击即溃，袁绍只带了八百余骑，仓惶逃回河北。官渡一战而胜，曹操获得了可以一统天下的军事资本。

（三）孙权联盟对抗曹操，建立基业

在击败袁绍之后，曹操接下来的目标就是荆州的刘表以及江南的孙权。经过大半年的养精蓄锐、积蓄力量，曹操终于把矛头指向了占据荆襄八郡的刘表。在官渡之战中，曹操和袁绍彼此争斗，打得精疲力尽。此时，曹操和袁绍都派人向刘表求助，希望与其联合。刘表这时已经失去了年轻时的锐气，心中只想保证荆州，避免陷入战争。因此，刘表表面上与袁绍联合，但暗中也结交曹操，态度十分骑墙。可以说，倘若刘表能与袁绍结盟，派兵袭击曹操的后方。或许官渡之战的结局就大为不同了。然而刘表为人性多疑忌，以自保为重，无征服天下之志。为保住自己的一亩三分地，刘表邀请被曹操战败的刘备到荆州。刘表既希望刘备能够为其提供保护，又猜忌刘备，并宠溺后妻蔡氏，把军政大权都留给蔡氏支持的次子刘琮，以至于长子刘琦暗中与刘备联合。刘表眼睁睁看着曹操吞并了袁绍，迅速成为北方霸主，其地位无人可及。在曹操整顿军队、讨伐荆州时，刘表一病不起，不久就一命呜呼了。刘表的儿子刘琮以及属下文武官员大都投降了曹操，此时刘备已经陷入绝境。刘琮举州以降，荆州大半已经在曹操的掌控之中。处于人生巅峰的曹操，难免得意忘形，以为天下诸侯不过如此，袁绍之后再无可以与己相匹敌的对手。蔑视天下群雄的曹操，给孙权

发出了战书，要与孙权"会猎于吴"，这促成了刘备与孙权的联合。

在刘琮献州投降后，刘备陷入孤军作战腹背受敌的境地。刘备在和军师诸葛亮商议后，决定投奔夏口的刘琦。派出关羽先行到江夏借兵。刘琦的夏口，百姓又心甘情愿追随刘皇叔，以至于行军缓慢。赵云七进七出救阿斗，张飞长坂坡吓退曹兵。即使刘备顺利和刘琦会合，他们的总兵力也不过两万人，也难以抵挡曹操大军的进攻。在这种局面下，如何说服东吴的孙权，结成联盟就成为了刘备生死存亡的关键。显然，能够担当此重任的非诸葛亮莫属。诸葛亮只身随鲁肃过江，游说东吴的孙权以及其属下众人。曹操大军压境，东吴以张昭为首的主降派一时占据上风。在此情势下，诸葛亮晓之以理与东吴群儒展开辩论，他强调的是曹操的主攻目标是孙权，而不是刘备。在主战派鲁肃和周瑜的支持下，成功说服了孙权，使得共同抵抗曹操的孙刘联盟得以形成。

在赤壁之战开始前，曹操出师不利。首先，周瑜通过曹操派来的说客蒋干，实施反间计，借曹操之手杀掉其水军统帅蔡瑁和张允。其次，曹操的军队士兵大都是北方人，擅长陆战而不善于水战，大量军士水土不服，以至于广生传染病丧失了部分战斗力。再次，正如诸葛亮所言，曹操接受了荆州的大量降军后，并没有足够时间进行整编和驯化。曹操帐下的降军始终是一个不安定的因素，一旦开战失利，降军将会一哄而散。曹操率领大军号称80万众水陆并进，进军赤壁，与孙刘联军展开对峙。面对强敌，孙权全权授权周瑜，统帅大军。

在长江两岸，曹军在江北乌林一侧，而周瑜在南岸赤壁一侧，双方展开对峙。周瑜先是借助蒋干，巧使反间计，借曹操之手杀了水军将领蔡瑁、张允。黄盖自告奋勇，与周瑜一起导演了苦肉计。黄盖挚友阚泽胆大心细，出使曹营为其下诈降书。黄盖先是公开与周瑜发生争执，施展苦肉计，以至于曹操轻信并接受其投降。黄盖率众佯装投降，在战船上装满硫磺等易燃之物。黄盖的战船，借助东风，大烧曹操以铁链绑在一起的战船。曹营之中军士不习水战，加之战船被烧，军心大乱，兵败如山倒，荆州所受降的水军或被杀或投降。更为重要的是，在江东避乱的"凤雏"庞统火上加油，为曹操"献上"致命的连环计。曹操中计后，黄盖率蒙冲斗舰乘风驶入曹军水寨，放火烧毁了曹军战船及岸上营寨。孙刘联军乘势出击，曹军死伤惨重。曹操沿华容道败退，幸得关羽故念旧恩，放其一马才得脱险，否则恐怕性命堪忧。经过此一战，曹操失去了水军和以及部分陆军，仓皇逃到北方。

193

赤壁之战后，周瑜率领东吴军队与曹仁在南郡展开激烈争夺，刘备乘机抢夺了荆州南部四郡。由于战斗失利，曹仁撤回襄阳，自此曹操失去了进军南方的桥头堡。更加严重的是，在孙刘瓜分荆州之后，东吴一跃成为能与曹操相匹敌的对手，而刘备也得到了赖以生存的地盘，为日后夺取益州奠定了基础。

在三国鼎立局面形成的过程中，赤壁之战是最重要的战役。实际上，在开战之前战略大局已经不利于曹操阵营。第一，曹操轻易收降荆州，击溃刘备，使其忘乎所以，以至于逼迫孙刘形成联盟；第二，在鬼才郭嘉去世后，曹操失去了克敌制胜的先手；第三，曹军不习水战、多生疾病等因素，也使其无法形成强大的战斗力。总之，天时地利人和都对孙刘联军有利，所有孙刘联军战败曹操可能是一种必然的结果。自此，曹操失去了扫荡天下、平定诸侯的锐气和锋芒。而孙权以东吴各州为基础，刘备以荆州益州为根本，各自建国立业，积累了与曹操决一雌雄的本钱。

（四）司马氏扫平蜀吴，篡位自立

在赤壁之战后，曹操无力击败孙刘联盟，只得退回北方。自此，荆州成为曹操和孙刘两家相持的一个重要战场。曹操仍然占据着荆州北部的南阳郡、襄阳郡、南乡郡三郡以及长江北的江夏郡一部分，孙权得到了江夏郡和南郡部分地盘，刘备夺取了荆州南部的长沙郡、零陵郡、桂阳郡和武陵郡。曹操曾命令屯扎在合淝张辽，进攻东吴，然而并不能取得决定性的战果。此时，曹操集团和孙刘集团处于相持阶段，谁也无法获得绝对优势。曹操只好把眼光转移到西川的马超、韩遂等多路诸侯。通过离间计，曹操使韩遂军与马超军自相残杀，从中获利。马超兵败之后，曹操又把汉中张鲁当成征讨的目标。张鲁在做了象征性的抵抗后，举州归降。

在这一时期，刘备占据荆州大部，并取得了益州，收获是最大的。在赤壁之战中，趁曹军与东吴军鏖战之时。刘备顺势取得了荆州南方各郡，并为占领益州奠定了基础。为抗击汉中的张鲁，益州刘璋邀请刘备入蜀。进入蜀地后，刘备深得人心，并成功兼并了刘璋的益州，自领益州牧。更为重要的是，在军师诸葛亮的辅助下，依靠张飞、黄忠和赵云等武将，刘备趁势夺取了曹操的汉中等地区，曹操弃汉中而走，遂皆投降。此时，刘备的势力达到了顶峰。在诸葛亮等人的劝说下，刘备再三推辞不过，进位汉中王，封其子刘禅为王世子，许靖为太傅，法正为尚书令，诸葛亮为军师，关羽、张飞、赵云、马超、黄忠为五虎上将。随着刘备实力的极速扩张，孙刘联盟之间的裂痕也日渐扩大。其实，自一开始孙刘之间的联盟关系并不牢靠，为了避免被曹操吞并，双方采取的只是一种策略性联合。在东吴的鲁肃病逝之后，接替其统兵的是主张吞并刘备的吕蒙。由吕蒙与陆逊共同策划了"白衣过江"的阴谋，袭击了驻扎在荆州的蜀国大将关羽。此时，关羽正在率军全力攻打曹操的樊城，以至于猝不及防，走投无路。最后在重夺荆州无望之下，关羽只得率残兵退守麦城，最终兵败被杀。虽然孙权杀死了关羽父子，夺取了荆州，但孙刘两家的联盟关系也就此瓦解。刘备不顾诸葛亮等诸人的苦苦劝说，倾蜀汉全国之力攻打东吴，为义弟关羽报仇，同时也伺机扩大战果。然而，面对来势汹汹的蜀军，东吴也做好了准备。一方面孙权受九锡降魏，表示归顺，从而解除了北方曹魏的威胁；另一方面，东吴大将陆逊制定了诱敌深入、以逸待劳的针对性战略。在夷陵之战中，陆逊火烧刘备连营，大破蜀军。蜀国精锐部队几乎消耗殆尽，元气大伤。此后，蜀国国运维艰，陷入了一蹶不振的地步。在退回蜀国白帝城之后，刘备一病身亡，临死之前托孤，把后主阿斗托付给丞相诸葛亮、尚书令李严等元老重臣。

在曹操病危之时，向曹洪等群臣"遗命"，认为："惟长子曹丕，可继我业。"曹操去世后，曹丕接任魏王、丞相和冀州牧。在曹丕的授意下，华歆等一班文武，逼迫汉献帝让位。魏王曹丕即受八般大礼，登了帝位。曹丕自立为大魏皇帝，建立大魏国，改延康元年为黄初元年。其后，汉中王刘备也在成都称帝，继续东汉大统，年号"章武"。随后，孙权也自立为吴国皇帝，最终形成了三国鼎立的局面。为实现先主刘备光复汉室的意志，诸葛亮六出岐山，挥师北伐魏国。由于蜀国外在的军事压力，魏主曹丕给予抚军大将军司马懿足够的信任。曹丕中年而亡，其子曹睿继承皇位。曹睿死后，其子曹方继位，以司马懿等人为辅佐重臣。司马懿老奸巨猾，借口生病，使得魏主曹方与大将军曹爽放松警惕，最终夺得兵权。曹魏政权逐渐名存实亡，曹氏终于落得与汉献帝同样的下场。魏亡后，由司马昭之子司马炎取而代之，创立大晋，改元为泰始元年。

在后期蜀国、吴国之中，皇位的继任者大都庸庸碌碌，无所作为。而一大批元老重臣或战死、或病死，文武人才匮乏。反观魏国，司马氏家族越来越强大，一统天下的时机已经成熟。在魏国权臣司马昭的策动下，以镇西将军钟会，征西将军邓艾为主力，集合关中人马，调遣青、徐、兖、豫、荆、扬等处的兵力，大举进攻蜀国。在剑阁钟会与蜀军形成僵持的局面，这牵制了蜀国大将姜维的主力部队。与此同时，邓艾偷渡阴平、奇袭成都，征服了蜀国，俘虏了蜀君刘禅，蜀国灭亡。晋主司马炎重用镇南大将军杜预等人，兵分六路，以及冠军将军杨济节制诸路人马，水陆兵共计二十余万，讨伐吴国。吴主孙皓无能，且内部已分崩离析，不得已投降晋国。自此，三国长期分裂的局面也随之结束，晋帝司马炎实现了统一的大业。到头来，魏蜀吴三国为司马氏做了嫁衣，此正所谓"天下大势，合久必分，分久必合"。

二、乱世英雄 —— 曹操

魏蜀吴三国的奠基者曹操、刘备和孙权，都是卓越领导力的典型代表。在这个群雄逐鹿豪强乱战的年代，曹操能够脱颖而出，绝非偶然。曹操具备中国历代开国帝王的特质，如雄才大略、坚毅果敢、胸怀大度、知人善任、深谋远虑以及善辨时机等等。从团队建设方面来说，曹操不拘一格，唯才是举，尤其善于从敌方争取优秀人才，为其效力。从社会领导力来说，曹操是一个能够辨明天下大势、有战略眼光的人。如采用"挟天子以令诸侯"的战略决策，使得曹操无论是在政治上、道义上以及资源上都优于他的竞争对手。

（一）天赋异于常人

曹操从小具有不同于常人的言谈举止，如书中所言："操幼时，好游猎，喜歌舞，有权谋，多机变。"南阳何颙称赞曹操是"安天下者，必此人也"，又如汝南许劭所言："子治世之能臣，乱世之奸雄也。"得此褒奖，曹操的反应是"闻言大喜"，这说明曹操年轻时就是一个暗藏心机、胸怀大志之人。成年之后，曹操利用家族关系，顺利走上仕途。曹操的父亲是中常侍曹腾之养子，借助家族势力，曹操二十岁除洛阳北部尉，也就是负责洛阳市北部的公共治安。曹操上任之时，严明执法，"有犯禁者，不避权贵，皆责之"。曹操巡夜时，拿住中常侍蹇硕之叔，并依律执行棍责。借助这一事件，初出茅庐而又急于求功的曹操，在官僚精英阶层积累了良好的口碑。

（二）借七宝刀行刺董卓

曹操是一个能力卓越的领军人物，具有卓越的目标和为朝廷奉献的精神。曹操在官拜骑都尉时，在颍川截杀张梁、张宝的农民起义军，斩首万余级。在讨伐董卓时，司徒王允与一班旧臣密谋商议。酒过数巡之后，王允与众人皆哭哭啼啼。他们对于董卓弄权既无计可施，又悲恸不止。这时，曹操指着他们冷笑，并当众自荐："愿即断董卓头悬之都门，以谢天下。"曹操借用王允的七宝刀，准备行刺董卓。后虽行刺失败，但这足见曹操有为江山社稷献身的精神品质。曹操孤胆英雄，行刺逆贼，为其攒了一些政治和道义资本。在逃亡路上，曹操吸引了一大批文人武将，如陈宫（后离开曹操）、乐进、李典，以及宗族兄弟夏侯惇，夏侯渊、曹仁、曹洪等人。卫弘听说曹操致力于讨伐朝廷逆臣董卓，倾其家资相助。最重要的是，自行刺董卓之后，曹操声名大噪，从而有名望向天下发布矫诏。曹操可以与居于高位的袁绍会盟，并吸引了袁术等十七镇诸侯联合起来，共同讨伐董卓。

（三）节制自律不称帝

自消灭二袁、吕布、刘表、马超等割据势力，并降服南匈奴、乌桓、鲜卑等，平定北方之后，曹操已经发展成为最大的割据势力。同时，借助"挟天子以令诸侯"的政治策略，曹操位高权重，步步为营，成为权倾一时的重臣。然而，在有生之年曹操并没有称帝。鉴于先前董卓废帝、袁绍换帝以及袁术称帝的失败教训，这可能是曹操全面权衡后所做出的决定。但这足以表明，曹操是一个自律节制之人。在青年时期，曹操是有效力汉室皇朝、驱除反叛、诛杀佞臣的理想和抱负的。然而，随着时局的变化，汉献帝刘协虽贵为皇帝，但并无实权，成为一个彻头彻尾的傀儡。在挣脱董卓旧部李傕、郭汜的裹挟后，汉献帝过上了颠沛流离、到处流落的生活，皇帝以下一干人等的生活用品都需要曹操来接济。可以说，这时东汉皇室已经名存实亡，徒有虚名。在中国古代社会中，对于权倾朝野的重臣来说，"皇帝"的吸引力是不言而喻的。孙权曾上书表示愿意臣服，希望曹操称帝。在曹魏的阵营中，侍中陈群等人也从中鼓动："汉室久已衰微……殿下宜应天顺人，早正大位。"此时，曹操抵制住了"皇帝"的诱惑，笑着对大家说："然位至于王，名爵已极，何敢有他望？"我们把三国称为"三足鼎立"，然而环顾四宇，纵览天下，只有孙权和刘备紧密团结，建立联盟，才能对曹操形成实质性威胁。这就是说，不称帝的做法反映了曹操具有一定的自律性。

（四）建立统一战线

在团队建设方面，曹操可称为骨灰级的好手。他尤其擅长的是，建立统一战线，从敌方阵营中的搜罗和挖掘人才。对于这些人才，曹操都能够加以重用，知人善任，任人唯才。在曹操的文臣武将中，主要有三个来源：一是敌方阵营；二是宗族亲戚；三是民间人士。可以说，多方招贤纳士，唯才是举是曹操的用人标准。只要是人才，无论其出身、个人品行甚至是政治立场，曹操都表现出了极大的容忍和尊重。曹操对于自己的竞争对手，如刘备、张绣和吕布等人，都表现出了浓厚的兴趣。对于宛城豪杰张绣，曹操能够放下斩杀爱子曹昂以及爱将典韦之仇，第二次纳降，表现出了非凡的气度和胸怀。不但如此，著名的反复无常、言而无信的吕布，曹操也心存侥幸，试图争取。众多文臣武将中，从敌方争取过来人才都是声名显赫的。他的五大谋士，荀彧、荀攸、贾诩、郭嘉和程昱都是不可多得的人才，前四位都是来自于敌方阵营。而在决定曹魏命运的官渡之战中，袁绍帐下谋士许攸反叛到曹操阵营，这是曹操吸引人才魅力的证明。在曹操的五子良将中，张辽来自于吕布阵营，张郃原效力于袁绍，乐进来自于民间，于禁本为鲍信部将，而徐晃原在杨奉帐下。值得称赞的是，无论是来自于敌方阵营的人物，还是民间的人才，曹操都能够把他们与自家宗亲协调起来，如夏侯惇、夏侯渊、夏侯尚、曹仁、曹洪、曹纯、曹真和曹休等人，不生间隙。

贴士 12-1　曹操招贤纳士

在兖州，曹操公开招贤纳士。颍川颍阴人荀彧荀攸叔侄二人来投靠。这叔侄二人都是海内名士，曾拜黄门侍郎，后侍奉袁绍。由于对袁绍充满失望，弃袁绍而投曹操。曹操向来重视人才，听到荀彧叔侄来投的消息，当时就认定荀彧："此吾之子房也。"曹操任命荀彧为行军司马，后又任命其为侍中尚书令。在为曹操效力的几十年当中，荀彧为其出谋划策，举荐贤才，稳定政治，做好后勤，可称得上是曹操的左膀右臂。

（五）英雄不问出身

曹操对于人才尤其是对大才、奇才、怪才和英才，具有独特的偏好。曹操是一个能够树立典型示范、善纳高见的开明之人。刘备的义弟关羽，是仁勇忠义、名冠古今的武将。"温酒斩华雄"是早年关羽登上大舞台的成名作，而给关羽提供这一机会的就是曹操。在讨伐董卓的战斗中，以袁绍为盟主组成了关东十八路诸侯。然而在汜水关时，联军被董卓手下大将华雄狙击。华雄接连斩杀潘凤等多名大将，以至于联军帐下竟没有人敢应战。此时，关羽主动请缨战华雄，当众诸侯得知关羽仅是一名"马弓手"时，南阳太守袁术倍感羞辱，呵斥关羽："汝欺吾众诸侯无大将也？"这时，曹操却为关羽辩护，说："此人既出大言，必有勇略；试教出马，如其不胜，责之未迟。"关羽立下军令状，并在片刻之间斩杀华雄。回到军营，曹操为关羽备壮行酒还有余温。自此，关羽的勇猛名震诸侯，威镇寰宇。由此可见，曹操是一个不问英雄出身的卓越领导者。而且，在后来曹操掌控大局的时候，对于人才的使用也是不计出身。曹操能力排众议，破格征用一些家庭出身低微、社会名望较低甚至是个人品行不端的人才。在诸侯纷争、群雄逐鹿的战争年代，曹操任人唯才、唯才是举的实用主义用人哲学，为其曹魏政权的建立奠定了基础。

（六）独具慧眼有谋略

曹操是一个能够辨明天下大势，并顺应时势的领导。在外戚何进与张让等十常侍的争权斗争中，袁绍建议何进："可召四方英雄之士，勒兵来京，尽诛阉竖。"此时，曹操则认为："宦官之祸，古今皆有"，朝廷不必把这些十常侍赶尽杀绝，只需要把他们领头的交给狱吏处理即可，不可贸然引入都外之兵。然而，何进却看轻怀疑曹操的建议，曹操得出结论："乱天下者，必进也。"最后，董卓的虎狼之师入都城，并最终把正统汉室王朝引入深渊。由此可见，曹操对天下大势具备敏锐的判断力，也能够及时修正自己的行为以顺应时局的变化。

在后来的斗争中，无论是对于盟友还是敌人，曹操都能够从容把握，纵横捭阖。如在早期能够稳住袁绍，协同济北相鲍信，联合陈留太守张邈，打击张绣、陶谦、吕布和刘备等人。在修耕植、蓄军资、积累了大量的军政资本之后，曹操具备了扫荡群雄的基础，这时曹操又把袁绍、乌桓等北方豪强，袁术、刘表、孙权、张鲁和马超作为征服的对象。

（七）挟天子以令诸侯

在讨董联盟解散后，李傕、郭汜仍然劫持天子肆虐，各地诸侯或自保，或雄心勃勃，企图吞并他人。这时，曹操以兖州为根据，镇压青州黄巾军，并招降了大量降兵，同时招贤纳士，等待时机。在杨丰的挑唆下，李傕和郭汜变友为敌，相互攻击，死伤无数，长安城几乎变成一片废墟。不久，献帝在原李傕部将杨奉等人护卫下，摆脱了李、郭的控制，一路颠沛流离，仓皇逃到洛阳。此时，洛阳也是一片狼藉，别说皇宫破败不堪，甚至连皇帝等众人的日常用品都得不到保障。这时，曹操采纳董昭等人迎尊汉献帝的建议，迎汉献帝到许昌。"挟天子以令诸侯"，曹操获得最大的政治资本。在政治上，曹操做到了"奉天子而令不臣"，这使其赢得了汉室忠臣义士的拥护，如曹操帐下重要谋士荀彧等人。值得一提的是，袁绍也曾有机会得到"奉天子"的机会，然而，他没有听从郭图、沮授等人关于"迎天子都邺"的建议，以至于失去了政治上的重大优势。

然而，曹操也表现出了好大喜功、骄傲轻敌以及刚愎自用的性格，这对于其领导力来说，都是重大的性格缺陷。在占据优势时，曹操往往会输给那些实力明显不如自己的对手，比如濮阳战吕布、宛城征张绣以及西凉剿马超时都吃过大败仗。而曹操在赤壁之战被东吴的周瑜打败之后，更是断绝了一统天下的绝好机会。从这几次败仗来看，曹操的自大、轻敌以及自负的性格缺陷暴露无遗。在赤壁之战爆发前，曹操已经向东吴孙权发出了战争恫吓，声称："今统雄兵百万，上将千员，欲与将军会猎于江夏。"这一恫吓促成了孙刘两家结成战略联盟，从而为赤壁之战失利埋下了种子。

三、仁君圣主 —— 刘备

相比之下，刘备更像是一个匡社稷于即颓的明君。这种危难之际的皇帝，具有以德服人、坚韧不拔、韬光养晦、屡败屡战、敢于放权以及求贤若渴等特质。在团队领导方面，刘备能够能聚合核心利益圈的力量，形成一个坚不可破的团体。在社会领导方面，刘备能够审时度势，韬光养晦，能屈能伸，适时与孙权结成战略联盟，并最终建立刘蜀政权。

（一）桃园三结义

相比曹操和孙权，刘备建立霸业的过程是最为艰辛和曲折的。刘备字玄德，幼年丧父，家境贫寒，甚至一度以编织草席、贩卖草鞋为生。然而，刘备少年时就具有大志向，素有大志，专好结交天下豪杰。刘备常言自己是中山靖王刘胜之后，汉景帝阁下玄孙。刘备年幼时，得到其叔父的资助，与公孙瓒、卢植等人交好。刘备英年豪气，喜结交天下义士，这一特质为其日后功成名就奠定基础。自打天下初始，刘备就幸运地获得了可成为"万人敌"的两个虎将，即关羽和张飞，并在张飞庄后桃园义结金兰，堪称世人仁义之楷模。关羽和张飞不仅是勇武无双、一世豪杰，尤其可贵的品质是两人都是赤胆忠心，经得起重大考验的人才。后来曹操东征刘备，小沛一战，打的刘备三兄弟失散。刘备投奔袁绍，关羽暂时寄住曹操帐下，张飞则在古城站住脚跟。关羽为保全刘备妻室，和曹操屯土山约三事：一是只降汉帝，不降曹操；二是按照皇叔俸禄养赡二位嫂嫂；三是得知刘皇叔去向后，立刻辞去投奔。后来，关羽得知刘备在袁绍帐下，挂印封金辞曹操，千里走单骑，过五关斩六将，最后三兄弟古城会面。关羽的义重如山、绝伦超群，令当时名将雅士所汗颜。在结义之时，刘关张三人曾约定"不求同年同月同日生，只愿同年同月同日死"。后来，刘备为报东吴杀关羽之仇，明知胜算不大，却举国兴兵，也算不违背当初三兄弟的誓言。这也证明了刘备的个人魅力所在，也是他"仁义"品质的最好表现。可以说，作为领导刘备已经达到了一种"化境"，以至于麾下将士能够做到"士为知己者死"。

贴士 12-2　刘关张情义值千金

刘备、关羽和张飞结义金兰、情同生死，堪称世人之楷模。在刘备与吕布的争斗中，张飞酒后误事，丢失徐州。张飞丢盔卸甲，只带着数十个骑兵来见刘备，刘备家眷一干人等留在城中。在见到刘备关羽后，关羽质问张飞说："嫂嫂安在？"张飞说："皆陷于城中矣。"刘备听后默然无语，关羽则斥责张飞道："今日城池又失了，嫂嫂又陷了，如

> 何是好！"张飞闻言，羞愧不已，欲拔剑自刎。玄德夺剑拦住张飞说："古人云：'兄弟如手足，妻子如衣服。衣服破，尚可缝；手足断，安可续？'"关羽、张飞听后都感泣不止，这种兄弟情义也是刘备集团能够始终得到核心人才拥护的重要原因。

（二）善于利用一切优势

从刘备的创业经历来看，他不折不扣的是从一个"个体户"，成就了一番事业。刘备虽然是孑然一身，白手起家，但他非常善于利用一切有利条件。从天时来讲，刘备强调自己是汉室宗亲，在见过汉献帝后，双方论资排辈，刘备正式获得"刘皇叔"的称号。自汉高祖以来，到东汉末年，汉室宗亲恐怕数以千计，而刘备这样一个破落到卖草鞋为生的人，懂得充分利用其身份优势。事实上，汉室正统的身份为刘备赢得了诸多便利，如刘焉、陶潜、刘表等人，都因为刘备为汉室而招纳收留过他。在地利方面，刘备善于博得同情，适时与人结盟，委身于曹操、袁绍，赢得徐州，借荆州，夺取益州。在人和方面，刘备的优势是相当明显的。刘备以"仁义"、"信义"和"情义"为旗号，为其赢得了统治的合法性，联盟的信任、群臣的拥护以及百姓的爱戴。

在建立霸业的初期，刘备投靠过刘焉、公孙瓒、陶谦、吕布、曹操、袁绍、刘表等人，他一直在寻求机会，开拓属于自己的地盘。刘备时刻处于危难之间，遇到的挫折越大，越能激发其百折不挠，愈战愈勇。在驻军小沛时，刘备与曹操暗中交通，以至于与先前结盟的吕布反目，于是两家兵戎相见。由于受到吕布大军强攻，刘备与其妻小失散，这时手下谋士孙乾建议"不若且投曹操，以图后计"。于是，刘备暂时投到曹操阵营，以待东山再起。自占据陶谦的徐州之日起，刘备图谋天下的英雄之志已表露无遗。曹操、袁绍以及刘表等人都是雄踞地方的实力派人物，不可能不对刘备产生戒心和怀疑，甚至随时都可以寻找借口，除掉刘备以免除后患。然而，刘备在这几个主人帐下效力，不仅没有招来杀身之祸，反而时常得到重用，这就是刘备韬光养晦、善于妥协的品行带来的结果。

（三）宁死，不忍做负义之事

在团队领导和建设中，刘备是以"仁义"为最重要的原则。首先，对于刘备来说，匡扶汉室以续正统是最大的"仁义"。在刘备青年时期，就与关张等人一起加入到时任幽州太守的刘焉帐下，讨伐起义的黄巾军，为朝廷建功立业。在许昌，刘备又接受了汉献帝秘密传下的"衣带诏"，密谋除去专权的曹操，恢复皇帝的权威。直到听闻汉献帝被害后，在诸葛亮与众臣的鼓动下，以延续"汉室正统"为理由，刘备以汉室宗亲的身份称帝。其次，刘备以"仁义"聚集天下豪杰，关张二将自不必多说，赵云、黄忠和马超都是尽心尽力、舍生报效的代表。从文臣来说，"卧龙"、"凤雏"为刘备划定了争夺天下的经世济国的方针，做到了鞠躬尽瘁、死而后已。再次，刘备以"仁义"不肯轻易吞占他人之地。由于与曹操结仇，徐州刺史陶谦希望把徐州让与刘备，刘备都不肯接受。刘备驻军小沛，以保徐州。直到陶潜死后，刘备才勉强领徐州牧。在依附荆州刘表之时，诸葛亮曾建议趁刘表病在危笃之时，取荆州为安身之地，以建立对抗曹操的根据地。这时，刘备对诸葛亮说："吾宁死，不忍作负义之事。"当初，在曹操的猛攻下，刘备弃新野，走樊城，百姓数十万人相随，以至于日行十余里，无法逃脱。众将劝刘备放弃辎重和百姓，尽快脱离险境。刘备不以为然，认为："举大事者必以人为本。今人归我，奈何弃之？"

（四）三顾茅庐聘孔明

在刘备的团队中，诸葛亮的地位是无须赘言的。对于刘备而言，诸葛亮既是他人生路的指路明灯，又是他宏才伟略的总设计师。按照易中天先生的说法，在遇到诸葛亮之前，刘备是有英雄之志、英雄之气和英雄之魂，但是没有英雄之地。在隆中，刘备三顾茅庐，赢得了同样需要大舞台的诸葛亮。诸葛亮常自比管仲、乐毅，司马徽在向刘备推荐时更认为他可比姜尚和张良等高人。刘备求贤若渴，三次躬身前去请诸葛亮，望其出山辅佐，以成大业。在隆中对中，诸葛亮向刘备提出了建立基业的宏图大略。诸葛亮认为曹操拥百万之众，挟天子以令诸侯，是最大的敌手。而孙权据有江东，国险而民附，可以与结成联盟以对抗曹操。荆州是用武之地，益州险塞，是天府之国，然而这两地之主刘表刘璋都不守不住，这是上天赐给刘将军的礼物。诸葛亮认为刘备是帝室之胄，以仁义信义著于四海。如果能够占据荆、益两州，与孙权结盟。一旦天下有变，刘备就可以率领荆州益州之兵北伐曹操，最终完成大业。如刘备所言，隆中对的战略布局让其"拨开云雾而睹青天"。自此，刘备获得了诸葛亮这样经天纬地的大才，使其成为能与曹操、孙权相提并论的英雄人物。诸葛亮不愧为世之高士，惊为天人，他为刘备找到了英雄之地，也为其制定了联吴抗曹的大战略。

（五）占荆州，取益州

曹操曾说过，刘备，人中之龙也，生平未尝得水。今得荆州，是困龙入大海矣。由此可见，荆州、益州对于刘备的重要性。荆州地处险要，进可攻，退可守；而益州物产丰富，人口众多，是建立大业的根基。益州牧刘璋接受别驾张松的建议，邀请刘备入川，以节制汉宁太守张鲁。然而，张松却建议刘备强取益州，认为"大丈夫处世，当努力建功立业，著鞭在先"。刘备接受了张松的建议，亲率大军入川谋取益州。刘备与庞统、黄忠、魏延进入西川，而诸葛亮与关羽、张飞和赵云等人守荆州。在一开始，刘备并不忍心吞并刘璋，而是协助其打击张鲁。后来张鲁忌惮和不信任刘备，并把刘备置于腹背受敌的境地。此时，刘备已无退路，而刘璋手下的重要将领谋士像法正、孟达等认为刘璋无能，甚至直接叛变投靠了刘备。诸葛亮率领援军进入西川，与刘备在益州重镇雒城会师。最终，刘璋不敌刘备，让出益州。刘备占荆州、取西川，是体现其大战略的巅峰之作。

在领导力方面，刘备的主要缺点是不服大局，意气用事。刘备成也"仁义"，败也"仁义"。"兵者，国之大事……不可不察也"，尤其是不能轻言没有做好准备的战争。为报江东杀其弟关羽之仇。刘备不顾军事诸葛亮、将军赵云等人的劝告，自领兵万，兴兵伐吴。结果在夷陵，被东吴大将陆逊击溃。陆逊截断刘备归路，然后火烧连营八百里，刘备损伤元气。经此一役，蜀国国运衰落，刘备基本上失去了争夺天下的资本，甚至可以说，刘蜀政权的最终覆灭与此有直接联系。

四、守业之君——孙权

孙权更像一个守业的皇帝，属于继承父兄基业，并把江东地盘越做越稳固的有为之君。孙权北拒曹操，西挡刘备，是一个具有一流领导智慧的"风流人物"。从个人品质来说，孙权是性格果断，能抗重压，忍辱负重，善于用人，善于放权，顾全大局。从团队领导来说，孙权能够把江东集团最优秀人物如周瑜、鲁肃、吕蒙、陆逊、太史慈、甘宁和周泰等人，收入帐下，为自己服务。从社会领导方面来看，孙权能够适时与刘备结成联盟，从而在赤壁之战中一举击败不可一世的曹操，奠定了三国鼎立的基础。

（一）生有异象

东吴孙策由于遇刺，伤势过重，临死之前把江东基业托付给其弟孙权。孙策认为孙权能够"举贤任能，使各尽力以保江东"，具备保住江东基业的能力。孙策建议孙权"内事不决，可问张昭；外事不决，可问周瑜"。孙权更像是一个守成之帝，其权谋和政治手腕都是高人一等的。尤其难得的是，孙权生有异象，方颐大口，碧眼紫髯，乃是大富大贵之人。有汉使刘琬见过孙家诸兄弟之后，唯独对孙权评价甚高，认为："吾遍观孙氏兄弟……惟仲谋形貌奇伟，骨格非常，乃大贵之表。"连东吴大将周瑜也称之为"神武之才"，一生心甘情愿忠心辅佐。

（二）冷静而决断

孙权是一个头脑冷静而又深谋远虑的英雄人物。在曹操征服刘表之子刘琮，击垮刘备之后，下一个对手就瞄准了东吴的孙权。此时，曹操帅兵几十万人，破荆州，下江陵，所向披靡，势如破竹，东吴上下感受到了黑云压城的重大压力。这是孙权继承江东大业以来面临的最严重的挑战，必须慎重思虑，才能做出最后的决策。不得不提到的是，在东吴群臣中，投降派的势力不容小觑。以张昭为首的投降派认为降操，则东吴民安，江南六郡可保，诸葛瑾也认为降者易安，战者难保。然而，孙权是一个头脑非常冷静的决策者。在广泛征求了鲁肃、周瑜以及刘备派去的诸葛亮等人关于敌我双方力量对比的分析，并权衡战与降的得失之后，冷静而又决断地做出了连刘抗曹的决策。孙权在江东诸臣面前，拔佩剑砍面前奏案一角，大声说道："诸官将有再言降操者，与此案同！"可以说，这一决策体现了孙权的个人领导品质。

（三）开宾馆广招人才

自孙权继承父兄基业之后，于吴会开宾馆广纳贤士。孙权任命顾雍、张纮为其

国学中的领导力

招揽四方才俊。通过这种途径，孙权优选了建言献策的有用之才，如阚泽、严畯、薛综、程秉和朱桓等人，这些人才为孙吴政权的巩固建言献策，影响甚大。更为重要的是，孙权还得到了几位足以影响大局的猛将良才，比如汝南的吕蒙和吴郡的陆逊，这两位都是文武兼备的奇才。由吕蒙策划的白衣过江行动，击败了当时久负盛名的大将关羽，东吴也得到了荆州，并迫使关羽率领余下残兵退守麦城，最终兵败被杀。丢掉荆州，刘蜀自此失去了能攻能守的战略要地，走向了下坡路。而后来，陆逊火烧连营，更是给了刘蜀政权重重一击。从团队建设来看，江东文武诸人，精英荟萃，人才辈出，离不开孙权任人唯贤、放手用人、用人不疑的团队建设理念。

（四）不计前嫌求人才

在权力稳固之后，孙权有意征伐荆州牧刘表部下江夏太守黄祖。孙权与黄祖之间不仅有地盘之争，还有杀父之仇。孙权的父亲，时任长沙太守的孙坚在与黄祖交战时，被其部下一箭射死。孙权正在为讨伐黄祖绞尽脑汁时，平北都尉吕蒙引荐了原黄祖部将甘宁来降。甘宁纵横于江湖之中，勇武有力，然而在效力于黄祖时曾杀死过孙权大将凌操。此时，孙权求贤若渴，不记旧仇，并多次调解甘宁与凌操之子凌统之间的关系。而甘宁也感怀遇到明主，死命效忠。根据甘宁提出的计划，主张进攻黄祖，继而向西进军，占据楚关，从而可以获得进攻川蜀的桥头堡。孙权遂采纳其建议，命周瑜为大都督，以董袭、甘宁等人为副将，征讨并杀死了黄祖。

贴士 12-3　孙权拜书生为大将

在吕蒙回到建业养病后，孙权希望吕蒙能够推荐一位能够代替其职位的贤士。吕蒙认为："陆逊意思深长，而未有远名，非云长所忌。"孙权听从了吕蒙的建议，任命陆逊为偏将军、右都督。在刘备为报关羽之仇，大兵压境之后，孙权打算提拔陆逊为大都督。东吴群臣一片质疑，如张昭就认为："陆逊乃一书生耳，非刘备敌手。"孙权不拘一格，提拔资历尚浅的陆逊。并筑坛拜帅，大会百官，请陆逊登坛，拜为大都督，赐以宝剑印绶，令其执掌东吴诸路军马。

（五）顾大局联刘抗曹

赤壁之战的胜利，为孙权统治东吴各地奠定了牢固的基础。然而，在强敌曹操以及并不牢固的孙刘联盟之间，孙权能够纵横捭阖，立于不败之地，这就体现了他的社会领导力。鲁肃也给孙权提出过东吴版的"隆中对"。鲁肃认为，吴国应该立足于江东，静观天下之变。如今应该乘北方乱战之时，剿除黄祖，进伐刘表，完全控制长江以据守，以图天下。事实上，东吴基本也是按照此战略进行布局的。

在曹操收降荆州刘琮之后，就迫不及待向孙权下了战书。曹操在檄文声称："今统雄兵百万，上将千员，欲与将军会猎于江夏。"曹操大军压境，东吴群臣惊恐万状，一夜哀鸣。孙权派出鲁肃，以给刘表吊丧为名，出使荆州寻求联盟。而此时，刘备更是处于仓皇出逃之际，更需要孙权的帮助，于是让诸葛亮随鲁肃一同前往东吴共谋抗曹之计。为了增强主战派的力量，孙权把周瑜从鄱阳召回。周瑜乃是江东风流人物，具备"王佐之资"。周瑜认为曹操已经犯了兵家之忌：一是北土未平，马腾、韩遂是其后患；二是隆冬盛寒，马无藁草；三是北军不熟水战；四是曹军不服水土，多生疾病。而且，曹操收服的袁绍和荆州之兵，都是"狐疑之众"，尚未归心，战斗力不强。孙权下定了联刘抗曹的决心，命周瑜和程普为左右都督，鲁肃为赞军校尉，迎战曹操。周瑜率精锐部队三万人至夏口，与刘备联军两万多人会合，共同抗曹。赤壁之战，曹操退回北方，失去了征服南方乃至统一全国的大好机会。孙权继续维持与刘备联盟，以抗拒曹操。

然而，孙权也有一些有损其领导力的性格缺陷。孙权从刘备手中夺回荆州并杀死其义弟关羽，这也使得蜀国与东吴交恶，直接导致孙刘联盟的破裂。在晚年，孙权犯了君主为政之大忌，即废长立幼。在太子孙登去世后，孙权立次子孙和为太子。而全公主与太子孙和不睦，遂向孙权告恶状。然而，孙权对全公主恩宠偏爱，听信其谗言，并废除了太子孙和的爵位，导致其忧恨而死。这样，在孙权死后，其少子孙亮继承帝位。由于孙亮年幼，一应大小事务皆归于权臣诸葛恪所揽，这也是吴国后期朝政混乱的重要根源。

五、结　语

纵览《三国演义》全书，集中描述了三国时期的政治军事斗争，反映了三国时代各个政治集团的合作与冲突。在这种激烈的矛盾中，该书成功地塑造了不同类型的具有领导智慧的人物，曹操、刘备和孙权是其中具代表性的。拿曹操来说，他的性格冷峻而果断，坚毅而决断，符合开国皇帝的典型特征。曹操这种领导艺术是在与政治军事对手的长期斗争中形成的，是他能够开创一片基业的重要条件。而刘备也是一位乱世英雄，熟谙王道之术。刘备是一位仁义君子，善于高举汉室正统，君臣之礼，重视核心集团的情感和利益需求。同时他也能够抓住微妙的政治军事机遇，从而成就一番事业。在继承父兄基业之后，孙权练就了不可多得的领导艺术，即善于放权和用人。观其经历，孙权拥有非凡领导才华和政治远见。能够出让荆州，与刘备结盟抗曹，说明孙权有深远的政治谋略和规划。而能够放手启用周瑜、鲁肃、吕蒙和陆逊，说明孙权具备超一流的领导艺术和政治魄力。

（作者：王金良）

第十三章 《红楼梦》中的领导力

国学中的领导力

对于很多人来说，陈晓旭，是他们心中永远的"林妹妹"。很多看过87年版《红楼梦》的人，一定对里面她所塑造的林黛玉一角不能忘怀。她对于这个角色的把握，迄今仍然是电视剧史上的经典，深受中国观众的喜爱。

而很多人不知道的是，陈晓旭，还是一名成功的商人，是一名成功的领导者。

在结束了《红楼梦》的拍摄以后，陈晓旭曾经去过军区歌舞团，还曾想过出国，但不管怎样，一直过着不稳定的生活。为了谋生，她开始进入广告行业，组建了一家广告公司以后，开始步入商场。随后十年的时间，她和她的丈夫通过多年的苦心经营，成功塑造起了一家资产过亿的广告公司，成为了广告行业数一数二的女性企业家。曾经拥有"2004年中国30位杰出女性广告人"、"2005年中国经济年度风云人物"、"2006年中国十大最具风采女性广告人"等众多耀眼光环。

别人曾经问过她如何在一名成功的演员和成功的企业家的角色上完成互换的。她在一次演讲中回应了这个问题，她说：

> 大家知道我现在是个企业家，很多人依然说我和林黛玉的性格有很多契合之处。有的记者问我是如何处理林黛玉的柔弱和企业家的果敢之间的矛盾。我没有觉得林黛玉是柔弱的，她很坚强。如果说林黛玉这个人和我现在所做的工作有什么联系的话，那么就是"创意"。广告是很有创意的，而林黛玉是个很有创意的人，比如"葬花"的行为显出她非常有灵性。她看到落花，把花当作生命一样的尊重，把花埋起来，葬了，像悼念一个人。还有跟贾宝玉吵架的方式也特别有原创性。所以说，如果林黛玉到现在也是一个很好的广告人。

她曾经说过，对她影响最大的人，是曹雪芹、庄子和释迦牟尼。而她很多的因缘际会，还有最终功成名就，就是从前人的一部《红楼梦》开始的。《红楼梦》就像一本百科全书，对于一位企业家、一位领导者来说，《红楼梦》是一个领导力之梦。在这部经典作品中，男一号贾宝玉希望构筑一个超越性别歧视、人与人自由相处和恋爱的中国版伊甸园。从这个意义上讲，贾宝玉是一个有理想和愿景的人。然而，不幸的是，贾宝玉并不是一个成功的领导者。甚至，多数人都会说，贾宝玉似乎都不具备领导者的气质。愿景与领导之间的紧张关系组成了这个领导力之梦的悲剧基调。更为悲剧的是，贾宝玉的愿景与作品所处的时代是不相一致的。男主人公关于"男人是泥做的，女儿是水做的"的宏论，如果放在当下，会占据道德制高点，也会得到女性主义的纳旗欢呼。然而，问题是，宝哥哥的愿景与那个强调男尊女卑的时代是完全撕裂的。因此，整个红楼梦的故事就是领导力的悲剧故事。

一、领导力冲突：贵族与平民的分野

这是一部既虚构又真实的长篇小说。正如作者在书中所提及的，整部小说并没有年代可考。书中所涉及的大小人物也都是作者虚构。然而，整部小说实际上是作者曹雪芹对其自己生活经历的工笔写真。贾府从兴盛到衰落的过程实际上是曹雪芹家族的变迁缩影。

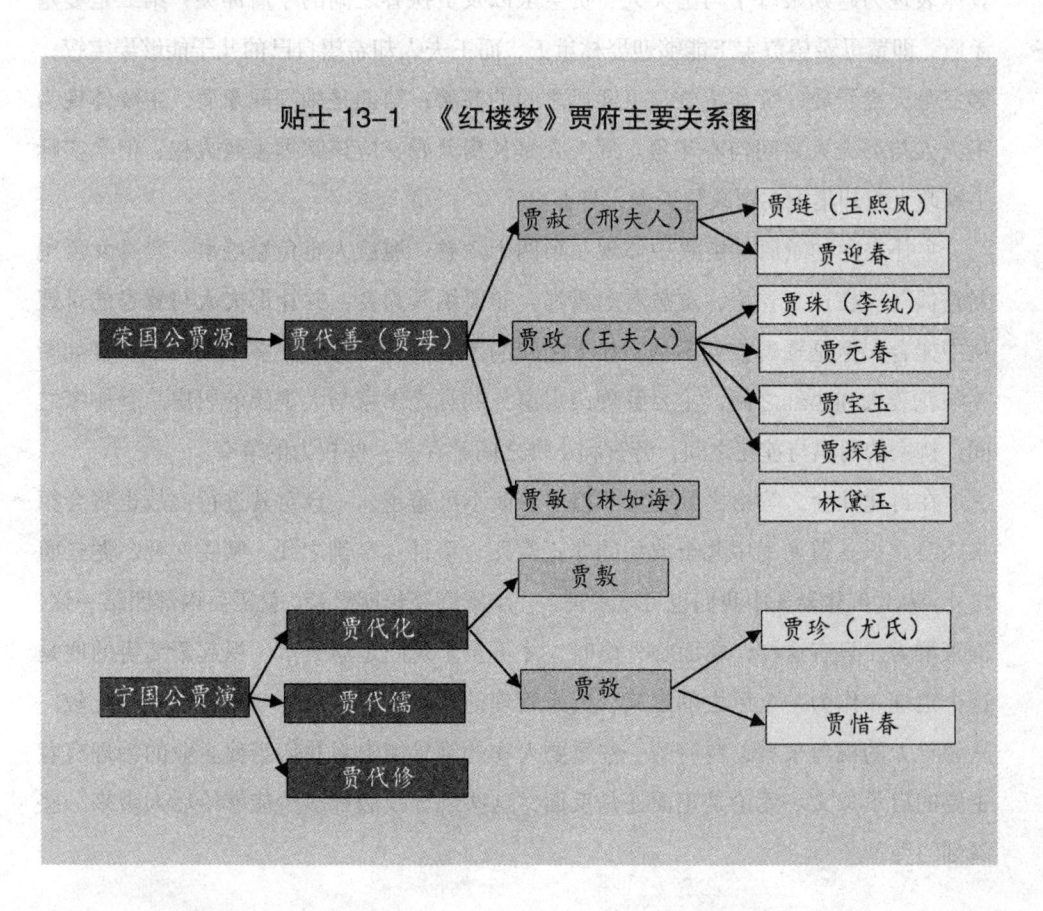

贴士13-1 《红楼梦》贾府主要关系图

```
荣国公贾源 → 贾代善（贾母） → 贾赦（邢夫人） → 贾琏（王熙凤）
                                              → 贾迎春
                          → 贾政（王夫人） → 贾珠（李纨）
                                         → 贾元春
                                         → 贾宝玉
                                         → 贾探春
                                         → 林黛玉
                          → 贾敏（林如海）

宁国公贾演 → 贾代化 → 贾敷
                   → 贾敬 → 贾珍（尤氏）
                         → 贾惜春
          → 贾代儒
          → 贾代修
```

211

尽管整部小说人物众多，其中的支线情节和矛盾冲突也是非常复杂，但是，笔者还是试图用最为简化的"奥卡姆剃刀"把这个作品的核心矛盾描绘出来。在红楼梦中，存在一个明显的身份鸿沟。每个人都有一个身份标签，不论是主子还是仆人。如果是仆人的话，其身份的标识会更加强调其是哪个主人的仆人。具体而言，全书的情节冲突主要围绕如下三种矛盾展开：主子之间的矛盾、主仆之间的矛盾、仆人之间的矛盾。在这三类矛盾之中，主子之间的矛盾是主要矛盾。

具体而言，主子之间的矛盾可以分为两大类。首先是宁荣两府之间的矛盾。譬如，尤氏与王熙凤之间的矛盾，背后便是宁荣二府的矛盾。王熙凤将尤氏继母的女儿尤二姐迫害致死，尤氏耿耿于怀。其次是荣国府内部的矛盾。而这一矛盾又可分为四类：第一是嫡庶之间的矛盾冲突，其主要体现在争夺家庭地位与家庭继承权方面，譬如具体表现为赵姨娘母子与王夫人、贾宝玉以及贾探春之间的矛盾冲突；第二是婆媳矛盾，即贾母希望贾宝玉能够迎娶林黛玉，而王夫人却希望自己的儿子能够娶宝钗；第三是夫妻矛盾，譬如贾琏与王熙凤之间的芥蒂；第四是妯娌间矛盾，主要体现为王夫人与邢夫人之间勾心斗角。邢夫人是长房儿媳，应该掌握家政大权，但是实际上家政大权却集中在贾政与王夫人身上。

主仆之间的矛盾冲突集中体现在第四十六卷"尴尬人难免尴尬事　鸳鸯女誓绝鸳鸯偶"。在这一卷里，贾赦看上鸳鸯，非要纳其为妾，并让邢夫人与鸳鸯的哥嫂从中撮合，但是鸳鸯誓死不从。仆人之间的矛盾冲突也体现在多个案例中，譬如晴雯与花袭人和小红之间，主要管理田房事务的林之孝家与大观园的厨房总管柳家之间，柳家的司棋与莲花之间，芳官和小蝉之间都存在一些权力的争夺。

在封建社会，等第之分非常严格，一般不可逾越，一旦对其进行挑战也将会招来杀身之祸。譬如书中几个典型的非正常死亡事件：金钏之死、晴雯之死、尤二姐之死。从《红楼梦》中我们也可以发现，一个家庭要长期繁荣，就需要内部团结一致，群策群力。只有这样，在面临外患时，才不至于瞬间走向衰落。祸起萧墙讲的便是这个道理。作为一个巨大的家族，贾府管理的超级复杂性可以与现代企业相比较。从领导力的视角来看，贾府的一些重要人物的领导能力对我们当代企业的治理有着主要的启示意义。无论是正面还是反面，这些领导模版都多少能够给后人带来一些深刻的反思。

二、愿景与现实的鸿沟：贾宝玉的领导力之梦

贾宝玉是荣国府贾政与王夫人所生之子，因其出生时衔玉而生，又是贾府玉字辈的嫡孙，故名贾宝玉。在贾府，贾宝玉生得一家之长贾母之宠爱。同时，由于其不求上进，与下属打成一片，又经常被父亲训斥。

在自我领导力方面，贾宝玉有着良好的服务意识和奉献精神。贾宝玉的地位在贾府仅次于贾母和贾政。但是他却没有任何威权：他对任何人都能平等相待，很少以高低贵贱之分来与人交往。贾宝玉与贾府的丫鬟们打成一片，并混淆了主仆之间的区分。贾宝玉之所以这样做，是因为贾宝玉认为"女人是水做的，男人是泥做的"，所以他认为女性比男性高贵。他对待下属能够做到一视同仁。当下属需要其帮忙时，他挺身而出，当仁不让。譬如，当金钏死后，他自责不已，披麻戴孝去祭拜金钏。当其下属晴雯生病的时候，他尽心照顾。当春燕被其母亲追打时，宝玉挺身而出，袒护春燕。这些丫鬟和下属的遭遇在男权社会是非常正常的，按照传统观点是不需要特别关照的，但是贾宝玉的难能可贵就在于，他可以做到自恃甚卑。就品质支撑而言，贾宝玉的特质是谦逊、团结、真诚、宽容和讲信用。正如书中对贾宝玉所描述的："视姐妹兄弟皆出一意，并无亲疏远近之别。"譬如，他与秦可卿之弟秦钟本是叔侄关系，但是他却以兄弟相称，并时时刻刻能够体恤他人。总之，贾宝玉实际上是一个服务型的领导，这是领导的最高境界，尤其是在等级森严的封建社会。

从团队领导的内容来看，贾宝玉更加展现出一个愿景型领导的特征。贾宝玉所居住的怡红院实际上是贾宝玉希望实现其平等愿景的心灵家园和一方净土。他对袭人、晴雯、麝月等人充满着体恤和怜悯之心。在他看来，大家能够平等相待、自由自在地一起吟诗作对就是人生最大的幸福。贾宝玉的这一愿景与许多伟大的思想家的愿景实际上是一致的。譬如，马克思的愿景就是实现一种"自由人的联合体"，而马克思的这一愿景与贾宝玉的观念有许多相似之处。当然，马克思关于"自由人的联合体"的论述更为完整和严密，而曹雪芹借贾宝玉之口表达出的这一愿景则更为文学化。在团队协作方面，贾宝玉也懂得隐忍。譬如，贾宝玉内心深处认为林黛玉才是其真正的知己。他对黛玉用情过痴，每当林黛玉生气时，他都能够做出让步并哄着林黛玉开心。在贾宝玉看来，良好的团队协作应该是一个协作共进、和谐共

处的团队。他不希望团队成员之间闹矛盾,因为这些矛盾会动摇整个团队的基石。

在社会领导方面,贾宝玉也有一些社会联系,诸如与北静王的关系上。贾宝玉与北静王以诚相待,所以最后当贾府落难时,北静王竭力相助。在引领变革方面,贾宝玉虽然对贾府没有做出任何大刀阔斧的改革,但是作为一名愿景型领导,贾宝玉"一视同仁、体恤下属"的思想本身就是对当时社会思想的一个变革和挑战。

贾宝玉的优点是不言而喻的。他是一个愿景型领导者。从当时的时代背景来看,宝哥哥的观念具有非常强的穿透力,把整个时代的男权黑幕划开了一道裂口。并且,贾宝玉对下属能够做到一视同仁,这样的领导在现代社会也是非常难得的好领导。

宝哥哥的缺点与他的优点一样鲜明。作为一名愿景型的领导,贾宝玉对事件的处理缺乏细密的规划和处置能力,这集中体现在其对林黛玉的感情上。当紫鹃哄骗贾宝玉林黛玉要回苏州府时,贾宝玉陷入了深深的绝望和非理性之中。从这件事情来看,贾宝玉对大局的处理缺乏缜密的思考和得当的处置。同时,贾宝玉"与下属打成一片"的日常工作态度导致他在下属面前缺乏威信。好的领导既要有威信,又要有良好的团队合作能力。而如何能够处理好这二者之间的矛盾对于一个好领导是最为关键的。

三、智商与世故的强烈反差:林黛玉的道家领导力

林黛玉是姑苏人氏,贾母的外孙女,其母贾敏是贾母最小的女儿。从小父母待其如掌上明珠,但命运多舛。林黛玉的母亲在其六岁时早亡。其母去世后,林黛玉被接到贾府。之后,在林黛玉九岁时,父亲又去世。由于家庭变故,再加上寄人篱下的遭遇,她性格变得日益高傲孤僻。她与贾宝玉关系甚密,被贾宝玉视为恋人和知己。在元妃省亲后,林黛玉入住潇湘馆,别号潇湘妃子。

从自我领导来看,林黛玉有着非常强的自我修养。这一点首先体现在第三卷"托内兄如海荐西宾 接外孙贾母惜孤女"中。在这一卷,当林黛玉弃舟登岸,看到贾母家的几个三等的仆妇吃穿用度,非常不凡,所以就在到了贾府之后,步步留心、时时在意,不多说一句话,不多行一步路,恐被人嘲笑。所以当她进入贾府之后,

众人看她年貌虽小，但是举止言谈却是不俗。从这些举止中，可以发现林黛玉是一个非常有教养的人。在自我学习方面，虽然书中对林黛玉的刻苦用功没有过多的描述，但是从其所做诗词以及在诗社中的表现，可以发现林黛玉的自我学习能力非常强。在品质支撑方面，林黛玉虽然身体柔弱，但是其性格坚毅，这一点主要与其命运有关。尽管她在贾府深得贾母喜爱，但是由于其寄人篱下的心态，所以也造就了她性格坚毅的一面。林黛玉虽然缺乏与人沟通的技巧，但是她待人真诚、胸无城府、讲求信用。林黛玉的嬉笑怒骂皆表现于外，所以与众人的关系比较紧张，这一点与薛宝钗形成了鲜明的对比。身体管理方面，林黛玉虽然自幼多病，但是她非常注重饮食的节制。一则由于其身体的原因，二则由于其家庭环境的影响。正如书中所述，当日林家教女以惜福养身，每饭后必过片时方吃茶，不伤脾胃。从这句话中可以发现林黛玉具有良好的饮食习惯。

在团队领导方面，林黛玉与其贴身丫鬟紫鹃的关系非常亲密。从紫鹃处处维护林黛玉的利益上可以看出林黛玉的待人真诚。譬如在第五十七卷"慧紫鹃情辞试莽玉　慈姨妈爱语慰痴颦"中，紫鹃对贾宝玉的试探充分体现了紫鹃对林黛玉处境和情感的维护。所以林黛玉在其最后的弥留之际时拉着紫鹃说："妹妹，你我是最知心的，虽然老太太派你服侍我这几年，我拿你当亲妹妹。"在等级森严的社会，主子能拿仆人当亲人，这已经是非常高的礼遇了。所以从这一点上看，林黛玉对其团队的成员是非常真诚的。

整体来看，林黛玉的优点与其深受道家文化的影响有密切关系。她蔑视功名利禄，追求个人的自由和独立，所以被不求功名利禄的贾宝玉称为知己。她自我领导力较强，自我学习和自我修养方面都高人一等，并对下属真心诚意。在贾府的大厦一步步走向衰落的过程中，林黛玉却有着"出淤泥而不染"的品格和"众人皆醉我独醒"的洞察力。

当然，林妹妹很难称得上是一位好的领导者。她的缺点也是显而易见的。由于自身的处境，造就了她桀骜不驯、孤芳自赏的性格，以至于她错失了许多合作伙伴。贾宝玉视林黛玉为知己，尽管林黛玉也非常珍惜与贾宝玉的相处和合作，但是她却经常欲擒故纵，以至于经常使其与合作伙伴不欢而散。林黛玉的另一个明显的缺点是自恃甚高。当她受到些许的委屈时，她都会以剧烈的形式表现出来，给众人的印象就是"小心眼"。一个好的领导者需要有宽阔的胸襟和良好的协作能力。因此，从这些内容来看，林黛玉是一个"才女"，但不是一个好的领导者。或者说，林黛玉只能被称为一个浪漫型的领导者。

四、近乎完美的空心人：薛宝钗的职业经理人气质

薛宝钗是金陵四大家族中"薛"家的千金小姐。但其也遭遇不幸，其父故去，其母"薛姨妈"成为寡妇。"薛姨妈"与贾宝玉的母亲王夫人是亲姐妹。所以当其哥哥薛蟠摊上人命官司之后，薛宝钗与母亲和哥哥一起进入贾府，一则躲避风头，二则薛宝钗可以参加皇宫选秀。

在自我领导方面，薛宝钗有着不俗的表现。首先，她的业务能力很强，琴棋书画样样精通。同时，由于其哥哥浪荡无羁，她还要照顾其家庭。薛宝钗的处世之道也是过人的，主要体现在其与贾府上下的关系上。薛宝钗还有着良好的危机处置能力。譬如在第二十卷"王熙凤正言弹妒意 林黛玉俏语谑娇音"中，薛宝钗的丫鬟莺儿与贾环产生矛盾时，虽然错在贾环，但是薛宝钗却呵斥莺儿。表面上在批评莺儿的不妥，实际上则再保护莺儿的利益。在品质支撑方面，从薛宝钗所做的诗词可以看出，她是一个勤奋的人。由于其父去世较早，其哥薛蟠又缺乏责任心，所以她有着坚韧和执着的品格。团结则是薛宝钗的另一个优点。对内，她是一个孝顺的女儿；对外，她又深得贾府上下的欢心。她团结众人，待人真诚和宽容。在身体管理方面，薛宝钗虽然身体也不是很佳，但是她性格豁达乐观，拥有宽阔的胸襟。譬如，当金钏死后，她竟然拿出自己的两套衣服给金钏做装裹。

在团队领导方面，薛宝钗有着良好的团队协作能力。她团结下人，没有门第之分。在制度建设方面，她有着良好的洞察能力。譬如，在贾探春兴利除弊、整顿贾府时，薛宝钗看到了贾探春改革中的不足，并予以完善。在团队合作方面，虽然最终她与贾宝玉结为夫妻，但是通过她长时期的观察和分析，她早已预料到她与贾宝玉的结合是不可能的，但是由于家长们的心愿而不得不屈从。最后当贾宝玉出家为僧时，她反而显得异常平静。

在社会领导方面，薛宝钗可以做到辨明时势。由于薛宝钗一家寄人篱下，所以当知道贾母是贾府的最高领导，她可以迅速赢得贾母的欢心。譬如，在第二十二卷"听曲文宝玉悟禅机 制灯谜贾政悲谶语"中，薛宝钗过生日，贾母问薛宝钗"喜欢听

什么戏,喜欢吃什么饭",宝钗深知贾母年老,喜欢看戏和吃甜烂之物,所以她就依着贾母说了一遍。这说明宝钗可以从对方的角度来思考问题。这在西方心理学中被称为"移情",即换位思考。这是领导者的一个重要品质。另一个例子是,在第三十八卷中,薛宝钗借史湘云之名设立螃蟹宴,其目的也是在讨贾母和王夫人的欢心。薛宝钗构建网络方面的努力主要体现在,她与贾府的关系上。同样是寄人篱下,薛宝钗的表现与林黛玉迥然相异。对上,她与贾府的贾母、王夫人、贾宝玉等人关系密切,没有任何芥蒂;对下,她与其他领导者的丫鬟也打成一片,深得下人之心。在此之外,她与史湘云的关系也甚为密切。

从常人的视角来看,薛宝钗是一个近乎完美的领导者。她团结众人、洞察时机、勤奋上进,竭力维护其自身团队的利益。这些为其树立在贾府中的良好形象奠定了基础。即便在现代社会,薛宝钗的性格和处事之道也值得许多职业经理人的学习。

当然,薛宝钗也并不是绝对完美的。薛宝钗的缺点在于其内心的不充实,因此,笔者将其称为"空心人"。作为一个领导者,薛宝钗缺乏愿景规划。薛宝钗有着很强的执行力,但是其并未对整个领导过程进行深刻的规划。从小说的内容来看,薛宝钗所展现的是一种"好人"哲学,虽很少得罪人,但是给人的感觉是城府太深。在整部小说中,鲜少有薛宝钗与人诉说衷肠的描述。薛宝钗的每次出场都是以"老好人"的形象,这一点与贾宝玉和林黛玉形成了鲜明的对比。然而,好的领导者不仅需要执行力强,而且还需要立意更高的愿景规划。由于缺乏这样的愿景规划,所以薛宝钗归根结底还不是一个好的领导者,充其量只能算是一个执行力和沟通力超强的职业经理人。

五、权力与交易的双重人格:凤辣子的辣与不辣

王熙凤是四大家族王家的嫡女,其叔父王子腾官居高位。在权力高峰时,王熙凤是四大家族最负盛名的贾家荣国府的当家夫人,也是贾琏的妻子。在贾府大家都称之为"凤姐",或者"琏二奶奶"。世人对王熙凤的评价多以"机关算尽太聪明,反误了卿卿性命"为主。从这句话中可以看出,王熙凤的特点是心眼多、心机重。这说明王熙凤是一名权力型的领导者。

在自我领导方面，王熙凤的沟通技巧是令人叹服的。作为一名领导，如何巧妙运用语言艺术去开拓职场之路是至关重要的。运用良好的语言沟通能力，领导者可以凝聚人心和积聚人脉。王熙凤虽然识字不多，但她懂得口才的重要性。她能够做到察言观色，根据场合与对方的心理能够说出让对方满意或者心服口服的话。譬如，贾赦欲娶鸳鸯为妾，本来贾母在责怪贾赦的不是，但是王熙凤却将责任假意推到了贾母身上，怪贾母调教得好，调教出这样水灵的丫头。这种明贬暗扬的沟通方式让贾母内心非常欢喜。利用其语言天赋，王熙凤总能化险为夷，化干戈为玉帛。这也是其得到了一家之主的贾母与王夫人的器重的原因。

此外，王熙凤的执行力也是令人叹服的。她勤快、泼辣、雷厉风行。王熙凤特别看中权力，是一个典型的权力饥渴型领导，但却缺乏良好的规划和锐意改革的精神。在贾府一步步走向衰亡时，她并没有起到力挽狂澜的作用。王熙凤也特别看重钱财，喜欢接受别人的小恩小惠。在身体健康方面，她不懂得保养身体，经常是带病上岗，这也是其对贾府持续进行领导的大敌。

在组织领导方面，王熙凤是制度建设的大家。王熙凤获得执掌贾府的机会也很大程度上是偶然性的。在秦可卿死后，本应该有尤氏来料理其后事，但是由于尤氏没有任何才干与实权，再加上她心情不好推说自己身体不适，而贾珍一人难以应付，所以在这样的情况下，贾宝玉就将王熙凤推荐给了贾珍。王熙凤一旦获得机会后，就抓住了机会，并发挥出其过人的领导才能。王熙凤的强执行力还体现在其对贾府内务的制度性管理上。王熙凤协理宁国府期间，发现宁国府存在五大问题：第一件是人口混杂，遗失东西；第二件是事无专职，临期推诿；第三件需用过费，滥支冒领；第四件是任无大小，苦乐不均；第五件事是家人豪纵，下人不服管束。王熙凤在"上位"的过程中显示出其良好的危机处置能力，把一个混乱无序的宁国府治理得井井有条。对宁国府的治理得当主要体现在她订立严格规则的问题上，譬如一个小厮睡过头被挨罚的事例，同时，王熙凤施以严格的财务控制以及把任务落实到每一个人，要求做到各司其职。因此由于凤辣子的参与，整个丧礼的办理过程都井井有条。

在社会领导方面，王熙凤也力图突破其门第限制去构建一些社会网络。譬如，她给贾芸以方便，以及善待刘姥姥。对于乡下来的刘姥姥，她从没嫌弃，反而竭力帮助刘姥姥。当贾府失势时，她让其女儿巧姐认刘姥姥为干娘。这为巧姐之后的生存铺好了后路。

王熙凤的优点体现在其超强的沟通力和执行力上。她做事果断，危机处置能力较强，有着良好的语言沟通技巧。虽然识字不多，文化不够，但在语言运用方面却有着过人之处。作为一名领导，既要敢说敢做，同时也要讲究用语的技巧，这样既能讨好上级也能围住员工。从某种意义，王熙凤的言和行都有其过人之处。可谓能言善辩、雷厉风行。这也是当代职业经理人的经典模版。

从根本上讲，王熙凤的不足在于其知识和领导的层次。王熙凤读书不多，虽然非常世故，但是了解她的人总会从心底里认为她的层次还是有点略低。这体现在领导上，就是她缺乏一个明显的能够吸引人的愿景。从类型上来看，王熙凤是权力型领导者和交易型领导者的结合。因为要施展权力，所以王熙凤心眼较多。虽然很会说话，但是给人的感觉两面三刀，虽然讨好了上层领导，却让下属们对其说三道四。正如一个小厮这样描述她："少说有些心眼子，再要赌口齿。十个会说的男人也说不过她呢。"王熙凤对待下属的方式也不值得提倡。她对上级奴颜婢膝，而对下属却心狠手辣。王熙凤被称为五辣俱全，即香辣、麻辣、酸辣、泼辣以及毒辣。在秦可卿死后，通过一个小厮之口生动地描述了王熙凤五辣俱全的性格特征。即"嘴甜心苦，两面三刀；上头一脸笑，脚下使绊子；明是一盆火，暗是一把刀"。这些不足使得其领导的品质停留在较为局限的水平上。

六、空空的王座：贾母的无为与有为

贾母是红楼梦四大家族之一的史家小姐，嫁给了荣国府贾源的长子贾代善，并育有贾赦、贾政两个儿子和贾敏等多个女儿。她是小说中贾府中宁国府和荣国府中辈分最高的，是贾宝玉的祖母，也是林黛玉的外祖母。

贾母的领导才能主要体现在其"无为而治"之上，在贾府中，她德高望重，拥有至高无上的权力，但她并没有倚老卖老，以权压人。相反，她乐善好施，简政放权，将治理贾府的权力都交给了王熙凤。虽然她不多做决策，但是她心知肚明，放手让有能力的王熙凤去操持整个大家族的家务。贾母每次出场，都是儿孙满堂，欢笑不断。这种不显山露水的治理策略，某种程度上调动了大家的积极性和凝聚力。这正是其治理贾府的过人之处。每一次的家族大聚会，尽管不时有口角和冲突，但是在贾母的掌控之下，各种芥蒂和冲突都被淹没在整体性的和谐之中。在领导自我方面，贾母乐观随和，喜欢天伦之乐。在她看来，最开心的事情就是儿女成群，并且大家心无芥蒂。在身体管理方面，贾母注重养生，并将其身体保养得非常好。

在对他人的领导方面，贾母虽然位高权重，但是待人一视同仁。在一些超越道德底线和破坏家庭文化氛围的问题上，贾母总是能够蜻蜓点水，化干戈为玉帛。譬如，贾赦要娶鸳鸯，贾母对贾赦的非分之想予以批评并加以遏制。当贾琏与鲍二媳妇偷情被凤姐发现时，凤姐恨不得置贾琏于死地。于是凤姐找贾母求救，可谁知贾母暗自在保全贾琏。贾母的行为其表面上是在袒护贾琏，实则在维护整个贾府团结和谐的氛围。她时刻以贾府为重，以家族利益为要。譬如，对园子中老妈子聚众赌博的事情一查到底。贾母这种"抓大放小"的治理策略正是现代企业领导者所应该学习的。作为一个领导，不可能事事亲力亲为，而应该充分授权，相信他人。

在领导社会方面，贾母乐善好施，接济穷人，怀有怜悯之心，有着强烈的道德感和社会责任意识。譬如，在"享福人福深还祷福　多情女情重愈斟情"这一卷里，贾母对小道士极力袒护，并将张道士的敬贺之礼施舍给穷人。对于乡下来的刘姥姥，贾母也尽心招待，没有任何嫌弃之意，这些都充分体现了贾母心地善良、恤老怜贫的品质。同时，贾母没有强烈的门第等级之分，譬如，在宝玉择偶的事情上，贾母认为，只要模样儿、性格合得来就行。这些都是领导者难能可贵的。

作为贾府德高望重的最高领导人，贾母奉行的原则是"无为而治"。从贾母的品格中可以发现，最高领导者必须要有宽阔的胸怀和大事化小的能力。作为贾府最高的领导者，贾母掌控着贾府的全局，但她并不独裁，相反却充分授权，并与下属之间积极沟通，对于员工既鼓励又批评，竭力维护整个贾府的利益。整体来看，作为贾府最高领导者的贾母并没有门第等级之分，能够做到恤老怜贫、公平正义。这对现代企业领导者的启示是，不仅要维护自我利益，同时也要有着强烈的社会责任感。这正是现代企业发展的必然趋势。

当然，贾母的无为而治也存在一些缺点。譬如，在人才建设方面，贾母缺乏长远的规划和储备。贾母似乎很容易被王熙凤的花言巧语所迷惑，对王熙凤道德品质和文化素养方面的缺陷缺乏充分的认识。贾府最后走向衰落虽然是大势所趋和时代之必然，但是与贾府的人才储备方面也有着必然的联系。同时，宝玉作为贾家的第四代领导人，贾母对其呵护备至，总是不分青红皂白地竭力袒护他。譬如，当贾宝玉被其父亲呵斥并进行棍棒教育时，贾母总是立即冲到现场，竭力呵护宝玉而哭骂贾政。在贾府内部的一些男女问题以及道德问题方面，贾母为了贾府的安定，往往也主要从维护男权的利益来考虑问题。

七、忠诚与本分：袭人还是暖人？

花袭人，原名珍珠，为贾宝玉房里四丫鬟之首。从小因家贫，被卖到贾府做丫鬟。刚开始服侍贾母，因贾母喜欢其心地善良、忠心耿耿，故将其去服侍宝玉，王夫人将她作为姨娘的人选。后逐渐成为宝玉丫头中的领头人。宝玉因其姓花，故取陆游诗句中的"花气袭人知骤暖"之意，给其取名为"袭人"。

在自我领导方面，袭人有着乐于奉献的品质。正如书中所描述的："服侍贾母时，心中只有贾母；如今跟了宝玉，心中又只有宝玉了。"她做任何事情时时处处一万个小心，凡事只图一个妥帖。当然，若不如此，关系复杂形势危险的大观园是"住不下去"的。同时她性格非常坚韧，并具有宽容之心。譬如，在宝玉误踢袭人的情节中，当宝玉半夜回家，敲门没有人答应，当袭人给他打开门时，他没有看清楚人，不分青红皂白朝袭人肚子踢了一脚。袭人当时就吐了一口血。但是袭人并不抱怨，而是忍辱负重，委曲求全。再如，在涪陵糕事件中，袭人把责任归于自己身上，她这种宽宏大量、独当一面的精神，使得大家都能紧紧以她为中心而团结在一起。袭人的执行力非常强。凡事都能尽职尽责。作为宝玉的贴身大丫鬟，袭人对宝玉照顾得无微不至，井井有条。此外，袭人的团队意识非常强。譬如，在鸳鸯逼婚、丢玉、茯苓霜、春宫图等事件中，袭人都会出谋划策，并规劝宝玉不要得罪人，要以大局为重。作为一名丫鬟，袭人能够令宝玉心服口服，这说明袭人有其良好的处世之道。

身为一名丫鬟，她可以顾全大局，对贾宝玉处处隐忍。而且当宝玉挨打之后，袭人与王夫人的一席话，正中王夫人下怀，令王夫人对她刮目相看。袭人的愿望就是以后能够成功上位，终身陪伴在宝玉的身边。所以在贾宝玉误踢了她吐血后，晚上睡觉的时候，她的心都灰了："把往日的争荣夸耀的心都没了……"这句话表明，她虽然是一个忠心耿耿的奴才，但也是一个为以后将来打算的有心之人。

袭人最为显著的优点是超强的服务意识。袭人摘下那"通灵宝玉"来，用手帕包好，塞在褥子下，这样次日戴时，贾宝玉就不会冰着脖子。在宝玉上学之前，袭人把所有的东西收拾妥当。同时，袭人并不是消极地服从，而是与上位领导者积极地进行互动。譬如，时时刻刻抓住机会规劝宝玉。譬如，袭人父母准备赎回袭人，宝玉不舍得，袭人便约法三章，只要宝玉肯依，她就不回去了。

袭人优点的另一方面就是她的缺点。在她眼里，只有上面领导，而缺乏自己的长远规划。同时，袭人的领导格局还相对比较局限，其视野还不够开阔。从领导学理论来看，袭人是非常合格的合作者，即领导身边最为得力的秘书人选。

八、于无声处听惊雷：平儿的平凡与不平凡

平儿，王熙凤的陪房丫环，贾琏之妾。她与王熙凤有着多处本质上的区别。她生性善良，经常背着王熙凤做些好事。

平儿一直以领导者的协助者的角色出现，这原本是个平凡的角色。但是，平儿却把这些平凡的角色演绎得不平凡。王熙凤管理贾府在很大程度上要得益于平儿的协助。正如李纨所说："凤丫头就是个楚霸王，也得两只膀子好举千斤鼎，不是这丫头，她就这么周到啦！"平儿不仅帮助王熙凤照料贾府的日常事务，而且不时提醒王熙凤不要太较真、应该宽容平和。譬如，茯苓霜事件上，王熙凤主张酷刑，而平儿则规劝道"得放手时须放手"。从这些事件中，可以发现，平儿是一个本性善良、为人正直的人。在自我领导方面，她机智善变，处变不惊。譬如，贾琏与多姑娘偷情被平儿发现，她并没有立即告诉王熙凤，而是隐瞒真情，避免了一场矛盾冲突。在玫瑰露和茯苓霜事件中，平儿临危不乱，调查清楚事情的原委，为柳家母女洗脱了冤情，表现出其良好的处世能力和团队意识。平儿对人宽厚，心地善良，团队意识较强，能识大体顾大局，自己虽为王熙凤的丫鬟，但却并没有与王熙凤狼狈为奸，而是出淤泥而不染，公平处事，善良做人。

在凤姐生病、探春理政之时，平儿也扮演了非常重要的协助者角色。那些管家媳妇见探春年轻，又是庶出，以为她办事没有经验，想欺负她，连她生身母亲赵姨娘也来惹是生非。碰到此类事情，平儿竟能应付自如，处置得体。探春改革弊端，平儿总是先表示支持，接着又说出一番早就该改而竟未改的道理来，此举于公是相信探春的能力能为大观园兴利除弊，于私也为了转移平日众人对凤姐的积怨。

因此，平儿是一个不平凡的普通人。这种品质恰恰是领导者最需要具备的品质。领导者多数都是从基层开始做起，这意味着领导者需要在平凡的岗位上磨炼自己。

但是，于无声处听惊雷，在平凡的岗位上，同样可以做出不平凡的事情，也可以追求卓越。平儿便演绎了这么一个生动的平凡领导者。虽然出身卑微，但她在贾府中却是所有丫鬟中地位较高的。她善良，正直，不卑不亢，临危不乱。作为王熙凤的"秘书"，她有着良好的危机处置能力和团队意识。对上她忠心耿耿，竭力维护贾琏和王熙凤之间的关系，她对下人体贴入微，关键时刻挺身而出，保护下人，为她赢得了良好的社会网络。

九、作为小人与君子的贾雨村：领导者需要超越的分水岭

贾雨村，名化，字时飞，别号雨村，是一个没落的官宦子弟。《红楼梦》中的贾雨村与甄士隐一样，具有特殊的寓意与结构功能。他的性格呈现出两个显著不同的特征，有时候表现出刚正不阿的一面，有时候又表现出阿谀奉承、奴颜婢膝的一面。他想通过求取功名来改变自己落魄的命运。由于家族衰败，暂时居住在葫芦庙中安身，靠卖文作字为生，等待进京求取功名。后来，在甄士隐的资助下进京赶考并考中了进士，做了知府。但正如书中所评述的："虽才干优长，未免有些贪酷之弊；且又恃才侮上，那些官员皆侧目而视。不上两年，便被上司寻了个空隙，作成一本，参他'生性狡猾，擅改礼仪，外沽清正之名，而暗结虎狼之属，致使地方多事，民命不堪'。"

贾雨村在《红楼梦》中是一个前后判若两人的人物。在前期，他是一个为了改变命运、刻苦读书的正人君子。贾雨村胸怀大志，努力读书，有着良好的社会愿景。正如他在所做的诗中所描述的："时逢三五便团圆，满把晴光护玉栏。天上一轮才捧出，人间万姓仰头看。"这首诗歌传达出贾雨村志存高远，希望将来能够飞黄腾达的理想。而后期，贾雨村则变成了一个贪赃枉法、瞒上欺下的小人。他忘恩负义，徇私枉法，将最初甄士隐对其的恩情抛之脑后。这一案件是贾雨村触犯其道德底线和出卖人格和灵魂的分水岭。他在堕落的道路上越陷越深，直至落了个革职为民的下场。之后，贾雨村在贾政的帮助下，重新取得功名，但是葫芦庙一案使其原形毕露，他这种枉法报恩的行为使人嗤之以鼻。

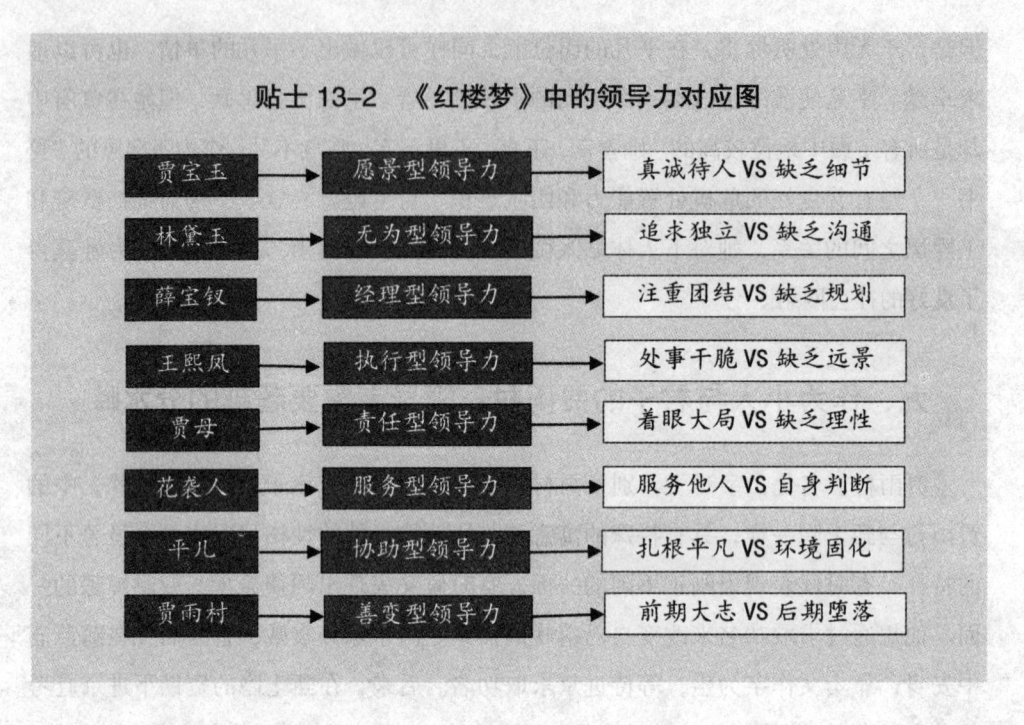

贴士 13-2　《红楼梦》中的领导力对应图

人物	领导力类型	特点
贾宝玉	愿景型领导力	真诚待人 VS 缺乏细节
林黛玉	无为型领导力	追求独立 VS 缺乏沟通
薛宝钗	经理型领导力	注重团结 VS 缺乏规划
王熙凤	执行型领导力	处事干脆 VS 缺乏远景
贾母	责任型领导力	着眼大局 VS 缺乏理性
花袭人	服务型领导力	服务他人 VS 自身判断
平儿	协助型领导力	扎根平凡 VS 环境固化
贾雨村	善变型领导力	前期大志 VS 后期堕落

十、结　语

之前所述，《红楼梦》是一部领导力之梦。尽管整部作品所讲的多是家族内部之事，似乎与领导力所需要的大格局不相符合，但是这部作品却隐含有深刻的领导力内涵。在整部作品中，最引人注目的地方就是贾宝玉对自由恋爱的追求和对女性的尊重。在强调封建秩序和男尊女卑的社会之中，这一愿景无疑是最为亮丽的风景。然而，悲剧的是，贾宝玉并不是一个很好的领导者。宝哥哥空有一腔热血和对女性的尊重，却不具备实现这一愿景的个体素质和执行团队。因此，《红楼梦》是一部领导力的悲剧。贾宝玉有好的愿景，但这一愿景与其所处的时代是不匹配的，因此，这种愿景并没有转换为现实。贾宝玉是一个具有反叛气质的领导者，其领导力最大的失败之处在于他并没有把这一愿景转换为一种文化，并没有把个体行为转换为一种集体行为。当然，这并不只是贾宝玉的领导力悲剧，更是时代的悲剧。或者更确切地说，贾宝玉的这一愿景太先进、太超强了，远远领先了几个世纪。从这部小说中，我们得出的另一重要结论是，领导力的充分发挥，要使得其愿景与所处的时代和社会结构相一致，这样才有可能将愿景变成现实。

（作者：张宪丽）

第十四章 《水浒传》中的领导力

国学中的领导力

《水浒传》的故事在中国民间流传了数百年，时至今日民众对《水浒传》中的典型人物和情节已是耳熟能详。毫无疑问，《水浒传》是民间精英演绎的一曲波澜壮阔的悲剧，它留给世人的警醒和教训可谓是纷繁复杂，世人的总结也可谓是见仁见智。在当今中国社会，总体来看，精英群体多从文化、社会的角度来研读《水浒传》，着力弘扬《水浒传》的艺术价值，而普通民众则乐意从个人性情、关系网络来追问生存之道，而贯穿在《水浒传》的故事脉络之中的领导学问却鲜有世人探寻。

一部《水浒传》，恰是一部运用领导学问的经典案例集。梁山本是一个落第秀才和几个江湖微末藏身的不起眼的水泊，不管八百里水泊梁山发生了什么，对于当时的大宋王朝来说都是波澜不惊的，然而正是此处却在短短数年间汇集了一百多位民间精英和数万精锐之兵。梁山从落草之地发展成为大宋王朝的心头之患不过数年时间，这种巨大的转变过程是如何发生的？一批又一批的精英走上梁山，虽说各有各的难处，但是一个不容忽视的共同之处是，在这些人看来，水泊梁山乃是忠义之士的聚集之所。那么一个奉行忠义的政治军事集团又如何走向了受招安、解君忧的道路？上述疑问实际上也是贯穿在整部《水浒传》之中的主要线索，当然也蕴含着领导科学的基本原理。

简单而言，领导科学的基本原理围绕两个核心问题展开，这就是团队和目标。领导的过程无非是领导者通过追随者实现组织目标的过程，在此过程中存在两个关键环节，一个环节就是领导者将组建一个强而有力的工作团队即追随者群体，另一个环节就是规划能够被追随者认同的组织目标，并以此引导工作团队的工作实践。小至一个企业，大到一个国家，领导的过程大凡如此，不同之处在于，领导过程的有效性或者说结果相差悬殊。有效的领导将会使一个团队在实现目标的过程中不断壮大，而无效的领导则可能难以实现组织的目标，或者尽管实现了组织目标，但是会导致工作团队遭受严重损失的后果。从领导科学的视野审视《水浒传》，不仅能够使世人从这部名著中获得众多智慧，而且能够使世人重新理解这部传世之作。

一、《水浒传》中的两大阵营及其内部的关系

众所周知，贯穿在《水浒传》一书中的故事主线是朝堂和江湖之间的政治角逐，不能见容于朝堂的精英在水泊梁山风云际会，开始了一段令世人荡气回肠的传奇历

程。在此政治角逐过程中，朝堂实际上一直占据了优势地位，也毫无疑问具有合法性和正统性，而江湖是一个挑战、叛逆朝堂，并且最终积极寻求朝堂接纳的阵营。虽然整个过程充满波折，而且江湖最终在被朝堂无奈接纳之后，屡遭算计、打击，直至走向瓦解，但是江湖终将以某种形式融于朝堂，似乎是《水浒传》开篇就设定的结局，因此也可以认定，潜伏在《水浒传》一书中的关键线索就是宋江如何将接受招安确定为梁山的基本路线并具体实施的。当然，无论是朝堂还是江湖，每个阵营内部也存在不同的政治派别，朝堂之中有镇压派和招安派，江湖中有强硬派和归顺派，所以围绕梁山阵营接受招安的事情各个派别之间展开了激烈的博弈。

梁山好汉的故事以劫取生辰纲为现实起源。北京大名府的梁中书系当朝太师蔡京的女婿，为了庆贺蔡京的生辰，梁中书搜刮民财十万贯，欲送上京城讨好自己的老泰山。虽然送礼之行尚未启程，但已在江湖之上闹得沸沸扬扬，此时刘唐和公孙胜先后不辞劳苦，前往山东拜见晁盖，约其纠集江湖好汉在送礼路途之中劫取生辰纲。吴用的出现，为晁盖带来了阮氏三兄弟，于是七人借助白胜，一举夺得了十万贯巨额财富。事后不久，白胜落网，惊天大案始白于官府，州府衙门在太师府的监督之下派出得力人手前往抓捕，恰巧需要宋江从中接洽，而宋江出于私情却秘密前往晁盖处报信，终使晁盖七人得以逃出生天。

劫取生辰纲是《水浒传》中的第一个重要的故事。宋江与晁盖的关系以及他们在江湖中的地位在此过程中得到了充分的说明。宋江与晁盖本就是故旧，并且关系十分密切，否则宋江不会担血海般的干系为晁盖报信，这一点奠定了宋江未来在梁山阵营中的基本地位。不可忽视的是，虽然在宋江出场之后，及时雨一说在江湖义士当中广为流传，并且在此后多个涉及宋江生死的环节一再成为替宋江纾难的资源。但是这些并不能说明晁盖在江湖之上的地位逊于宋江，要不然江湖人士不会去找晁盖谋划劫取生辰纲的大事，《水浒传》也就不会以劫取生辰纲作为重头戏了。

两个在江湖之上素有重望的人物，如果在梁山的前途问题上还存在分歧，那么宋江与晁盖的矛盾就不可避免了，于是就在梁山阵营之中逐渐形成了两个不同的派别，一个是以宋江为领袖的归顺派，另一个则是以晁盖为领袖强硬派。归顺派最初和强硬派势力相当，但是在随后的资源争夺中，宋江非常有效地将新近加盟梁山阵营的民间经营纳入到自己的派系之中，尤其是争取到了大量旧军官的支持，因此归顺派的实力大增，远远超过了强硬派所能抗衡的程度。出现此种局面的一个重要的原因就在于晁盖未能有效地联络和发展强硬派，以致身为梁山阵营首领的晁盖失去了对局势的掌控，这也就为晁盖之死埋下了伏笔。从一定意义上讲，晁盖之死是必然的结果，即使他身不死，但是他的意志也再难以统帅梁山阵营。伴随着晁盖的离世，一个本就不强大的强硬派失去了主心骨，很自然地淹没在宋江集团之中，自此梁山集团的发展轨迹就确定了下来，这就是积极寻求招安。

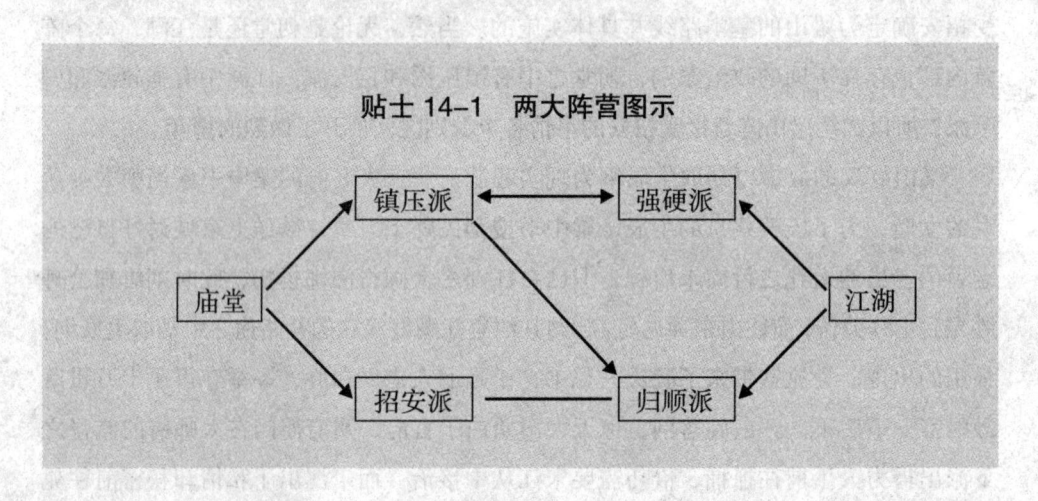

贴士 14-1　两大阵营图示

```
              镇压派 ←——→ 强硬派
            ↗        ↘         ↖
        庙堂            ↘          江湖
            ↘              ↘      ↗
              招安派 ——————→ 归顺派
```

寻求朝堂招安梁山是不容易的，因为在《水浒传》的一开始就讲得清楚明白，晁盖劫取生辰纲就同当朝太师结下了不解之仇。以蔡京为领袖的势力构成了朝堂之中的镇压派，只要是蔡京集团在朝堂之上的地位没有发生改变，那么宋江的一厢情愿尽管能够争取到招安的结果，但是摆脱不掉被算计、打击、瓦解，直至毁灭的命运。宋江集团虽然积极寻求招安，但是正如吴用所筹谋的那样，只有当朝堂认识到梁山阵营的真实实力时，朝堂对待梁山的政策才会从镇压转向招安。但是问题的复杂性在于，梁山阵营击溃官军的数次战役，尽管让朝堂认识到了梁山阵营的巨大势力，推动了朝堂之上招安派赢得了处理梁山问题的主导权，但是也更加加深了宋江集团与蔡京集团之间的矛盾。在宋江集团接受招安之后，蔡京集团对于梁山好汉的忌惮有增无减，尤其是当宋江集团在破辽国、擒方腊后正式获得了朝堂职位时，蔡京集团对于"上马管兵、下马离民"的宋江等人必欲除之而后快。

此时的宋江集团已是蔡京集团案上之肉，只能任人宰割，而不能有所作为。如前所述，宋江集团之所以能够打破蔡京集团的阻扰，获得朝堂招安，实现了从江湖向朝堂的转化，不仅是因为自身阵营的实力强大，而且是由于朝堂上有一个与此相呼应的招安派存在。而在征方腊之后，宋江集团损兵折将，实力大减，与此同时，朝堂上的招安派也不再能够为宋江集团提供援助。原因在于，招安派在朝堂上的地位本来就同镇压派的地位相差甚远，只要蔡京集团存在，朝堂上的局面就操控在蔡京集团手中。招安派之所以能够暂时取得应对梁山问题的政策主导权，根本的原因在于镇压派的实力不足以实现镇压的目的，或者说在于梁山阵营的强大。而经历了损兵折将之后的宋江集团实力大大削弱，蔡京集团已经重新获得了按照自己的意愿解决宋江集团的机会，而招安派此时就不可能获得在朝堂之上的政策主导权了。

梁山阵营的结局可以说是由宋江一意孤行造成的，是宋江自取其败。从领导学的角度审视之，宋江既是一个成功的领导者，又是一个失败的领导者。首先，宋江有效地整合了多个来源的江湖势力以及旧军官的势力，并且十分成功地掌握了梁山阵营，构建了以自己为领导者的集团，因此宋江在营造追随者方面是相当成功的。其次，宋江为梁山阵营设定了一个看似美好的组织目标，之所以说是"看似美好"，根本的原因在于他低估了招安之后的变数及其风险，忽视了他在朝堂之上素无根基这个惨不忍睹的事实。因此，招安之后的宋江集团迎来的是一个又一个劫难，以致最后走向了覆灭，由此可知，宋江在创设组织目标方面又是一个完全的失败者。巨大的成功与完全的失败缘何能够共存于宋江身上？宋江在组建了强大的集团之后为何遭受到了彻底的失败？根本的原因在于宋江将个人的目标转化成为了组织的目标，或者说用个人目标代替了组织目标。

组织目标对于任何一个组织或者集团来说都是至关重要的，恰当的组织目标能够引导组织有效地从事工作实践，并且带动组织不断地发展壮大，但是错误的组织目标则能够埋下组织失败的伏笔，直至引发组织的生存危机。宋江费尽心力将受招安、分君忧确立为梁山阵营的组织目标，但是这个目标并非是梁山好汉的普遍追求，也不是梁山阵营的最佳追求，由于这个目标的确定，梁山阵营的命运开始逆转，一股洋溢着朝气的军事政治集团开始走向没落。虽然宋江为组织设定了错误的目标，但是错误的目标却始终没有得到彻底的修正，基本的原因就在于宋江十分成功地掌握了梁山阵营。宋江在整合追随者方面的巨大成功是他能够设定错误目标的前提条件，也成为梁山阵营调整组织目标的最大障碍。要言之，梁山阵营的失败正是组织目标的失败，而宋江整合追随者队伍的成功恰是组织目标失败的基础。

由此可见，组织目标与追随者队伍之间的关系并不是简单相互强化的关系，事实上，组织目标与追随者队伍之间也存在相互制约的关系，领导者在有效领导追随者队伍的同时很可能潜伏着树立错误的组织目标的巨大危机。《水浒传》的故事可谓是极为深刻地揭露了领导学之中的这一重要原理，而宋江对于梁山阵营的领导过程恰是对这一原理的最为生动细致的讲述和最为深沉的感叹。

二、梁山的政治路线

宋江加盟梁山阵营之前，梁山阵营的实力虽然在晁盖的领导下得到了一定程度的发展，但是同宋江加盟之后的实力相比还是相差甚远。同实力相伴随的是梁山阵营的组织目标，在梁山阵营实力获得大发展，尤其是宋江加盟梁山阵营之后，梁山阵营的组织目标也逐渐明确起来。可以说在宋江上梁山之前，梁山阵营并没有明确的政治纲领，正是宋江的到来改变了梁山阵营的政治路线，或者说为梁山阵营制定了明确的政治路线。

梁山有八百里的战略纵深，但是最开始仅有数百精英，为首者是一个落第秀才——王伦，此人见识短浅、气宇狭窄，根本不足以成大事。王伦的目标充其量就是占山为王，图个酒足饭饱。他可能有着受招安、入朝堂的美梦，但是他的实力不可能实现受招安，所以王伦即使有着受招安的迷梦，但却不可能形成完整的政治纲领。其实，从林冲雪夜上梁山时王伦的反应就可以推论出，王伦对于梁山阵营的前途缺乏长远考虑。林冲加盟梁山阵营将会大大增强梁山阵营的实力，但是王伦采取了拒绝的态度，其原因除了担心驾驭不了林冲以外，还有就是林冲与高俅之间的仇怨令王伦忌惮。如果林冲加盟梁山阵营，那么梁山就会彻底得罪高俅，而以当时梁山阵营的实力来讲根本不足以抵挡高俅可能发起的围剿。所以，最好的方案就是维持目前占山为王的局面，也就是不扩张实力以免引起朝堂的注意从而成为朝堂的打击目标。

晁盖等人加盟梁山的方式非常特别，王伦当然不可能接纳犯下重罪的晁盖等人，因此清洗王伦是晁盖等人能够留在梁山的基本前提，而林冲长期以来受到王伦的排挤打压，他充当火并王伦的先锋是合乎情理的。虽然晁盖加盟梁山阵营开启了水泊梁山的又一个时代，自此梁山的实力开始迅速发展，但是晁盖的到来并没有改变梁山阵营缺乏组织目标的现状。晁盖以义气享誉江湖，上梁山之后自然以义气作为指导自己行动的基本原则，这可以从晁盖多次营救宋江、多次向宋江谦让梁山寨主之位得到充分的解释。在义气原则的指导下，梁山阵营的行动目标就变得比较具体，主要包括除暴安良、劫富济贫、行侠仗义等，这一系列的行动在江湖之上造成了很大的良好影响，招徕民间精英纷纷投奔梁山泊，因此晁盖以义气主政梁山阵营是取得了很大的成就的。

尽管如此，晁盖及其核心追随者对于梁山的发展前景并没有形成系统的思考，所以对于梁山来说，一直存在一个"梁山向何处去"的严重问题，也就是组织目标的问题。并且，随着梁山阵营的持续发展壮大，组织目标的缺乏不仅会阻碍梁山阵营内部的资源整合，而且会限制梁山阵营的进一步发展。其中的道理很明显，仅仅靠义气是不可能约束规模巨大的集团的，义气只能在规模比较有限的团体中发挥作用，当梁山阵营的规模达到几千几万之时，梁山阵营的来源就会变得十分多元和复杂，此时就必须与时俱进地推动指导思想和工作原则的更新。同样重要的是，义气虽然能够在江湖之上风行，并且为民间精英所践行，但是义气的局限就在于只能行于江湖而不能被朝堂所接纳，因为朝堂奉行的基本原则是忠，可以说忠才是古代中国的主流价值，它比义气有着更为广泛的社会基础。

将忠纳入梁山阵营的指导思想，并且进一步将其转化为梁山阵营的组织目标，是由宋江完成的。在宋江加盟之前，梁山阵营的指导思想是义，而义对于宋江来说是远远不够的，这也是宋江迟迟不肯上梁山的重要原因。在宋江的观念世界里面，有着比义更为重要的价值，这就是忠，忠于朝堂和君主，食君禄、感君恩、分君忧，才是宋江最为看重的价值。尽管在宋江的思想世界里面也有义，但是忠的观念要排在义之前，准确地说，忠义才是宋江秉持的基本价值。当宋江、花荣、秦明等人攻破了清风寨，联合众人准备加盟梁山阵营时，宋江偶然得到其父母过世的消息，于是撇下众人回家奔丧。回家之后才知道老父未死，用死讯诳他回来的原因就是不愿意看到宋江只为义气，进而走上不忠的道路，父子在庄门之前的简单对话可谓是揭示宋江秉持的政治价值的点睛之笔。

待闹江州、劫法场、破无为军之后，宋江别无选择，只得加盟梁山阵营，落草为寇，于是宋江一方面组建自己的追随者队伍，另一方面就开始潜移默化地改造梁山阵营的指导思想，这就是将忠纳入梁山阵营的思想体系之中，当然宋江并没有贸然地提出忠的问题，更不可能改变长期以来就为梁山阵营推崇的义，宋江的策略是将忠改装成为替天行道,并将其确立为梁山阵营的基本宗旨。替天行道确实是一个能够被广泛接受的综合性的政治纲领,一方面替天行道完全符合梁山好汉扶弱救贫、铲除豪强、打击贪官、行侠仗义的行事风格,另一方面又将忠君作为一种重要的背景元素确定了下来。当替天行道被梁山阵营完全接受,并且在替天行道的感召之下逐渐从小格局的义气走出来,奔向经世济民、匡扶社稷的大格局的国家大义之时,潜藏在替天行道背后的忠就能够自然出场了,于是梁山阵营的精英议事的场所就从聚义厅改成忠义堂了。

一旦忠被接纳下来,并且忠的地位优于义的地位,那么忠的含义就能够得到进一步的阐释。所谓忠就是忠君,可以是落草为寇、反叛朝堂的梁山阵营,如何有资格实践忠的价值呢?因此,接受朝堂招安就是必然的结果,只有接受朝堂招安才能实现从江湖向朝堂的转化,才能够奉行忠的价值,因此积极寻求朝堂对梁山阵营实施招安就成为梁山阵营的基本政治路线。为了增强推行受朝堂招安的政治路线,宋江不仅要建立强大的追随者队伍,而且要处理好同晁盖集团的关系,也就是要使得晁盖集团认可宋江规划的政治路线,如果晁盖集团不能接纳宋江的政治主张,那么就只能分化、瓦解晁盖集团,迫使晁盖集团融入宋江集团之中。可以说在梁山阵营之中的宋江与晁盖之争,就是"忠"与"义"两种价值的地位之争,宋江之所以最后取得了成功,在很大程度上在于宋江同时主张了"忠"和"义",而晁盖的失败也在于他注重"义"但是排斥"忠"。在回答"梁山向何处去"这个根本问题时,忠义两全的宋江争取到了更为广泛的支持。

三、宋江的追随者队伍建设

为政之要,首在得人。宋江自从加盟梁山阵营之日起,他就开始组建自己的追随者队伍,其用意一方面在于巩固自身在梁山阵营之中的地位,另一方面则是为推行自己的政治路线进行组织准备。宋江在加盟梁山阵营之前就素有名望,因此宋江在加盟梁山阵营之后并不缺乏追随者,这是梁山阵营最终出现宋江集团与晁盖集团分庭抗礼的重要基础。但是对于宋江来说,进行追随者队伍建设的中心工作不是简单地赢得大批江湖好汉的追随,而在于不断壮大自己的追随者队伍,并且有效地整合自己的支持资源,特别是要让在梁山阵营之中担负重要任务、占据了关键位置的人物，尽可能地成为自己的追随者。

概括来看，宋江的追随者队伍主要有五种来源：第一种是跟随自己的加盟梁山阵营的人以及仰慕自己的名声后续接连加盟梁山阵营的人；第二是并不纯粹是仰慕宋江的名望，而是仰慕梁山阵营的巨大声望而加盟梁山阵营的人；第三是在同梁山阵营作战时由于兵败而归顺梁山的朝廷旧军官；第四是在宋江危难之际帮助过宋江或者受宋江牵连入狱的亲朋故旧；第五则是在宋江加盟梁山阵营之前就已经加盟梁山阵营的人。可以说宋江集团是在整合多种人力资源的基础上形成的一个强大的工作团队。

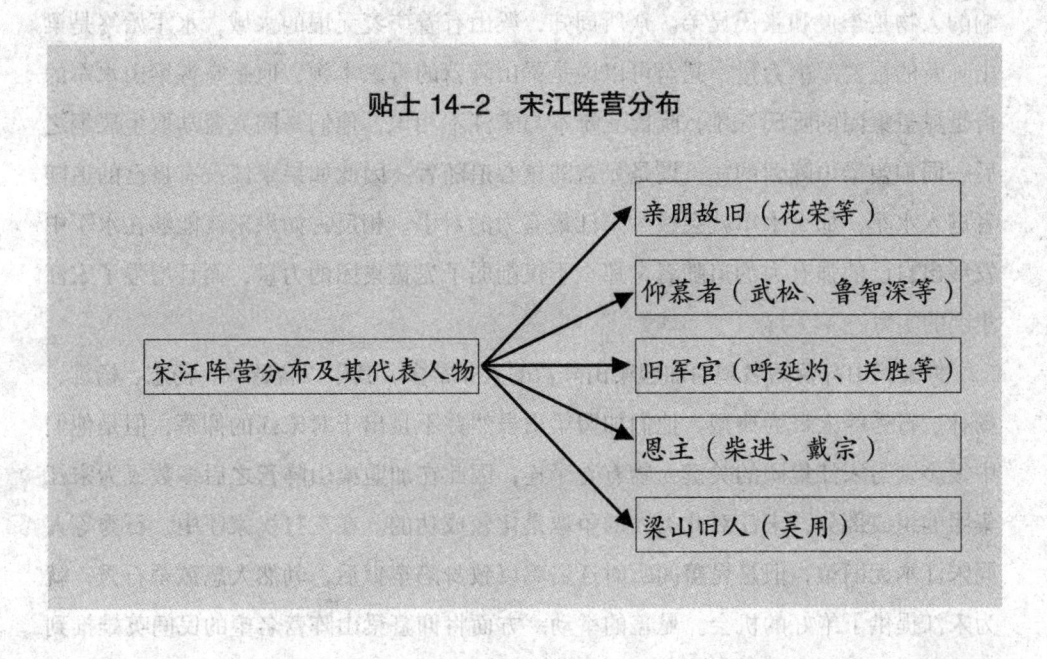

贴士 14-2　宋江阵营分布

宋江阵营分布及其代表人物
- 亲朋故旧（花荣等）
- 仰慕者（武松、鲁智深等）
- 旧军官（呼延灼、关胜等）
- 恩主（柴进、戴宗）
- 梁山旧人（吴用）

跟随宋江加盟梁山阵营的人主要有两批。第一批次是攻破清风寨之后追随宋江的一批精英，其中的代表是花荣、秦明、王英。花荣何时与宋江相识，小说中并没有交代，只是说两人多年相识、感情深厚，因此花荣在宋江落难之际一再邀请宋江前往清风寨闲住，由此引出秦明、王英、黄信等人物。花荣武艺精纯，尤其是箭术高超，当花荣加盟梁山阵营时，晁盖对花荣的"小李广"之名表示了怀疑，于是花荣在校场小试牛刀，一箭射中雁头，顿时震慑住了梁山众人。《水浒传》对此情节的描述十分详细，用意就在于烘托宋江。宋江虽然也曾习得些许武艺，但是在梁山阵营中绝不可能出类拔萃，所以在宋江集团之中必须有一个武艺高强到足以震慑众人的关键人物。由于花荣对宋江忠心耿耿，因此在梁山阵营之中就起到了很好的示范效应，这就是说花荣实际上在梁山阵营中起到了进一步宣传宋江的作用。真是身影尚未走上梁山，风采已是令众好汉倾倒。

第二批次则是宋江被发配江州的过程中结识的江湖好汉，其中的代表人物是李俊、戴总、李逵、张氏兄弟、穆氏兄弟。在一般人的理解中，李逵应该是这一批次跟随宋江加盟梁山阵营的精英之中的关键人物，这不仅是因为李逵对宋江忠贞不二，而且在《水浒传》的叙事结构中接踵而至就是李逵下山的重头戏，但是从领导学的角度来看，李逵在宋江的追随者队伍建设中并没有占据重要地位，真正有着重要影响的人物是李俊和张氏兄弟。众所周知，梁山有着广袤无垠的水域，水军始终是梁山阵营的重要军事力量，甚至可以说是梁山阵营的看家本领，但是掌握梁山水军的恰是晁盖集团的阮氏三雄，阮氏三雄本与宋江不相识，他们是同晁盖劫取生辰纲之后一同加盟梁山阵营的，可谓是晁盖的核心追随者。因此如果宋江没有自己的追随者进入水军，那么水军就会成为宋江最有力的对手。相反，如果宋江能够在水军中发展出自己的强有力的追随者，那么不仅削弱了晁盖集团的力量，而且增强了宋江集团的实力。

仰慕梁山阵营的名望而加盟梁山阵营的人非常多，其中以鲁智深、杨志、杨雄、杨林、石秀等人最为典型。他们加盟梁山虽然并不是出于对宋江的仰慕，但是他们中很多则与宋江集团的关键人物有着牵连，因此在加盟梁山阵营之后多数成为宋江集团的组成部分，宋江对此类人的争取是比较成功的。在三打祝家庄中，石秀等人同宋江本无旧谊，但是晁盖闻听时迁盗鸡以致身陷牢狱后，勃然大怒欲杀石秀，就为宋江提供了绝好的机会。晁盖的举动一方面将仰慕梁山阵营名望的民间英雄推到了宋江一遍，另一方面又将梁山名望让给了宋江，自此以后梁山阵营的名望就是宋江的名望，特别是宋江领军下山取得了祝家庄大捷之后，梁山阵营与宋江在江湖上就越来越高度重合在一起。

从朝堂派来围剿梁山的军官中发展追随者体现了宋江非常高超的领导艺术。在宋江加盟梁山阵营以前，也曾有官军围剿梁山的行动，其结果自然是官军被打得落荒而逃，被生擒的军官无一例外被杀死，但是宋江加盟梁山阵营之后便调整了策略，他积极安抚被俘的旧军官，以忠义感动之，以未来接受招安的组织目标说服之。将旧军官发展成为自己的追随者对于宋江集团来说十分重要。首先，旧军官的加盟增强了宋江集团的实力；其次，旧军官比民间精英有着更好的军事素养，所以对于强化梁山阵营的军事实力有着重要价值；最后，旧军官构成了宋江确立受招安的政治路线的重要基础。

柴进是宋江集团中的另外一个关键人物，他同宋江有着旧谊，宋江流亡期间曾在柴进庄子上闲住，受到柴大官人的优待。后来，柴大官人由于同官府发生矛盾，又被揭发勾结梁山，虽犯下重罪，消息一俟传上梁山就引发巨大震动。其实，柴进不只是同宋江有旧谊，梁山阵营之中很多重量级人物都与柴进有旧谊，因此柴进落难，梁山势所必救。高唐州一战不仅震动了朝野，也震动了梁山，这就是柴进的特殊身份决定的。柴进乃是前朝皇室苗裔，在大宋王朝也受优待，而且柴进此人十分善于理财，家资雄厚，因此柴进加盟梁山阵营大大地扩大了梁山在朝野之中的影响力。柴进同晁盖没有旧谊，身陷囹圄之后又是宋江费劲周折前来搭救，因此在旧谊与新恩的共同作用下，柴进成为了宋江集团的骨干。对于宋江来说，柴进的地位可以比肩于花荣，两人一文一武构成了宋江集团的两大支柱，这种组合在梁山阵营中产生的影响是非常关键，可以说基本上奠定了宋江集团在同晁盖集团竞争时胜出的基础。

当然，在宋江的追随者队伍建设中最为重要的环节却并不是前面讲到的方面，而是宋江从晁盖集团中培养追随者，这就是将吴用从晁盖集团中分化出来，并使之成为宋江集团的中坚人物。吴用在《水浒传》中一出场就交代得明白，他是晁盖和阮氏兄弟的旧相识，也正是由他联络才使晁盖和阮氏兄弟得以结交，并且在他的计谋之下得以智取生辰纲，因此吴用在晁盖集团中占据了至关重要的地位。吴用和宋江本无牵连，两人初次见面还是在宋江匆忙报信生辰纲事发之时。由此看来，吴用很难同宋江走到一起并成为其核心追随者，如果考虑到宋江加盟梁山阵营之前，吴用还在有意无意之间两次给宋江带来了杀身之祸，那么吴用与宋江的结盟就是更加不可能了。但是，宋江领导艺术的高超之处，就在于他能够成他人不能成之事。

加盟梁山是宋江别无出路之举，但凡还有其他选择，宋江就绝不会落草为寇，这是《水浒传》讲述得极清楚之事。宋江虽然对于梁山阵营一干人等有救命之恩，但是宋江毕竟是官府中人，只要宋江不加盟梁山阵营，那么就始终存在官府利用宋江设下圈套捕获梁山众人的可能性。身为梁山阵营的军师，吴用自然要对梁山阵营的安危费心筹划，所以他对待宋江的态度无非两种，一种就是争取宋江加盟梁山阵营，另一种就是借官府的力量消除宋江，以绝后患。鉴于宋江屡次拒绝落草为寇，宋江内心对于梁山阵营的真实看法已经表露无遗，因此除掉宋江就成为吴用维护梁山阵营安危的不得已选择。

当晁盖一行人利用林冲的矛盾除掉王伦占据了梁山阵营之后，晁盖为了感谢宋江的救命之恩，计划派人下山去见宋江。待与吴用商议之后做出了这样的安排：第一决定派刘唐下山，第二送黄金一百两给宋江，第三由吴用修书一封。就表面来看，这个决定并没有什么问题，但细想则不然。如果要向宋江表达谢意，送一百两黄金是重礼，自然应该选派一个精明之人下山，刘唐是非常不合适的。一方面是因为刘唐是在通缉之册的要犯，一旦形迹败露就会给自身和宋江都带来杀身之祸；另一方面是因为刘唐形迹败露的可能非常之高。刘唐号称赤发鬼，外貌体征十分突出，当初他在破庙之中借宿时，就是由于他外形不似顺良之辈而被雷横当作盗贼抓捕的。而且，吴用修书则更是玄机重重，书信成为了宋江通匪的有力物证，后续的故事就证明，书信成为了宋江杀死阎婆惜的导火索。可见派刘唐携带书信下山去见宋江，就暗含将祸水引向宋江之意。

吴用第二次谋划除掉宋江是在宋江身陷江州牢狱之时。宋江酒后轻狂留下罪证，引来牢狱之灾，本想蒙混过关，奈何命犯太岁。神行太保戴总赶赴梁山送信，晁盖邀集众人商量，吴用提出了杜撰假信的施救方案，正当众人叹服吴用的计谋之时，吴用却大呼不好，向众人道出了施救方案的破绽。依据常理，作为读书人的吴用是深谙朝堂行事的规则的，虽然假书信是蔡京写给自己的儿子的，但是绝不至于出现使用私人印章的情况，更不可能在写给自己儿子的书信中出现"翰林蔡京"的印信。此种明显且又重大的纰漏不可能是疏忽所致，只能是吴用有意为之。事发之后，宋江被留在江州处斩，如果劫法场没有赶上，宋江便难以活命了。

对此吴用的心思以及计谋，宋江最终是知晓的，但是宋江很清楚，吴用对于自己来说非常关键，要想在梁山阵营中推行自己的宏图大志，他必须同吴用化干戈为玉帛，争取吴用为自己所用，不到万不得已不能对其采取敌视行动。要想争取到吴用为自己所用，就必须给予吴用必须且又不可能凭借一己之力得到的资源，这种资源就是天命。吴用一介书生，在梁山阵营之中的地位只能靠智而难以靠力，但是智谋总有不周全之处，但是如果智谋是来源于天命的话，那么吴用的智谋就获得了巨大的正当性和影响力，吴用就能够不断得以神化，吴用在梁山阵营中的权力和地位也将获得飞跃式发展。吴用在梁山阵营中的处境被宋江分析得十分透彻，于是他便在回乡接老父亲的路上做了一个梦，梦见九天玄女娘娘赐予他无字天书。当然重要的环节并不在于天书有字无字，而在于九天玄女娘娘的政治交代——此书只可与天机星同观，这就是说宋江在得到了天命护佑的同时也将解读天意的权力分享给了吴用。正是通过此次惊天的政治交易，宋江成功将吴用从晁盖集团中分化出来，并使其成为自己坚定的支持者。

总结来看，宋江在从事追随者队伍建设时表现了高超的领导艺术，集中而言主要有四点：首先，宋江用人不拘一格，注重从多种来源培养追随者，故而能够建设起一个规模巨大、强而有力的追随者队伍；其次，宋江心胸开阔，不计前嫌，能够从大局出发团结关键人物；再次，宋江眼光独到，识人断物的本领非同一般，能够准确地判断追随者的需求，并投放重要的稀缺资源；最后，宋江整合追随者队伍的能力卓越，在他的追随者队伍中形成了吴用—花荣—柴进组成的三角结构。

四、梁山阵营之中的基本关系和关键领导过程

梁山阵营之中的基本关系就是宋江与晁盖之间的关系，体现在政治路线就是受招安与反朝堂之间的冲突，因此宋江对梁山阵营的领导过程就是同晁盖集团竞争，进而全面掌控梁山阵营并推行归顺朝堂的组织目标。整个过程的关键性环节则是在同晁盖集团的竞争中胜出，或者说，宋江实施领导过程的重中之重就在于正确地处理好同晁盖的关系，在不断增强追随者队伍的实力的基础之上，从而有效地掌控梁山阵营。

宋江与晁盖的关系本应该是意气相投的挚友，在劫取生辰纲之前，宋江是县衙门的押司，而晁盖则是乡村社会里面的保正，所以也经常会发生公务往来，由此可以推断宋江与晁盖之间的关系自然是非常密切的，要不然当宋江得知晁盖劫取生辰纲一事东窗事发时，就不会担负血海般的干系为晁盖通风报信。这段往事使得晁盖与宋江之间的关系，在相当长的一段时间里掩盖了两人之间可能存在的竞争的关系，即使晁盖恐怕也是经历了一系列事件之后才逐渐明白这一点。宋江与晁盖之间的竞争并非是简单的权力斗争，而是有关"梁山向何处去"的大政方针方面的分歧引发的总体斗争，对于宋江来说也是无可奈何之举，因为宋江自始至终都不愿意以草寇的身份了此一生，加盟梁山落草只是暂时之举，最终还是要实现从江湖向朝堂的转化。

国学中的领导力

宋江同晁盖之间的竞争从宋江正式加盟梁山阵营那一刻就悄无声息地开始了。晁盖率领梁山众人救出宋江之后，自然少不了摆宴庆贺，就在此刻，宋江开始了组建自己的追随者队伍的过程。在宋江加盟梁山阵营之前，梁山众人安排座次的规矩是新人依照自己的声望、才能，分别插入到旧的次序格局中去，当然这样的方式也存在不便，一则是但凡有新人加盟梁山阵营就需要重新调整次序格局，另外就是安排次序格局的标准不合理，难以使梁山众人心服。应该说宋江加盟梁山阵营伊始就把握住了一个关键问题，他在庆功宴席上安排众人座席时主张，新加盟梁山阵营的江湖精英跟他坐在一边，而过去的梁山众人跟随晁盖坐在一边，以后根据各自对于梁山阵营的贡献来决定自己在梁山阵营中的地位。

根据贡献来决定地位当然是最为合理的排序标准，因此宋江的提议得到了众人的同意，宋江也凭借这种主张在梁山阵营中先声夺人，并且以此证明江湖之中长年以来对他的仰望所言非虚。当然，宋江此举所取得的效果远远不止这些，甚至最为重要的方面也并不在此。宋江对梁山阵营新人与旧人的区分所导致的最为严重的效果，是将梁山阵营划分成了宋江集团和晁盖集团，当梁山阵营按照宋江的主张依照新旧差别分别落座之后，赫然出现的事实是江州一役之后跟随宋江上梁山的江湖精英便成为了宋江的追随者。此时的阵营分际虽然不是那么明显，而且跟随晁盖上山的梁山众人同新人在实力上也旗鼓相当，如果考虑到闹江州之前攻破清风寨时加盟梁山阵营的很多人本就是宋江的坚定追随者，而且在以后的岁月里会有越来越多的新人加盟梁山从而加入宋江的追随者队伍，那么宋江集团同晁盖集团比较起来将毫无疑问占据了明显的优势。

其实，在宋江加盟梁山阵营之前，梁山阵营并不存在宋江集团和晁盖集团，当然也就不存在反朝堂的强硬派和受招安的归顺派了，梁山阵营中的派别划分恰是宋江有意识地建设自身的追随者队伍的结果。除了自己的莫逆之交构成了宋江集团的骨干之外，宋江通过屡次下山征伐扩大了自己的追随者队伍，而且疆场厮杀、冲锋陷阵、指挥调度等实践，赋予宋江发现人才、团结人才、锻炼人才的重要机会，也使得宋江得以在恰当的时候探知梁山众人的政治思想世界，进而为宋江潜移默化地宣传自己的政治路线和最终明确地树立自己的政治路线，打下了不可或缺的组织基础。经历了祝家庄、闹华山、高唐州、三山聚义、战青州等重大事件之后，一批又一批的江湖精英加盟梁山阵营，实际上就是加入了宋江集团，轻身重义的晁盖终于看见端倪，倍感压力。

晁盖回应压力的策略是剥夺宋江的统兵权，自己亲自带领将士下山征讨曾头市。晁盖的策略遇到了宋江的阻拦，宋江还是以晁盖位尊为由，建议还是由自己带兵，但是晁盖态度坚决，回应宋江道"不是我要夺你的功劳，你下山多遍了，厮杀劳困，我今替你走一遭"，由此可见晁盖长期的愤懑。正当梁山众人为晁盖饯行之际，一阵狂风吹折了帅旗，晁盖还是不听众人苦谏，坚持下山。晁盖的坚决确实有令世人不解之处，但也是晁盖无可奈何的选择，晁盖长期忽视了宋江与他之间不可避免存在的竞争关系，放任了宋江集团的成长壮大，晁盖面对的情势已经是再不出手便要被架空了，所以晁盖必须通过征战提高自己的声望，巩固自己的地位，进而扭转晁盖集团在梁山阵营之中已经十分不利的地位。

晁盖的心境可以从他与林冲的对话中看破，当晁盖轻信两个和尚之言准备夜袭曾头市时，林冲担心有诈劝晁盖不要亲自前往，而是由他代替晁盖前去劫寨，晁盖却说"我不自去，谁肯向前？"晁盖此话真是道破心中凄凉，身为梁山阵营的首尊，却不得不以身犯险充当表率以争取此次征战的胜利，而且晁盖求胜心切也直接导致了他误中曾头市计谋。从晁盖自身的处境来讲，他之所以求胜心切并以身犯险，根本的原因在于他感受到的竞争压力实在太大了，他能争取到此次领兵下山的机会实在太难得了，他必须抓住此次机会缓解自己所处的危机。晁盖夜袭曾头市当属轻敌冒险之举，终究给自己带来杀身之祸，晁盖之死自然是一场意外，但是在晁盖的心里是清楚的，他的死恰是自身处境逼迫的结果。

晁盖临死之前对宋江留下一个非常不现实的遗嘱——捉得史文恭者方为梁山之主，他以这样的方式表达自己对宋江的不满，以及对于"梁山向何处"的基本立场。按照常理，晁盖死后自然应由宋江继任梁山首尊之位，但是晁盖不愿意成全宋江，所以他故意设计了一个宋江难以达成的标准，宋江自幼也曾习得枪棒，但是凭他的造诣是不可能抓住史文恭的，由此可见，晁盖在宋江接任梁山首尊之位的问题上表达了否定的意见。晁盖此举阻挡不了宋江前进的步伐，他只不过给宋江设置了一个巨大的难题，迫使宋江反省自己的政治路线，如果宋江一意孤行坚持寻求朝堂招安，那么他成为梁山首尊的程序本就缺乏正当性，他的政治路线也将遭受梁山众人的怀疑和抵制。事后宋江寻求朝堂招安梁山阵营的波折证明了晁盖的预见性，包括吴用在内的一大批梁山好汉对于宋江的组织目标存有保留。

晁盖的遗嘱并不能阻碍宋江登上梁山阵营权力结构的顶端,这是由宋江本身的地位和梁山阵营的现状共同决定的。春江水暖鸭先知。晁盖中箭之后,梁山众人并没有全军退回梁山,而只是派遣阮氏三雄、宋万、杜迁护送晁盖回梁山,其余众人却困守败军之势,等待梁山上的进一步命令。其实,以败军困守乃是下策,但是为何众人却做出此种决定的呢?众人的心思经由呼延灼说破——须等宋公明哥哥将令来,方可回军。显而易见,林冲和呼延灼等人的举动只不过是说明了一个简单的事实,在梁山阵营的重大事宜方面,宋江有着无可置疑的优先主导权,当晁盖中箭命不保夕的情况下更是如此,宋江作为梁山阵营首领的地位已经在远离梁山的曾头市疆场确立了下来。晁盖号称天王,但是他的遗嘱也改变不了多年来宋江从事追随者队伍建设所造成的客观事实。

从领导学的角度来讲,晁盖的失败在于他缺乏领导才能,准确地说,他缺乏作为一个规模庞大的政治军事集团领袖的才能。如果说在梁山阵营的组织目标上,晁盖与宋江各自的主张并不存在高低之别的话,那么晁盖在追随者队伍建设方面就存在很大的不足。晁盖不仅疏于从事追随者队伍的建设,而且也不善于整合资源、恰当使用人才。在曾头市一役中,阮氏三雄虽然忠心,但是他们并不善陆战,骁勇的马步军将领才是制胜的基础,而且晁盖准备出奇兵夜袭曾头市时,如果他让林冲跟随自己前去,纵使有诈,或可在林冲的处置下全身而退,但是他却将忠心耿耿、谨慎持重的林冲留在后面接应。由此可见,晁天王并不善于调度使用人才,可以说在人才建设上和人才配置上的失败正是晁盖失败之关键所在。

五、梁山阵营组织目标的推行

寻求朝廷对梁山阵营进行招安,从而实现梁山阵营从江湖到朝堂的转换,是宋江为梁山阵营设定的组织目标,更是宋江自己的目标。接受招安是对作为政治纲领的替天行道的进一步阐释,但却是合乎传统中国的治国理政思想的阐释。朝堂的存在就是为了替天行道,这就是皇帝被称为天子的缘故,作为上天之子的皇帝也是必须遵循天道的,因此皇帝及其率领的朝堂在很大程度上是天道的代表。

当然,朝堂也可能会做出不符合天道的事情来,特别是在皇帝昏聩、奸臣当道之时,在《水浒传》中宋江竖起替天行道的杏黄大旗时就说,梁山众人并非天生就是盗贼，谁也不愿一辈子就背上骂名，梁山英雄聚义完全是被逼的，但是梁山阵营恰恰要担负起替天行道的大义。

朝堂越是背离天道，江湖就越是得同天道拉近距离，一旦江湖成为了天道的践行者，那么江湖就有着拨正朝堂航向使之重新成为天道践行者的义务，也就是江湖必须成为朝堂的一部分，否则就不可能在朝堂之上重新激活天道。由此不难发现，一旦江湖不是作为盗贼藏身之所，而是作为替天行道的行动者，那么江湖与朝堂之间的对抗就在思想层面被化解了，甚至可以说朝堂和江湖之间并不存在重大的差别，江湖转身成为朝堂是必然的结果。在替天行道的大旗之下，江湖要么彻底取代朝堂，从而成为新的朝堂，要么接受朝堂招安，从而成为朝堂的一部分，显而易见，宋江领导梁山阵营走向了接受朝堂招安的道路。当晁盖健在时，宋江必须寻求晁盖对于积极寻求招安的政治路线的支持，否则宋江不可能顺利地推行受招安的组织目标，而晁盖的离世则为宋江推行自己的政治路线彻底铺平了道路。

宋江经过一番安排和努力最终顺利成为了梁山之主，但是这也不意味着宋江领导的梁山阵营对于寻求招安完全没有异议，事实上包括吴用在内的一大批梁山英雄不能完全理解宋江设定的组织目标。英雄摆座次之后梁山向何处去的问题就显得更加突出了，一个规模达到十余万人的政治军事集团是不可能长年局限于水泊梁山的，不攻城略地、设官理民、征收税负，仅仅依靠打土豪、抢州府所得，是不可能为梁山阵营提供充足的物资的。梁山向何处的问题拖得越久，梁山阵营之中的有识之士就越是忧心，而且这个群体的规模非常之大，有以卢俊义、柴进为代表的大地主，也包括以关胜、呼延灼为代表的旧军官。因此梁山阵营在是否走受招安这条道路上存在分歧，但是宋江的政治主张仍然存在广泛的组织基础，所以对宋江来说问题已经不再是受招安与否，而是如何推行自己的组织目标了。

宋江推行寻求朝堂招安的组织目标大体上经历了四个重要的阶段。

第一阶段是在元宵节亲赴东京汴梁赏灯，力图通过朝堂的招抚派向最高统治者传递愿意归顺朝堂的信息，而且为了拓展梁山阵营同朝堂之间隐蔽联络的渠道，宋江设法联系上李师师，为后来缩短梁山阵营同宋徽宗之间的信息传递距离打下了重要基础。梁山阵营大闹东京对朝堂形成了初步震慑，使朝堂上的部分人不得不正视梁山阵营的巨大实力，因此一次缺乏诚意的招安意外地出现在了宋江面前。以吴用为代表的梁山好汉在此过程中发挥了重要作用，黑旋风李逵、活阎罗阮小七充当了破坏此次招安的先锋，一场闹剧之后梁山阵营重新恢复到思考招安问题的局面，其思考的方向是如何进行招安。

吴用的谋划并没有惹恼宋江，因为吴用的分析和用意获得了宋江的认可，宋江不得不承认吴用此举才能带来梁山阵营真正想要的招安。吴用的道理是非常明了的，只有当梁山阵营凭借自己的实力给予朝堂重大打击之后，朝堂才能真心实意地招安梁山阵营，梁山阵营在归顺朝堂之后才能得到保全，所以梁山阵营首要的任务不是急切地寻求招安，而是做好一切准备彻底击败前来镇压梁山阵营的朝廷军队。

于是两破童贯、三败高俅就构成了宋江推行组织目标的第二阶段。

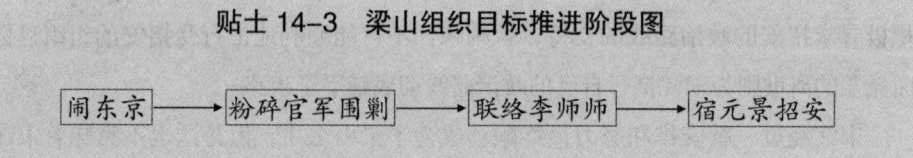

贴士 14-3　梁山组织目标推进阶段图

闹东京 → 粉碎官军围剿 → 联络李师师 → 宿元景招安

第三阶段就是再次派人进京联络朝堂中的招安派和李师师。由于童贯和高俅的战败，朝堂之上的格局发生了微妙的变化，在如何对待梁山阵营的问题上，主张招抚的官员获得了主导权。而就在这个关键时刻，宋江进京时同李师师建立的友谊开始发挥特别作用，李师师实际上为宋徽宗提供了另外一种有关梁山阵营以及镇压派行动的情报，其要点一方面是梁山阵营长年替天行道的具体行动和归顺朝堂的忠贞之心，另一方面是童贯和高俅大败而归和损兵折将的实情。这些情况达至宋徽宗之时，就将极大地改变朝堂的决策方向，特别是拉近了朝堂和梁山阵营在招安问题上的距离，从而使得朝堂的条件同梁山的条件最大程度地接近了，只有如此招安才能顺利进行，否则还将横生变故。

第四阶段就是作为朝堂招抚派的代表人物的宿元景赴梁山阵营进行招安。朝堂此次前来招安，终于不是试图以镇压来威慑梁山阵营，也没有将梁山英雄视为草寇，而是同情梁山英雄的忠君报国之心，并且从天恩浩荡的立场出发为梁山阵营提供匡扶社稷的机会。于是，宋江从加盟梁山阵营之时就拟定的组织目标终于得以实现，但是在推行这个组织目标的过程中，吴用的作用是十分关键的，或者说少了吴用的作用，宋江为梁山阵营确立的组织目标很难顺利实现。吴用是宋江的关键追随者，他在推动梁山阵营走上归顺朝堂的道路上发挥的作用主要体现在两个方面，首先，他是梁山阵营对归顺朝堂持怀疑态度的群体的代表，因此只要他支持宋江的决定，其他人也不得不跟随宋江归顺朝堂；其次，他为宋江设计了最为切合实际的归顺路线图，即不是急切地谋求招安，而是要在充分地显示梁山阵营实力之后，迫使朝堂真心实意的对梁山进行招安。

以领导学的角度观之，组织目标的实现是以追随者为中介的，所谓领导的过程就是领袖训导追随者实现组织目标的过程。在推进归顺朝堂的组织目标的过程，宋江充分地发挥了追随者的作用，特别是让吴用直接担负起推进组织目标的重要工作。宋江与吴用之间形成的此种领导模式，是以宋江与吴用之间的特殊结盟为前提的，由此可见，领导者与追随者之间的特定关系决定了领导过程的具体模式。

（作者：秦岭）

第十五章 《西游记》中的领导力

第十五章 《西游记》中的领导力

《西游记》作为中国历史上最重要的神话小说之一，它以志怪的离奇形式描述了唐僧师徒经历无数艰难险阻最终取得真经、修成正果的传奇经历。这本书除了有极高的艺术价值外，对当今社会的价值也有值得挖掘和研究的地方，尤其是《西游记》中的人物性格、团队构成管理和领导力方面都与当代现实世界的团队精神观念和领导力观念非常吻合。整个取经团队的每个人物都具有自身特有的领导力和其现实意义，通过对他们的分析足以对现代社会的团队精神和领导力研究有足够的了解。

一、领导力冲突：天上人间

《西游记》主要讲述的就是整个取经团队在经历八十一难后成功取得真经、修成正果的故事。作为一本神魔小说，小说中的人物多是亦妖、亦仙、亦人、亦兽。作者在塑造人物时将人性、兽性、佛性和魔性有机地结合起来，使得人物个性鲜明独特。从基本结构来看，本书的矛盾冲突主要集中于天上与人间两个阵营的冲突和取经团队成员本身多元化特点之间的冲突。

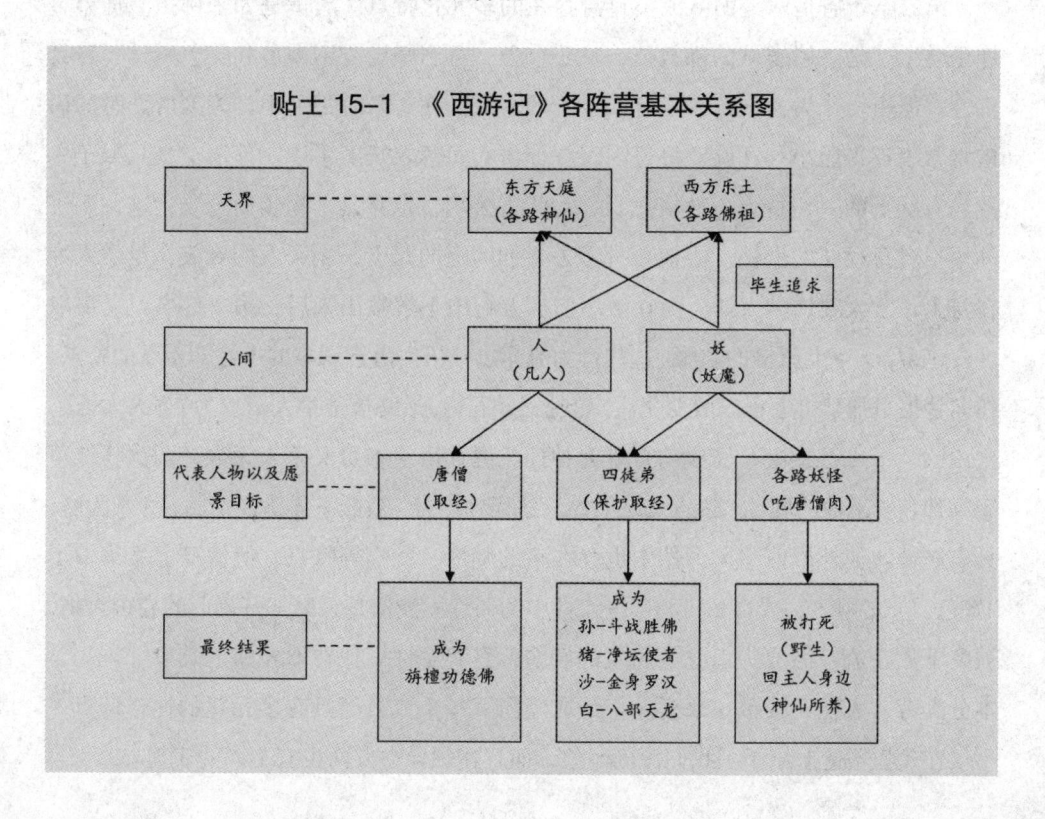

贴士 15-1 《西游记》各阵营基本关系图

```
天界 ----- 东方天庭         西方乐土
          （各路神仙）      （各路佛祖）
                                    毕生追求
                    
人间 ----- 人              妖
          （凡人）         （妖魔）

代表人物以及愿  唐僧        四徒弟        各路妖怪
景目标         （取经）    （保护取经）   （吃唐僧肉）

最终结果        成为        成为           被打死
               旃檀功德佛   孙-斗战胜佛    （野生）
                          猪-净坛使者    回主人身边
                          沙-金身罗汉    （神仙所养）
                          白-八部天龙
```

具体说来，本书的矛盾冲突分为两大类。第一类是天上与人间的冲突。天上包括天界天庭和西方乐土的各路神佛，而人间包括唐僧师徒在内的取经团队和各路妖魔。作为人和妖都向往的极乐胜地，天庭和西天都是人和妖想努力达到的终极目标。唐僧去西天取得真经，最终修成正果被封为"旃檀功德佛"，成功进入西天系统。而作为原天界神仙因犯错被贬下界的孙悟空、猪八戒、沙僧和白龙马来说，消除自身罪孽，重新回到天上也是他们的奋斗目标和保护唐僧西天取经的原因。而结果也不出所料，孙悟空被封为"斗战胜佛"，猪八戒被封为"净坛使者"，沙僧被封为"金身罗汉"，小白龙被封为"八部天龙"，都也成功进入西天系统。在《西游记》中，人间的妖魔可以分为"家养"和"野生"两类。家养的妖魔，被打败后仍然会回到天上，而野生的妖魔却都被孙悟空等人打死了。但是对于人间的各路妖魔来说，只有长生不老才能达到进入天界的条件，甚至位列仙班。即使是有背景的妖魔，它们也希望能够作为神仙存在于天界和西天，而不是作为神佛的坐骑和仆从。而只要吃一块唐僧肉，它们就能实现自身毕生的追求，脱离妖体，进入天界。

第二类矛盾是取经团队成员自身存在的多元化特点。唐僧是如来佛祖二徒弟金蝉子转世，是一位虔诚的佛教徒，一心秉善，意志坚定，不为名利美色所诱，身具佛性。但唐僧作为人，自然也有人性中的弱点。在《西游记》中，大家所熟悉的唐僧常常表现得胆小、迂腐，每每因误解孙悟空而落入妖魔手中。孙悟空是只猴子，他具有猴子的一切特点：性格急躁、毛脸雷公嘴，走路是"拐步而行"，这说明了孙悟空自身存在的猴性。而他在打算去寻仙问道的路上，剥了人的衣裳，也学人穿在身上，学人礼，学人话。而在被唐僧从五行山下解救出来后，第一件事就是谋取虎皮遮羞，又穿上唐僧的衣服。这些行为流露出孙悟空潜意识中的人性知羞耻的特点。在向菩提祖师学得七十二般变化后，超脱三界五行，最终被玉皇大帝封为"齐天大圣"，这说明孙悟空已经由妖怪成功晋升为神仙。但孙悟空本身又杀人无数，两次狂诛草寇等都表现了他的魔性。猪八戒是天界天蓬元帅出身，被贬下界错投猪胎，为妖为魔，具有魔性。他外形似猪，个性中也存在猪的懒惰、贪吃等特点，但他身上又集中了"好色、贪财"、"自私自利"等人性中的弱点。沙僧是天庭玉帝御前的卷帘大将，被贬下界在流沙河成为以吃人为生的妖魔，具有魔性。他在取经路上凡事守规矩，本分勤劳，人性比较单一呆板。正是取经团队每个成员都具有多元化的性格特点，不仅在人物塑造上给予了我们深刻印象，而且在领导力方面也有不同的表现。

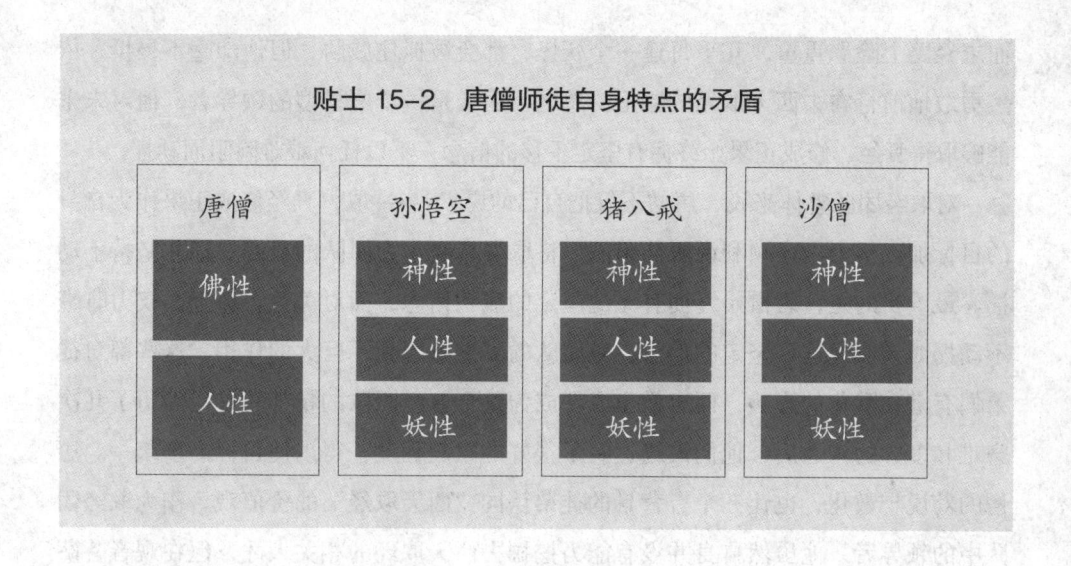

贴士15-2 唐僧师徒自身特点的矛盾

唐僧	孙悟空	猪八戒	沙僧
佛性	神性	神性	神性
人性	人性	人性	人性
	妖性	妖性	妖性

二、会念咒的精神领袖：大好人唐僧

唐僧是金蝉长老转世，为东土大唐洪福寺的一名得道高僧，法名玄奘禅师，千经万典，无所不通；佛号仙音，无所不会。为保大唐国运昌盛，在观音菩萨的指点和唐王李世民的钦点下，作为"御弟"出行西天求取真经。而在西行途中，他也经观音菩萨指点收了三个徒弟并一匹白马，共同度过西行途中的艰难险阻并最终成功取得真经，修成正果，被封为"旃檀功德佛"。

作为一个虔诚的佛教徒，自从在唐王面前发下"我这一去，定要捐躯努力，直至西天，如不到西天，不得真经，誓不回国，永堕沉沦地狱"的宏誓大愿后，唐僧就把西天取经的使命担在肩上，甘愿长途跋涉，并且为此奉献一生也不曾有过动摇。作为一个得道高僧，他熟悉佛教经义，有很高的文化修养，年纪轻轻就给众僧人讲学，由此也引得唐王前来视察并最终选定他作为西天取经的人选。唐僧以慈悲为怀，待人待妖都宽厚善良，譬如在乌鸡国国王托梦后，他大发恻隐之心，不顾危险前去解救；当孙悟空杀害妖怪时，他同样也会大发善心，对妖怪以感化为主，把善做到极致。

唐僧的自我管理来源于自身品质的支撑：他意志坚定，坚韧不拔，面对纷至沓来的世俗诱惑（坐龙椅、拥美人、收重金，等等），做到了持戒守身，不慕荣华，不受酬谢；他清正本性，坚定执着，慈悲善良，恪守戒律，以德服人，待人真诚，对徒弟充满和善爱护之心；他勇敢智慧，自律性强，勤奋刻苦。唐僧本身并无武艺，而求经路上险恶重重，几乎每逢一个妖怪，都会被抓住威胁，但他却毫不畏惧，依然勇敢地前行在去西天取经的路上。总之，唐僧是一个愿景型的领导者，他对未来能够取得真经、修成正果始终拥有坚定不移的信念，不以任何艰难险阻而动摇。

对取经团队整体来说，唐僧不仅把自己的愿景——取得真经修成正果作为自身的目标加以努力，还顺利说服徒弟们，将取得真经作为团队的最终目标并坚持不动摇。最重要的是，唐僧始终拥有无比坚定的成功信念，面对美色、珠宝、权力时毫不动摇西天取经这一坚定的信念，对团队的凝聚力起到了巨大的作用。这些都对徒弟们有潜移默化的影响，而唐僧也成功成为整个取经团队的精神领袖。经历了几次磨难和多方的沟通后，他们最终达到了很好的默契程度，得以使目标高度统一。唐僧的劝说与教化，也让三个有背景的徒弟认同"西天取经"的价值观。作为取经团队中的领导者，他虽然自身并没有能力挖掘去西天取经的相关人才，但在观音菩萨的引导下发现了四个有"犯罪前科"、本领高强、桀骜不驯的妖怪并要收为徒弟时，他却以宽广的胸怀接纳了他们，甚至帮他们梳洗打扮，对他们充满和善爱护之心。在团队整合中，他很好地给予了徒弟们不同的分工，孙悟空是执行力超一流的业务骨干，猪八戒是左右逢源的公关人才，而沙和尚与小白龙是勤恳可靠的后勤保障人员。而他对于徒弟们的能力也是相当信任，充分授权，在被妖怪抓走后坚信自己的徒弟们会解救自己。

为了整个取经团队的和谐发展，唐僧也有自己的一套团队激励和惩罚机制。在《西游记》中，无论孙悟空、猪八戒、沙和尚，还是白龙马，都是犯了天条的"罪人"，他们本身都是很有性格的神仙。观世音菩萨把他们安排到唐僧身边保护这个有些迂腐的凡人去西天取经，面对这么枯燥的事情，要说他们心里没有怨气是不可能的，从他们三番五次闹散伙就可以看出来。而最终支撑师徒几人成功取得真经的重要因素之一，就是其有效的奖惩机制。对于几位徒弟而言，只要他们能够护送唐僧取得真经，不仅能够消除自身罪孽，还能修成正果。小说最后写到孙悟空被封为"斗战胜佛"，猪八戒为"净坛使者"，沙僧为"金身罗汉"，小白龙为"八部天龙广力菩萨"，这些都是激励机制的有效体现。而唐僧的惩罚机制却只针对孙悟空，在小说中，不听管教的孙悟空屡次受到紧箍咒的惩罚，最终说出"我愿保你，再无退悔之意"的话语。

在社会领导力方面，唐僧能辨明时势，对于要去西天取经具有相当明确的认知。

他知道西天途中的艰难险阻与重重诱惑，但却依然坚定信念，毫不退缩，确信未来必将取得真经，重回大唐。唐僧在取经路上不断宣扬佛教文化，不仅路遇宝刹寺庙就进去跪拜，而且在西天途中解救众多佛僧，与妖怪斗法比较佛道，这些都为佛教的传播做出了很大贡献。

作为取经团队的领导核心和精神领袖，唐僧的优点是不言而喻的。他不仅自身品行端正，目标明确，意志坚定，而且在一路艰难险阻中，潜移默化地影响了他的徒弟们，使大家最终成功，在西天取得真经并修成正果。他不仅具有团队应有的集体目标，并将目标赋予更大的社会意义。在取经团队中，唐僧建立了惩罚机制和有效的激励机制，具有极大的权威性和对团队成员的约束能力。他按照成员个人的能力进行分工，把他们设置在最适合的岗位上，并充分授权。对孙悟空的紧箍咒和对猪八戒、沙僧的道德感染力，都是唐僧权威性的表现。这些都是整个西游团队最终取经成功的重要因素。

而唐僧的缺点也一样明显，作为取经团队的领导人，唐僧却经常固执愚昧，是非不分。在三打白骨精时，孙悟空以火眼金睛识破了白骨精的阴谋，但唐僧自始至终都不相信，在念了几遍紧箍咒后，把孙悟空逐走。这不仅导致了西游团队最大规模的一次散伙，减弱了整个团队的凝聚力，还导致他自身也陷入危难之中。作为一个愿景型领导者，在与团队成员沟通上，唐僧也是存在很大问题的，他向来是偏听偏信，尤其对待孙悟空，更是充满了不信任。在平顶山上猪八戒偷懒说谎时，唐僧不仅对他袒护，还听信他的谗言惩罚孙悟空，是非不分，赏罚颠倒。一个好的领导者应该处理好团队成员之间的关系，不能只凭个人好恶，而且要善于听取别人意见，不能盲目自大，独断决策。

三、七十二变的技术骨干：挑战者孙悟空

孙悟空是天地化育的石猴，混名行者，是唐僧的大徒弟。他游历四野八荒，跟随菩提祖师学会了七十二般变化、筋斗云和长生不老之术，并拥有可大可小的如意金箍棒作为武器。他敢上天入地，叫板玉皇大帝，自封"齐天大圣"，也敢挑衅如来佛祖，题字"到此一游"，但最终被压入五行山下五百年之久。后因唐三藏解救，在观音菩萨的点化下跟随唐僧西天取经，并在取经路上为唐僧降妖除魔，保驾护航，

最终修成正果，被封为"斗战胜佛"。

孙悟空能力卓绝，意志坚定，拥有锐意进取的创新和奉献精神。他有道德追求，一旦确定自己的目标就会毫不动摇，付出一切。《西游记》第一回便描写了孙悟空游历四方、拜师学艺的过程，为了能够跳出三界轮回、拥有高强的本领，他从东胜神洲、南瞻部洲到西牛贺洲，历时多年，从未放弃；唐三藏在五指山下解救孙悟空，为报答唐三藏的救命之恩，他甘愿陪伴三藏取经，在取经路上为唐僧排忧解难，降妖除魔，奉献一切。

他本领高强，所以他敢叫板玉皇大帝和如来佛祖，也敢在西天取经途中降妖除魔，不畏艰难。他初见玉皇大帝时，挺身不行礼，玉帝反问："哪个是妖仙？"他应声答道："老孙便是。"吓得众仙家变颜失色，连说"该死了"，君臣等级荡然无存。对于佛祖如来、菩萨观音等，他可以随意调侃、取笑，比如说如来是"妖精的外甥"，咒观音"该他的一世无夫"。孙悟空机智勇敢，面对危险时，他不畏险阻，不战胜妖魔誓不罢休，聪明但不鲁莽，在发现敌人强大一时打不过时，并没有意气用事，而是寻求帮手来帮忙。

孙悟空也有许多良好的特质，他勇敢、聪慧、执着、持之以恒、坚持正义，有创新精神，幽默谐趣。不论是漂洋过海寻仙求道，还是保唐僧西天取经，他都任劳任怨，从不退缩。在花果山面对水帘洞时敢于在群猴面前探险，为他人所不敢为，后又不满足现状，独自去菩提祖师那里拜师学艺，这些都表现出了孙悟空锐意进取的开拓创新精神。在历时多年的学艺过程中，孙悟空表现出了坚定的意志和坚韧不拔的精神；而在西天取经途中遇到诸多妖魔鬼怪，孙悟空都是凭借高强的本领和聪慧的头脑，来弘扬正义，同恶势力做斗争，如在"诸神遭毒手，弥勒缚妖魔"一回中，为降服黄眉怪，孙悟空变作西瓜，引黄眉怪来吃，进而钻到妖怪肚子里，"翻跟头、竖蜻蜓、乱掏乱捣"。此外，在救朱紫国金圣宫娘娘、降服青牛怪等情节中，孙悟空变作妖怪模样混入敌方内部，都表现出了他的机智和勇敢。可以说，孙悟空是一个权力型和交易型的领导者。孙悟空自身拥有高强本领、机智头脑和坚强意志，所以他在花果山称王，自称"美猴王"；在面对天庭召见时，没有丝毫卑微与服从，反而叫板玉皇大帝，称自己为"齐天大圣"，这些无一不说明孙悟空是一个权力型领导者。而当他历经五百年之苦，被唐僧从五行山下解救出来时，他也遵守诺言保护唐僧去西天求取真经，为他降妖除魔，解决路上遇到的艰难险阻，这说明孙悟空也是一个交易型领导者。

在花果山团队中，孙悟空以石猴的身份为大家寻得花果山水帘洞的洞天福地，被众猴奉为大王，而他也分派了君臣佐使，独自为王，享乐天真。他不仅依靠自身才能成为领导者，并且对团队也进行了整合分工，使团队能够在花果山拥有一席之地。孙悟空在学会高强本领返回花果山后，听闻自己的儿孙被魔王残害，立马去解救他们并为他们报仇，并让他们操练武艺，为他们寻得兵器，加强了团队成员自身的素质；并且在阎王殿内，把猴属类有名的全部划掉，使团队成员得以长生，这些都展现了一个领导者的魄力和对团队成员的爱护之心。不仅如此，孙悟空还对团队组织进行优化和更新，建立团队的高层领导，分派任务。在孙悟空取得如意金箍棒之后，他将四个老猴封为健将，将两个赤尻马猴唤作马、流二元帅，两个通背猿猴唤作崩、芭二将军，将安营下寨，赏罚诸事，都付与四健将维持。孙悟空作为一位权力型领导者的特点，在花果山称王时期表现得最为突出。

同时，孙悟空也建构了庞大的社交网络，他结识天庭的各位神仙和西方的佛祖菩萨，甚至地方上的土地公也是他社交网络的一部分。在面对危机时，他充分发挥了自身的聪明才智和高强本领，运用各种手段打败取经路上的妖魔鬼怪，纵然遇到无法解决的困难，孙悟空也会不耻下问，向其他神仙寻求帮助。在引领变革上，孙悟空并没有有效的变革措施，但他的反叛思想和开拓精神却体现了作为一个愿景型和权力型领导者的特点。

在大闹天宫时，玉帝请来如来佛，孙悟空竟在如来佛面前，要求玉帝把天宫让给自己而狂妄大叫：

> 因在凡间嫌地窄，立心端要住瑶天。凌霄宝殿非他久，历代人王有分传。又云，常言道：皇帝轮流做，今年到我家。只教他搬出去，将天宫让与我，便罢了。若还不让，定要搅攘，永不清平。（《西游记》第七回）

而这也正表现出孙悟空的反抗叛逆精神，他对现实不满，对传统不满，敢于挑战玉帝的权威，追求自由平等。作为一位愿景型领导者，孙悟空挑战权威，追求自由平等的思想本身就是一场巨大的社会变革。

国学中的领导力

在花果山团队中是美猴王，在取经团队中是本领高强的技术骨干，不管在哪个团队，孙悟空的优点都毋庸置疑。他勇敢正义，本领高强，执着坚定，百折不挠，不畏险阻，乐观聪慧。不论是之前拜师学艺还是后来保护唐僧西天取经，他都有明确的目标并且坚定执着地为之奉献，任劳任怨，决不退缩。他有高强的本领即超强的业务能力，上天入地，几乎无人能敌。而在花果山团队中，他积极进行团队整合分工，并加强组织优化，及时更新高层领导，这都是孙悟空作为一个权力型领导者所应有的特质。他有自己的愿景、庞大的社交网络和锐意进取的开拓创新精神。他对现实不满，对传统不满，提出了"皇帝轮流做，今年到我家"的反抗意识，敢于挑战玉帝的权威。他追求自由平等，在面对玉帝时，他不像别的神仙那样对玉帝毕恭毕敬，反而露出一副轻视的表情。在强权之下，他没有退缩，反而积极与其做斗争，维护自己的自由。这不仅是一种巨大的思想变革，也是孙悟空作为一位愿景型领导者的特征。

在取经团队中，大家看到的大多是孙悟空的高强本领和斩妖除魔的勇敢精神，但他的缺点也不容忽视。孙悟空喜好卖弄，爱出风头，在学道时就因为卖弄他的七十二般变化被逐出师门；在黑风岭的观音禅院，也是因为他当众展示唐僧的袈裟，为唐僧招来无妄之灾。孙悟空也好名，爱戴高帽，容易骄傲，连西天取经路上的小妖都知道：

>孙行者个宽洪海量的猴头，虽则神通广大，却好奉承。（《西游记》第八十六回）

孙悟空经常一得胜就忘形，致使刚从铁扇公主手中骗得的芭蕉扇，又被化成猪八戒的牛魔王哄了回去。"骄傲使人退步"，作为一名领导者，如果喜好奉承，容易骄傲，这会对整个团队造成不可估量的损失。孙悟空还有浓厚的男尊女卑思想，在面对洗浴的蜘蛛精时，首先想到的不是她们对师父唐僧的威胁，而是他"好男不跟女斗"的迂腐思想：

>打便打死他，只是低了老孙的名头。常言道：男不与女斗。我这般一个汉子，打杀这几个丫头，着实不济。（《西游记》第七十二回）

孙悟空一方面对传统和权威进行挑战和反抗，追求自由平等，引领思想变革，另一方面却还有封建的男尊女卑思想，可见他对社会发展认识的局限性。

四、贪懒的公关人才：开心果猪八戒

猪八戒，法名悟能，原是天界玉皇大帝座下的天蓬元帅，在天庭身居要职，掌管天河，统领十万天兵，拥有优越的生活条件和崇高的社会地位。后因醉酒调戏嫦娥，被玉帝贬下凡间投了猪胎，在高老庄被孙悟空收服。在观音菩萨的点化下，成为唐僧的二徒弟，保护唐僧西天取经，最终得封"净坛使者"。

在《西游记》中，大家所看到的猪八戒都是懒惰、好色、愚笨、贪婪、自私、爱进谗言的一面，人性的恶好像都被猪八戒表现了出来。猪八戒贪吃，对他来说，最有影响力的字眼就是"斋饭"。还未正式出场，便被高太公说成是：

　　食肠却又甚大：一顿要吃三五斗米饭，早间点心，也得百十个烧饼才够。（《西游记》第十八回）

在祭赛国光禄寺的国王筵席上，猪八戒放开食嗓，"将一席果菜之类，吃的罄尽。少顷间，添换汤饭上来，又吃的一毫不剩。巡酒的来，又杯杯不辞"。猪八戒为了好吃的脾性，被白骨精等妖怪欺骗，被唐僧骂，还被孙悟空算计。

猪八戒还好色，他因调戏嫦娥被玉帝贬下凡间做了妖怪，但他丝毫没有引以为戒。在受了剃度，成为和尚，准备随唐僧前往西天时还对丈人说：

　　丈人啊，你好生看待我浑家，只怕我们取不成经，好来还俗，照旧与你做女婿过活。（《西游记》第十九回）

取经路上，猪八戒只要见到年轻漂亮的女子，不论是人是妖，都会眼睛发亮，口中连声喊着女菩萨。在第二十三回"四圣试禅心"时，猪八戒贪恋四圣化变的母女四人的富贵和美艳，反倒受了一场大苦。在第七十二回中，八戒得知七个蜘蛛精在温泉中洗澡，便想要入内一同洗浴。这样的行径与唐僧的不爱财富美色，孙悟空的人妖分明、意志坚定都形成了鲜明的对比。

国学中的领导力

猪八戒自私懒惰，干活拈轻怕重，苦活累活都留给别人，一有好处就想着自己。一旦唐僧遭遇到危难，他就开始各种算计，嚷嚷分行李分家产。遇到金银财宝时，他就心动不已且还要藏点私房钱。他还爱斤斤计较，无论是孙悟空让他巡山，还是唐僧让他去化斋饭，他都先理论一番算计一番，直到得知有好处，才会前往。但最让人所诟病的就是他爱进谗言。孙悟空三打白骨精，打死的不过是妖怪所幻化的人，猪八戒因贪恋人家美貌和食物，便几次三番在唐僧面前挑唆，让孙悟空被紧箍咒勒得死去活来，并被唐僧驱逐，导致取经团队的危机。作为一个交易型领导者，猪八戒做得并不成功。他的这些缺点对于领导者来说都是致命的。

虽然猪八戒缺点多多，但他也不乏其可爱聪敏之处。在自我领导力上，猪八戒作为原天界玉皇大帝座下的天蓬元帅，掌管天河，他会天罡数的变化，拥有一根九齿钉耙，战斗能力高强。遇到妖魔，他有时还很勇敢，"钉耙凶猛"，甚至说：

> 沙僧你在这里扶持，让老猪去帮打帮打，莫教那猴子独干这功，领头一钟酒。（《西游记》第六十七回）

而且他为人圆滑，聪明机智，甚至有时比孙悟空更冷静，更能审时度势。在孙悟空和猪八戒合力降服沙和尚时可以看出，猪八戒的光芒明显盖过了孙悟空。猪八戒和沙和尚几次交战正酣，孙悟空心痒难耐，抢棒搅局，使即将到手的胜利就这样功亏一篑。看猪八戒这样说：

> 你这弼马温，真是个急猴子！你再缓缓些儿，等我哄他到了高处，你却阻住河边，教他不能回首呵，却不拿住他也！他这进去，几时又肯出来？（《西游记》第二十二回）

在这里可以看出，猪八戒不仅看到了降服沙和尚的关键，而且还为孙悟空营造了一个活捉沙和尚的机会。在"义激猴王"时，猪八戒也表现出了他的聪明才智。"请将不如激将，等我激他一激。"八戒故意说妖精听到孙悟空名号，不但不臣服，还破口大骂，根本不把孙悟空放在眼里。这下直接激怒了孙悟空，他当即表示要去降服妖怪报辱骂之仇，但报毕即回。八戒闻言表示：

第十五章 《西游记》中的领导力

哥哥，正是，你只去拿了妖精，报了你仇，那时来与不来，任从尊意。

（《西游记》第三十一回）

明明知道只要悟空出山救下师父，那他定会一起西行求经，却还如此说，此为猪八戒的机智，懂得转圜。他有时也很勤快，面对荆棘岭的路途险阻，他抖擞精神变得高大身躯，用钉耙劈开百十里荆棘，并幽默地在荆棘岭石碑上添上两句"自今八戒能开破，直透西方路尽平"。作为一个交易型领导者，猪八戒用他机智的头脑、世故圆滑的为人和幽默乐观的性格表现了他的个人魅力。

在取经团队中，猪八戒也是一个左右逢源的公关人才。他天生嘴甜，在漫漫取经路上，他多次插科打诨让枯燥的路途多了些欢笑与轻松。猪八戒善于"投其所好"，做事圆滑。他知道孙悟空好名，爱好奉承，故意刺激他说妖怪不识他名号还破口大骂，以此刺激他去解救师父。而在取经途中各路妖魔变作人类来骗取唐僧时，即使唐僧被蒙蔽，他也坚定站在唐僧一面。

作为一个领导者，猪八戒是成功的，他不仅成功保护唐僧去西天取得真经，而且在团队中始终保持乐观平和的心态。在取经路上，猪八戒常被孙悟空揪着耳朵骂呆子，用计戏弄，甚至连沙僧有时候也会对他发发脾气。但他心态平和，每次骂过之后，又亲热地一口一个"猴哥"。在当今社会，下属都喜欢"猪八戒式"的领导，如果作为领导像猪八戒一样一直保持心情平和，对上司谦逊有佳，对下属也从不颐指气使，有着把一切恩怨归零的神奇魔力，让看到他的人感到心情愉快，那么他肯定会是一个受欢迎的领导。

猪八戒作为曾经的天界天蓬元帅，人脉和资源都是相当丰富的。他有不亚于孙悟空的社交网络，每次天界神仙或西天菩萨来帮助取经团队解决难题时，猪八戒也会和他们插科打诨，从中助力。由此也能看出，丰富的资源和宽广的人脉都是成功领导者的必备要素。

在《西游记》中，即使猪八戒的缺点多多，他也仍不失为一个正面人物。他充满乐观精神，聪明勇猛，有时也很勤快。在计收猪八戒时，孙悟空为了更稳当地降服猪八戒，自然向高太公询问他的情况。而高太公虽然一心想除掉猪八戒，但却也念得猪八戒的好处：

国学中的领导力

  一进门时，倒也勤谨：耕田耙地，不用牛具；收割田禾，不用刀杖。昏去明来，其实也好。(《西游记》第十八回)

  由此可知，猪八戒为了自己入赘的高家曾经非常辛勤地出过大力。他自己也对悟空变化的高翠兰说：

  我也曾替你家扫地通沟，搬砖运瓦，筑土打墙，耕田耙地，种麦插秧，创家立业。(《西游记》第十八回)

  这些其实都从侧面说明了猪八戒是勤快的，甚至工作高效的。在被孙悟空收服成为唐僧的二徒弟后，猪八戒也表现出了他的勇猛之风。在黄风岭时遇到一只斑斓猛虎，猪八戒丢了行李，挚钉耙，大喝一声道："孽畜！哪里走！"赶将去劈头就筑。

  因此，不管是作为一个领导者还是下属，猪八戒都有令人称道和学习的优点。他的性格具有极强的亲和力，社会交往能力也很强。在取经团队中他是重要的气氛调节器，具有极强的社会导向作用，对于团队业务的开展和任务范围的拓展有极大的战略意义。此外他在团队中也扮演秘书和督查的角色，对孙悟空做到监督，对唐僧做到跟随服从，永远站在唐僧这一面。但他也有一些致命的缺点，如果能够改正缺点，猪八戒不失为一个好的领导者。

五、勤劳的后勤人员：老黄牛沙僧

  沙僧，法名悟净，原是天宫玉皇大帝的卷帘大将，因失手打碎玻璃盏触犯天条，被贬出天界，在人间流沙河兴风作浪。经观世音菩萨点化，沙僧成为唐僧的三徒弟保护唐僧西天取经，最终修成正果，封为"金身罗汉"。

  在《西游记》中，沙僧可能是着墨最少、最不引人关注的角色。就是这样一个默默无闻、平凡无奇的小人物，自然也有他优秀的一面。他本分勤劳，稳重踏实，任劳任怨。他是伙夫、马夫、挑夫、随从、侍卫……是平凡的、是不可少的，又是不被重视的。在取经途中，大多数情况下他都在默默地做一些力所能及的事儿。沙僧一般在两个师兄都去降妖时，默默担负起保护师父的重任。但当妖怪来袭时，他也会不顾危险，挺身而上。

第十五章 《西游记》中的领导力

沙僧善良忠义，也特别富有同情心。在"四圣试禅心"中，他见八戒被四菩萨变的美女戏弄，做了"绷巴吊拷女婿"，于心不忍，便放了行李，上前解了绳索将其救下。在竹节山盘桓洞中，被俘的沙僧见九灵元圣专打行者，"直打到天晚"，柳棍打折了的"也不见其数"，沙僧见打得多了，甚不过意道：

> 我替他打百十下罢。（《西游记》第九十回）

在"真假美猴王"一节，唐僧被假猴王打倒在地，八戒要卖马买棺材"各寻道路散伙"，沙僧却道：

> 实不忍舍，将唐僧扳转身体，以脸温脸，哭一声苦命的师父。（《西游记》第五十七回）

正是这一举动，让沙僧发现了唐僧还活着，遂与八戒一起救了师父。在取经团队中，沙僧还是增强团结的因素。他促进唐僧与孙悟空这两个主要成员的团结。在宝象国，唐僧被施妖法变成了老虎，已经被逐回花果山的孙悟空虽已请了回来，但余怒未消，只说打了妖怪出了气就走，是沙僧近前跪下，恳请行者救了唐僧。以后，又是沙僧把"请行者、降妖精、救公主、解虎气……备述一遍"，使唐僧知行者之功，消除嫌隙，对行者"谢之不尽"，取经团队又"一心同体，共诣西方"。这些都表现了沙僧小人物的不平凡之处。作为一个交易型领导者，沙僧不仅圆满完成保护唐僧西天取经的任务，对整个团队的和谐发展也做出了贡献，而且他善于调和团队矛盾，这是一个领导者不可缺失的品质。

沙僧原是天宫玉皇大帝的卷帘大将，后因触犯天条被贬下凡，成为流沙河的妖怪。唐僧师徒途径流沙河时，孙悟空和猪八戒与沙僧经历一番打斗后，才由观音菩萨身边的木叉收服了他。在观音菩萨的点化下，沙僧成为唐僧的三徒弟，保护唐僧去西天取经。由此可见沙僧也是一个交易型领导者。他是为了能够洗清罪孽，不再做妖怪，修得正果而选择保护唐僧去西天取经。

作为一个领导者，沙僧在确定保护唐僧去西天取经后，他就基本上没有动摇过取经的信心。即使遇到再多再艰险的情况，也不动摇。取经路上，无数次的艰难险阻，唯有沙僧一心一意坚持保护唐僧西天取经，从不轻言放弃。在"四圣试禅心"时，唐僧要沙僧留下来招赘，沙僧就是这样表示的：

> 宁死也要往西天去，决不干欺心之事。（《西游记》第二十三回）

相比之下，猪八戒常常想"散伙"再回高老庄做"女婿"，哪怕是孙悟空也常常想再回花果山做"山大王"，只是因有"紧箍咒"而要紧紧跟随团队。但在沙僧身上，却没有类似表现，这恰好说明了其性格上坚定执着的一面。

沙僧同样也是一员战将，遇敌时总是"气急急帮攻"。每逢水战或干下水的活，都是八戒与他为主，有时又是他一人打头阵。如在黑水河时，唐僧与八戒被妖捉去，这次是行者管着马匹行李，沙僧奋勇上前。他参加战斗的次数虽不及行者、八戒多，但每次作战，仍不失为一员猛将。像八戒那样战到一半溜了，逃了，或睡觉去了的事，可从未有过。即使打败了，被捉被捆，也决不投降，在强大的敌人面前从不气馁，所以沙僧自有其英雄处。譬如唐僧被黄袍怪摄去，靠百花公主营救才被释放出来，也为百花公主秘密地捎信给宝象国的父王。随后八戒和沙僧奉命去降妖，但沙僧却被黄袍怪所擒。黄袍怪怀疑百花公主有信带回国中，要沙僧对质，而沙僧此时表现出了大智大勇：

> 沙僧已捆在那里，见妖情凶恶之甚，把公主提倒在地，持刀要杀。他心中暗想道："分明是他有书去救了我师父。此是莫大之恩。我若一口说出，他就把公主杀了，此却不是恩将仇报？罢！罢！罢！想老沙跟我师父一场，也没寸功报效；今日已此被缚，就将此性命与师父报了恩罢。"遂喝道："那妖怪不要无礼……何尝有甚书信？你要杀就杀了我老沙，不可枉害平人……"（《西游记》第三十回）

牺牲自己，保全别人，哪怕是黄袍怪也觉得这话"说得雄壮"，在西游团队内部谨小慎微的沙僧，在敌人面前却有如此义烈的表现，反映了沙僧秉性的善良和忠义。

而在为人处世方面，沙僧却并不如平日的老实本分，变得精明世故起来。他善于洞察世情，对社会的人情世故了解得比较多。他对于取经路上经历的一般社会人情的认识和分析，还比孙悟空略胜一筹。如在取经路上遇上红孩儿时，孙悟空原来说，凭自己和牛魔王的交情，只要跟红孩儿认亲，便可以套上交情，化险为夷。但是沙僧却说出了这样一番非常世故的话来：

> 哥啊，常言道，三年不上门，当亲也不亲哩。你与他相别五六百载，又不曾往返杯酒，又没有个节礼相邀，他那里与你认什么亲耶？（《西游记》第四十一回）

孙悟空对此不以为然，但结果却真如沙僧所言，红孩儿根本不买孙悟空的账。沙僧还有不做"出头橡子"的世故。在偷吃人参果一节，挑唆者是猪八戒，事前一再唆使，事发马上赖掉，还要倒打一耙。执行者是孙悟空，他敢作敢当敢收场。沙僧呢？预谋未参加，见了偷来的人生果便说："哥哥，可与我些儿尝？"事发后他不吭声，只在一道绑起时提醒唐僧，还有自己这个"陪绑的"。八戒分行李，有时沙僧也参加分，他不是次次都能顶住散伙风的坚定分子，但从来不是他先提出。这不是狡猾，而是有时要随大流。

在取经途中，沙僧的良好品质也是取经团队能够成功取得真经的因素。他本分勤劳，坚定执着，在取经事业上，发挥出其不可或缺的作用。取经路上，他对自己的工作尽职尽责，踏踏实实，照顾唐僧的起居生活，处理得有条不紊，这些平凡的琐碎事，他也做得任劳任怨，乐得其所。他从不计较个人得失，不像悟空那样好名，也不像八戒那样贪心，对名利没有非分之想。遇到妖魔鬼怪时，他照看行李马匹，保护唐僧，一旦参加战斗，也是虎虎生威，从不临阵脱逃。在唐僧被六耳猕猴打晕时，沙僧是先把被打晕的唐僧安排妥当才去寻找凶手的。而在取得无字经的师徒返回时，经过白雄尊者的"点拨"后，也是沙僧最先发现书中"并无半点字迹"，这体现了沙僧小心谨慎、细心周全的性格特点。所以，在取经团队中，沙僧扮演的是一个任劳任怨，埋头苦干的"老黄牛"式的角色。

在取经团队中，沙僧的主要目标是保护唐僧去西天取得真经，故西游团队自然也是他重点照顾的目标。作为取经团队中的后勤保障，当团队与取经途中的妖魔鬼怪和自然灾害相抗争时，沙僧所起到的作用主要是保护唐僧，看护行李马匹的作用。从基本分工来看，孙悟空是降妖伏怪的主将，猪八戒是开路先锋以及孙悟空的帮手。而取经集团的核心人物唐僧，是个手无缚鸡之力的凡夫俗子，经常自身难保，更别提看守行李马匹了。但是他又是极为重要的人物，没有了唐僧，就无所谓取经了，就需要一个人来保护唐僧,看守行李马匹。沙僧做事细心而稳重,不似猪八戒的粗枝大叶,也不似孙悟空的暴躁任性,他的存在使唐僧这个取经的核心人物处于更加安全的地位,同时也使得孙悟空能后顾无忧地去大展拳脚,斩妖除魔。

西行取经是漫长的旅程,而西游团队内部每个人又各有性格,摩擦是难免的,其中以唐僧与孙悟空之间的矛盾最为突出激烈。唐僧是西游团队的领导核心,他时刻以佛门弟子为念,以身作则,严于自律。孙悟空作为技术骨干则不服约束,自由自在,甚至是任性妄为的,因此矛盾经常由两人引起,有时激烈程度甚至大于外界矛盾。猪八戒在二人起冲突时除了落井下石,火上泼油,别的就没有了。所以当取经团队出现内部矛盾时,沙僧就是取经队伍中的润滑剂,调和了各方的矛盾。

沙僧的调和通常是对人止争,于己顺从。如在镇海寺中,孙悟空去打金鼻白毛老鼠精时,把唐僧交于猪八戒和沙僧,但由于他们俩一时疏忽让唐僧被抓。行者怒气填胸,也不管好歹,捞起棍来一片打,连声叫道:"打死你们!打死你们!"那八戒慌得走也没路,而沙和尚却近前跪下道:

无我两个,真是单丝不线,孤掌难鸣。兄啊,这行囊马匹,谁来看顾?宁学管鲍分金,休仿孙庞斗智。自古道,打虎还得亲兄弟,上阵还须父子兵。望兄长且饶打,徒天明和你同心戮力,寻师去也。(《西游记》第八十一回)

一席话说得孙悟空平息怒气,解决了一场可能大爆发的内部矛盾,可见沙僧在调和团队内部矛盾方面所起到的作用。不仅如此,沙僧对取经团队中的各个成员都了解甚深,在团队中他最了解也最能体贴唐僧。比如,在盘丝洞显形之前,师徒只看到一座庵林,唐僧执意要去化斋。面对师父的即兴要求,孙悟空却不同意,猪八戒也不赞成,唯有沙和尚在旁笑道:

师兄,不必多讲。师父的心情如此,不必违拗。若恼了他,就化将斋来,他也不吃。(《西游记》第七十二回)

而在西游团队中,沙僧最尊重也最爱护孙悟空。他总是想方设法协调好孙悟空和唐僧的关系。每当唐僧要念"紧箍儿咒"他就"苦劝"。他对孙悟空的智慧和神勇膺服不已，但对孙悟空的"暴躁"也常施之以柔克刚，如前述在镇海寺中他对孙悟空"饶打"的一顿劝说。至于猪八戒，他也是最理解也最体谅的。对八戒，沙僧劝他少是非，多苦干：

不要悫大哥热擦，且只握肩磨担，须终有日成功也。（西游记第八十一回）

他从行动上团结好耍小心眼的猪八戒。针对猪八戒的动辄闹"散伙"，他总是抓住猪八戒愚笨呆直而又自尊心很强的特点劝说。在西游团队中，沙僧有平衡关系以共同达到目的的作用，主张"一人有福，带攀一屋"。

当然，沙僧也有他不足的一面。在取经路上，沙僧谨小慎微，但经常是事不关己，高高挂起。唐僧数度念紧箍咒，他除了在号山遇到红孩儿之前苦劝过一次之外，其余的都是"唯师是尊"。孙悟空对此也记在心间，在波月洞中，面对求助的沙僧，悟空笑着责备了他：

你这个沙尼！师父念《紧箍儿咒》，可肯替我方便一声？（《西游记》第三十一回）

在取经团队内部，他总体上是促进团结的，但一旦人与人之间的矛盾复杂化了，难解决了，他常持明哲保身的态度。当唐三藏被白骨精迷惑时，怪罪悟空，此时八戒进了许多谗言，但沙僧并没有当面指责。当孙悟空被赶走了，八戒去化斋却偷懒睡觉不归。唐僧等得焦急，此时沙僧才指出八戒的自私：

他管你？只等他吃饱了才来呢。（《西游记》第二十七回）

总之，是非能够辨，对错误不敢抵制，怕伤感情，这就是沙僧，棱角磨得光溜溜的沙僧。为人处世圆滑并不是缺点，但是沙僧作为领导者，他谨小慎微的性格却不利于整个团队的发展，过于谨慎，没有魄力，也就缺乏领导者的权威性。

六、大慈大悲的人事主管：观世音菩萨

观世音菩萨，相貌端庄慈祥，手持净瓶杨柳，是如来佛祖的得意弟子之一，具

有起死回生的神奇法力。她大慈大悲，普救人间灾难，可以听到世间一切苦难的声音，只要遇到苦难的众生念其名号，就能得到救护，故称观世音菩萨。

作为西天如来佛祖的得意弟子，四大菩萨之一，观世音菩萨拥有无边的法力，无量的神通和智慧。她有同情心和怜悯心，以拯救世间苦难、普度众生为任，这便是她的愿景。作为一个愿景型领导者，观世音菩萨的领导能力也是毋庸置疑的，尤其是在管理人事方面。在《西游记》中，观音菩萨接受如来佛祖的任务，到东土大唐寻求能到西天取经的人物。当时观音菩萨虽然发现唐僧是金蝉子转世、十世修行的好人，正是取经的人选，但他还不是唐僧的直接领导，于是便演绎了一出好戏。就在唐僧给唐太宗的法会讲经之时，化作游僧的观音并告诉唐太宗现在研习的不是上乘佛经，而真正的佛经在大西天我佛如来处，并现出真身，震慑全场。于是，唐太宗自然要派人去求取真经，而这份差事自然就落到唐僧头上。

而在去东土的路上，观音菩萨分别指点了孙悟空、猪八戒、沙和尚和小白龙，想要消除自身罪孽，修成正果，就要等待有缘人的到来，并保护他到西天求取真经。除此之外，她还预料到孙悟空本领最大，也最难管教，于是给孙悟空下了一个紧箍咒，将这位齐天大圣整治得服服帖帖。另外几个徒弟看了，自然引以为戒，不敢生出是非。这种诱之以利、惩之以罚的做法，自古至今都是开展人事工作的最基本思路。把最合适的人放在不一定最合适但却最需要的地方去，这就是观世音菩萨的管理之道，也是每一个管理人事的领导者都应该学习的。

七、糊涂荒唐的统治者：玉皇大帝

《西游记》中的玉皇大帝，是在三清之下，四御之上，居于三十三天太微玉清宫的大神。他被视为宇宙的无上真宰，统领三界，十方、四生、六道内外诸神和芸芸众生。因他有制命九天阶级、征召四海五岳之神权，所以众神都列班随侍其左右，犹如人间的皇帝与公卿。

玉皇大帝上掌三十六天，下握七十二地，掌管一起神、仙、佛、圣和人间、幽冥之事，所以他是一个权力型领导者。玉皇大帝作为宇宙主宰，其自身能力也是相当强悍的。但在《西游记》中，我们看到更多的却是他的种种缺点，毫不怀疑地说，他甚至是一个昏君。

第十五章 《西游记》中的领导力

作为一个领导者,应该善于提拔重用人才,不应对人才瞒哄欺骗。而玉皇大帝却可说是一个"甚不用贤"的典型,在对待孙悟空的问题上犯了一系列错误。孙悟空是日月天地孕育的精灵,武艺高强又善治兵,使七十二洞妖王归降,把"一座花果山造得似铁桶金城"。对此等非凡人物,玉帝却不识也不用,即使听了太白金星的话,将孙悟空招入天庭,也只封他一个不入流的官职"弼马温",瞒哄欺骗,不施真诚。

玉皇大帝强调等级制度的森严,而不能对真正的人才予以重用,或者说不能知人善任,显得有些昏聩。二次招安后,他再次哄骗孙悟空,给他一个有官无禄、有名无实的"齐天大圣"称号,为防止他无事生非,却派他去看守桃园。而这次任命,终于使得孙悟空既闯了祸,也看清了自己不受重视的实情。此后孙悟空的大闹天宫,同玉帝的这次错误任命存在很大的关系。

另外,作为一个领导者,必须要赏罚分明,公平公正,而玉皇大帝却恰好是一个赏罚不明的领导者,他所统治的天庭也因此时时得不到安宁。玉皇大帝的罚罪原则是"罪轻而罚重者,罪重而罚轻者"。泾河龙王违背了天条,玉帝便下令斩首,但其中本来是有转圜余地的。沙僧作为玉帝御前的卷帘大将,只因失手打碎玻璃盏,就被打了八百杖贬下界来,即使变成妖怪依然也要每隔七日承受飞剑穿胸百下的痛苦。小白龙也只不过火烧了龙宫殿上明珠,竟要被处以忤逆,不日即诛。这些过重的惩罚,却都成了观音劝化他们的原因或手段。

而《西游记》中那些呼风唤雨的妖魔鬼怪们,其实也说明了玉帝对三界的奖惩并不是十分有效的。如乌鸡国的全真道人、车迟国的虎力大仙等,未曾获得玉帝圣旨,却可随意刮风下雨,要挟百姓进贡花红果礼。那偷了王母娘娘九叶灵芝草的龙公主和偷食如来香花宝烛的金鼻白毛老鼠精,却也都平平安安,若非遇到取经团队,一个个照样在下界夺宝吃人,快快活活。

除了罚罪不当,玉皇大帝也赏赐不明。自己的外甥显圣二郎真君,与孙悟空本领不相上下,却因玉帝的忌惮而放于天庭之外。在捉拿孙悟空时玉帝亲口许诺"成功以后,高升重赏"。结果二郎神得胜之后,玉帝却只赏他金花百朵、御酒百瓶等物,却没有"高升",仍让他立于天庭之外。玉皇大帝作为一个领导者,为我们提供了一个反面典型。只有赏罚分明,善用人才,任人唯贤,才能成为一个成功的领导者。

八、结　语

　　唐僧师徒之所以能克服八十一难成功取得真经，是因为他们将团队精神的"优势互补，团结合作"的凝聚力发挥到了一定程度，并且能够做到尊重多元化的存在形态，人神妖和谐统一。如前所述，在取经团队中，他们的成员构成也非常合理，符合了现代社会对于优秀团队的要求，唐僧是团队的精神领袖与领导核心，孙悟空是业务能力超强的技术骨干，猪八戒是沟通整个团队的公关人才，而沙僧则是团队中的后勤保障。

　　正是因为唐僧能够运用他自身的影响力和号召力使求取真经成为整个团队的共同目标，并且不拘一格降人才，接受成员的多元化并合理安排任务，因势利导发挥每个人的特长，才使得整个取经团队有了成功的前提。再加上孙悟空自身的高强本领和广阔人脉，猪八戒对团队的气氛调节和上传下达的沟通，沙僧的强力后勤保障和团队成员对外部资源的合理沟通和利用，这才能使取经团队成功完成目标，取得真经并修成正果。

（作者：高雅琪）

后　记

在现代社会中，领导力不仅仅是"领导者"应该掌握的技术，也是一种普通大众应当具备的素质和修养。有鉴于此，我们以中国传统文化为基础，以中国传统人文精神为取向，编写了一本系统阐述蕴含在我国珍贵国学典籍中关于领导学原则、理念、思想、技巧和实践活动的大众读物。我们着力从通俗的角度来阐述这些颇为意蕴深远的内容，希望读者能够较为简便地学习和掌握其中的各种领导学思想和艺术。

全书共分思想篇、历史篇和文学篇，共15章。在思想篇中，我们选取了中国传统文化的主要流派，包括儒家、道家、兵家、墨家、法家和佛学。在历史篇中，我们聚焦于具有代表性的领导阶层和职业，如帝王、文官、武将、商贾和女子。在文学篇中，我们选择了中国古典文学四大名著，介绍和总结书中的领导过程和原则。应该说，我们所做的一点微末贡献，就是对中国传统社会中本来属于帝王将相的领导内涵进行了一番现代视角的解读，并初步总结了传统文化和国学经典中的领导学艺术和技巧。

本书的撰写过程是团队合作的完美体现。我们以华东政法大学政治学研究院为组织支撑，吸收了来自校内外的多名专家学者，组成了一个写作团队。这个团队中的大多数成员拥有博士学位，受过政治学、国际关系学、法学等学科的专业训练，在各自的专业研究领域也取得了一些成绩。国学中的领导力，既是团体成员阅读与研究的兴趣所在，也是我们近年来着力关注与开拓的一个新领域。本书从筹划、写作到成稿历时近一年时间，写作团队共同商议思路，精选案例，并各自执笔精心撰写，并经数次修改完善，最终定稿。

我们的团队一个协作型团队，主要成员来自于华东政法大学政治学研究院，也有部分成员来自于上海外国语大学、上海交通大学、上海师范大学和复旦大学。在

国学中的领导力

团队中，高奇琦作为本书的主要创意者和团队的主要推动者，拟定了本书的基本框架、结构和基本写作思路，具体撰写分工如下：

王　捷：第一章"儒家中的领导力"

章　远：第二章"道教中的领导力"

王建新：第三章"兵家中的领导力"

郝诗楠：第四章"墨学中的领导力"

严行健：第五章"法家中的领导力"

蔡　鑫：第六章"佛学中的领导力"

秦　岭：第七章"帝王与领导力"

花　勇：第八章"文官与领导力"

朱　剑：第九章"武将与领导力"

阙天舒：第十章"商贾与领导力"

游腾飞：第十一章"女性与领导力"

王金良：第十二章"《三国演义》中的领导力"

张宪丽：第十三章"《红楼梦》中的领导力"

秦　岭：第十四章"《水浒传》中的领导力"

高雅琪：第十五章"《西游记》中的领导力"

国学领导力的研究是一项具有开创性和探索性的工作。在本书的编写过程中，团队所有成员都尽心尽责，付出了智慧和汗水。除了写作成员以外，还有其他人员也为本书的编写付出了辛勤的劳动。政治学研究院杜欢讲师和硕士研究生刘秀梅、王子帅承担了全书繁重的校对工作，蔡鑫参与了书中部分原创性插图的创意设计工作，而本书风趣幽默的精美插画由本科生陈奕茗负责完成。在此我们一并表示感谢。

对于"国学中的领导力"这一课题，我们仍在学习探索之中，同时，我们也是一个年轻的团队，水平有限，书中如有不当之处还请读者不吝赐教。

高奇琦　王金良

2016 年 9 月 10 日